전 경찰청장
이택순의

실크로드 도전기

서울에서 이스탄불, 자동차로 53일

이택순 글 · 사진

전 경찰청장
이태순의 **실크 로드**
도전기 서울에서 이스탄불, 자동차로 53일

지은이 이태순
펴낸이 최병식
펴낸날 2017년 10월 10일(4쇄)
펴낸곳 주류성출판사
서울특별시 서초구 강남대로 435 (서초동 1305-5)
TEL | 02-3481-1024 (대표전화) • FAX | 02-3482-0656
www.juluesung.co.kr | juluesung@daum.net

값 17,000원
잘못된 책은 교환해 드립니다.

ISBN 978-89-6246-296-8   03910

전 경찰청장
이택순의

실크
로드
도전기

서울에서 이스탄불, 자동차로 53일

이택순 글 · 사진

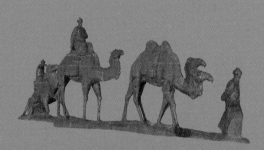

주류성

톈산산맥을 종단 중인 필자.

프롤로그

공직 30년, 다람쥐 쳇바퀴 구르듯 보람 속에 흘러간 세월이다. 벌써 공직을 떠난 지 여덟 번째 낙엽이 쌓였다. 이런저런 일에 발을 들여 보지만 이것은 길이 아니라는 생각에 바로 발을 빼곤 했다.

자유와 혼돈이 중복되는 청년 시절과 유사하다.

다시 서재로 들어왔다. 책과 씨름하면 넓은 세상과 긴 세월이 한 번에 가슴속에 들어오는 느낌이다. 게다가 편리한 세상 인터넷과 영상세계가 동시에 펼쳐진다. 나는 여기서 실크로드를 만난다.

해외여행이 가까운 극장에서 영화 보는 것처럼 가까이 편하게 다가왔다. 세계 어느 곳이라도 선택만 하면 가능하다. 그러나 여행지 실크로드는 아직 멀고도 험해, 상영이 잘 되지 않는 오페라 같은 영화다.

'실크로드'에 관해 본격적으로 눈을 뜬 것은, 일본 NHK가 1980년대에 제작한 'The Silk Road' 10권의 비디오를 보고 난 이후다. 다시 KBS가 중국 CCTV와 공동 제작한 영상물 '신 실크로드' 10권을 본다.

'실크로드'에 관한 책 10여권을 구입해 읽게 된다. 그 이후 '실크로드'라는 말만 나오면, 마치 어린 시절 여자 친구가 다시 온 것처럼 마음이 두근거린다. 그러나 읽을 때뿐이지, 책을 놓으면 지명과 길이 금세 헷갈린다.

실크로드 답사 이야기를 꺼내면 주위 사람들은 두 부류로 갈라진다. 한 부류는 "부럽다. 대단하다. 그 나이에 어떻게 거기를 가려고 하나?"는 사람들이다. 다른 한 부류는 "고생하면서 뭐 하러 그런 곳을 가나? 뭐 볼게 있어? 실크로드가 뭐야?"이다.

둘 다 일리가 있는 평이다. 대체로 실크로드를 잘 아는 사람은 전자와 같은 반응이고, 모르는 사람에게서는 후자와 같은 반응이 나온다.

여행을 좋아하는 사람에게는 하나의 꿈이 있다. 자동차를 직접 운전하여 대륙을 횡단해 보고 싶은 것이다. 이에 관해서도 평이 갈라진다. 대다수는 "나이도 들었는데 편히 다니지, 뭐 하러 위험하고 불편하게"라고 말한다. 몇몇 만이 "해 볼만 하지! 여행의 묘미는 그런데 있지"라고 말한다.

안락하고 편한 관광을 하려면 전자로, 생각하는 도전적 여행을 하려면 후자를 선택한다.

배낭여행으로 시도할까? 여행사를 쫓아갈까? 동행자가 한 사람만 있으면 출발해야지. 특수지 여행사를 인터넷 즐겨찾기에 집어놓고, 수시로 출발 일정과 코스 비용을 들여다본다. 이제나 저제나 시기만 보다가 몇 해가 흘렀다.

어느 여름날 돈암동의 흥천사에 갔다. 주지스님과 차 한 잔 환담을 나누는데 실크로드 여행을 다녀오셨다는 것이다. 깜짝 놀랐다. 스님도 다녀오는 길인데 어쩌자고 머뭇거리고 있나!

2015년 가을이 왔다. 고등학교 선배인 윤정웅 화광교역 회장과 만나 대화중에 실크로드 여행이야기가 나왔다. 내년에 자동차로 실크로드 여행을 꿈꾸고 있는데 같이 해보겠느냐고 물어온다. 꿈 많은 70세의 청년, 그도 실크로드 동경론자였다. 즉석에서 동의하고 여행 준비에 들어갔다.

아내에게 말하니 "그 때 가봐야 알지 않겠느냐"고 의구심 속에 만류를 한다. 아흔두 살 되신 노모께 "두 달간 여행이 있는데 가도 되겠습니까?"고 여쭤보니 "좋은 기회인데 잘 다녀오라" 하신다. 어머니는 내가 한다면 무엇을 해도 믿어주시니 힘도 되고 책임감도 크다.

체력부터 키워야 한다. 매일 아침 한강공원과 올림픽 공원을 속보로 걷는다. 11월에 첫 번째 준비모임을 하며 출발 일정과 코스를 정했다. 12월에 수지침 학원에 등록을 했다. 비상시 응급처치를 위해 수지침을 배우는 것이다. 중국어 공부에도 박차를 가했다. 러시아어 책을 사고 인터넷으로 러시아어 강의를 듣기 시작했다. 경찰병원에 가서 독감과 폐렴, 대상포진 예방주사를 맞았다. 일주일 뒤에 파상풍과 백일해 예방주사를 또 맞는다. 여행기를 정독하고 지도를 찾아본다.

중국과 중앙아시아, 터키의 정세를 아침마다 체크한다. 테러, 전쟁, 전염병이 가장 두렵다.

12월에 2차 준비모임을 하는 날, 서울 기온이 영하 18도다. 인터넷으로 우루무치를 검색하니 영하 28도다. 마음을 단단히 먹고 겨울용 파커를 구입한다. 2016년 1월, 2월의 3차, 4차 모임이 지나며 혹시 윤 회장이 취소하자고 하면 모른 척 취소해야지라는 약한 마음도 생겼다.

D데이를 정하고 마지막 여행비를 내고 나니 이젠 출발할 수 있겠다는 생각이 들었다.

2016년 3월 14일 출발, 5월 5일 귀국, 서울에서 이스탄불까지 1만6천 킬로미터, 차량 두 대에 참가자 3명으로 확정했다. 그 해 봄은 그렇게 지나갔다.

이렇게 해서 시작된 여정에는 톈산산맥, 파미르고원, 중앙아시아, 카스피 해, 제국의 흥망, 민족 등이 가장 많이 등장하는 단어가 되었다.

대륙의 관문 인천 국제부두, 서해안 시대를 견인하는 역동의 도시로 재탄생한다.

한반도 영욕의 땅, 인천으로

어린 시절, 나에게 인천은 번잡한 항구 도시였다. 항구의 찝찔한 갯내음과 생선 비린내, 그리고 큰 화물 트럭이 목재와 옥수수 등의 물건을 가득 싣고 어디론가 오가는 기억이 쌓인 곳이다.

동네의 형들이 "큰 세상에 살고 싶어 인천으로 가출해서 중국 상해로 가겠다"는 대화를 들으면 은근히 흥분이 되곤 하는 곳이 인천이었다.

레인지로버와 산타페, 모두 4륜구동 디젤 차였다. 낙타를 대신해 실크로드 1만 6천 킬로미터를 달린다.

새롭게 단장해 활력에 찬 인천과 차이나타운
1992년 중국 수교 후 중국 교류 전초기지가 된다.

수도 서울의 관문 인천은 예나 지금이나 열강 세력의 각축장이며 한반도의 숨통이다. 서울의 호칭이 조선에서는 한양(漢陽)이었으나, 중국에서는 한성(漢城), 일본 제국주의는 경성(京城)으로 부르는 것에서도 우리는 한반도의 역사적 아픔을 알 수 있다.

구한말 일본 제국주의는 조선을 침탈하려 함포와 군 병력을 앞세워 불평등조약인 제물포조약을 1876년에 체결한다. 전통적 종주국 청과 신흥 제국 일본은 한반도의 주도권을 놓고 1894년 청일전쟁을 벌인다. 전쟁은 주로 서해안과 인천에서 전개된다.

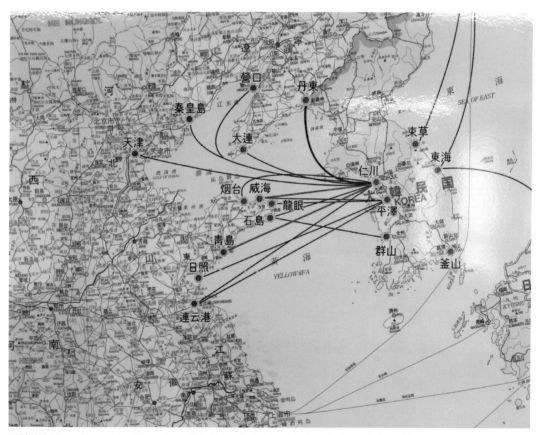

인천에서 중국 대륙으로 가는 항로는 10여 개로 확대되었다. 북쪽은 막혔지만 서쪽대륙이 열렸다.

1904년에는 러시아와 일본이 인천 앞바다에서 군함 간의 포격으로 한반도 지배권을 둘러싼 러일전쟁이 촉발되며, 한반도는 승전국 일본의 식민지가 되는 굴욕을 맞게 된다.

1945년 해방 후 미군의 진주와 철수도 인천항을 통해 이루어진다. 1950년 한국전쟁에서 미군의 상륙작전으로 전세를 일거에 역전시킨 교두보도 인천이다.

그러나 미소 간 냉전과 남북 간 휴전상태가 계속되면서, 중국 대륙이 봉쇄되던 40년간 인천은 중국 대륙과 소통되지 못하는 반쪽의 도시였다.

1992년 미소 간 냉전의 종식과 노태우 정부 시절 이른바 '북방정책(사회주의 국

우리 자동차를 싣고 갈 2만 7천 톤급 뉴골든브리지 호. 웨이하이로 일일 500여 명의 보따리상과 수많은 여행객, 화물이 이동된다.

가와 관계 개선'으로 한국 중국은 외교관계를 개선하면서 인천은 항구와 공항이 동북아의 허브가 되는 영광을 되찾는다.

오늘의 시점에서도 중국·일본·러시아·미국(이른바 4대국)은 주한미군 주둔, 사드 배치, 한반도 비핵화, 남북 분단과 대치로 첨예한 대립구도를 동북아에 형성하고 있다.

30년 전만 해도 자동차를 몰고 중국 대륙으로 가는 것은 상상도 못할 일이다. 그러나 중국과의 수교 이후 교류 확대로 인해 인천항은 아시아 대륙의 진출로가 되고 중국인이 애용하는 동북아 허브공항으로 변화했다. 이렇게 한반도의 영욕을 묵묵히 담고 있는 관문 인천에서 아시아 대륙횡단과 실크로드 답사를 시작하니 그 감회가 더욱 새롭다.

뉴 골든 브리지호 조타실, 실크로드 60일 대장정을 시작하며 무운장도를 기원했다.

01

중국 대륙

전 경찰청장 이택순의 실크로드 도전기

인천의 밤과 인천대교의 조명. 인간과 자연이 만든 최상의 합작품이다.

웨이하이(威海), 니 하오!

2016년 3월 14일 월요일 오후 3시경, 우리는 인천 제2 국제여객터미널에 도착했다. 출국 수속을 마치고 오후 6시경 '뉴 골든 브리지'호에 승선했다.

한반도는 떠나는 우리 일행에게 황홀한 석양으로 작별 인사를 건넨다.

비행기 여행에만 익숙한 우리에게 페리로 중국에 입항하는 것은 도전의 시작

번잡한 항구에 석양이 내려온다. 여행자는 금의환향을 꿈꾼다.

장보고 기념관의 적산명신(赤山明神) 像.
바다의 안전과 평화를 기원하는 중국인의 뜻은 해상왕 장보고와 일맥상통한다.

이었다. 자동차를 가지고 여행하는 것은 쾌적하고 편리할 수 있지만, 자동차의 운
반과 통관 문제, 실제 운전을 해야 한다는 부담도 매우 크다.

인천공항을 연결하는 서해대교 사이로 우리를 태운 배가 빠져나간다. 야간에
다리 아래에서 보는 서해대교의 불빛이 인천항의 번영을 상징하듯 신비롭고 휘황
찬란하다.

12시간 야간 항해 끝에 새벽녘에 도착한 웨이하이(威海)는 대륙의 관문으로서
그 위용을 내 보이고 있었다. 컨테이너 터미널, 대형 창고, 부두시설이 새벽의 어
둠속에서 많은 배를 껴안고 서 있다.

여명의 항구는 이방인을 실은 배 안으로 강한 햇살을 보이며 다시 환영의 손짓

을 한다.

웨이하이는 전형적인 항구로 중국의 다른 항구도시에 비해 아직은 청결하고 깨끗했다. 기후 지형과 사람의 사는 모습이 인천과 비슷하다.

1895년 청일전쟁 후 일본군에 점령되고 영국 제국주의에 유린당해 강제조차된 역사의 모습까지 우리와 유사하다. 450킬로미터의 황해바다가 문화적 속성까지 갈라놓은 것은 아니었다. 하긴 1만 년 전엔 육지로 연결되어 걸어서 다닐 수 있었다 한다.

주변의 산동성 옌타이(烟台), 칭다오(青島) 시에 비해 상대적으로 발전이 늦었지만, 최근에

"한국에서 실크로드 답사대가 자동차로 입국하다"라는 중국 언론의 보도가 있었다.

웨이하이 해변의 심볼 타워. 개선문을 모방한 듯 거대함을 뽐낸다.

통관을 기다리는 자동차. 낙타라 해도 세관 통관은
쉽지 않다.

인민해방군 404병원 간이 신체검사장에서 운전면허증을
발급받기 위해 시력과 색맹, 손의 이상 여부를 체크했다.

한자로 만든 조형물. 한자에 대한 자부심이 보인다.

는 환경오염이 없는 청결한 주변 환경과 인천과의 교역 확대 등으로 새롭게 태어나고 있었다.

황무지로 버려졌던 땅에 새 도시를 건설하고, 해변공원과 수림을 조성하는 모습에서 휴양도시로서 재탄생을 시도하는 활력이 느껴진다.

자동차 반입과정이 매우 까다로워 이틀동안 통관수속 때문에 머물러야 하는 시간이 아까웠다. 한 번도 해보지 않은 일을 처리해야 하는 중국 공무원의 입장도 딱하긴 하다. 아마도 한국에서 직접 차량을 가지고 입국하여 운전을 하며 여행하는 경우는 최초인 듯하다.

자동차 통관 후에도 자동차 등록, 신체검사와 운전면허 교육이 필수적이다. 이

'장보고 기념관' 현판이 금빛 찬란하다. 중국의 복원술은 가히 세계적 수준이다.

신라의 해상 왕 장보고를 만나다. 9세기에 20세기적 마인드로 활동한 선구적 국제인이다.

러한 일 모두가 전문 통관사와 통역의 도움 없이는 불가능하다.

이런 절차는 자기 자동차를 이용한 여행자들의 중국 여행을 매우 어렵게 한다. 중국에서 유럽식 자동차 여행을 꿈꾼다면 그건 큰 오산이다. 몽골 쪽이나 러시아로부터의 국경 통과는 유럽 자동차 여행팀이 자주 있어 이렇게까지 힘들지는 않다고 하니 나행이다.

짬을 이용해 신라의 '해상왕 장보고' 유적지를 돌아본다. 웨이하이에서 자동차로 1시간 가량 떨어진 석도라는 작은 항구 도시에 위치하였다. 1994년 이곳을 방문한 김영삼 전대통령이 "장보고 기념관" 글귀를 남겼다고 전한다. 사진의 글씨가 그 글씨인지는 확인할 수 없었다.

장보고를 보는 입장이 다르다. 중국에서는 고대 해상무역의 패자인 '신라인'이 아니고, 당나라를 위해 반란군과 싸워준 신라인으로 본다. 역사는 어느 입장에서 보느

해상 왕 장보고가 머물던 법화원. 유적을 복원해 대형 사찰로 만들고, 관광지로 변화시킨 지혜가 돋보인다.

냐에 따라 달라질 수 있다는 실증이다. 한국 역사학계에서 다투어야 할 일이다.

어쨌거나 9세기 신라인의 활동이 현대 중국에서 보전되고 기념관이 조성될 수 있었다는 사실이 놀라울 뿐이다.

주변 농촌에는 포도나무가 끝도 없이 심어져 있어 이곳이 중국 대륙임을 실감케 한다. 농민들이 재배한 딸기와 사과 등의 과일을 도로변에서 파는 모습도 우리 농촌 풍경과 다를바 없다. 자본주의는 이념을 넘어 세계 어느 곳에서도 인간을 시장으로 이끈다.

이틀동안 필요한 물품을 구입하고, 태산의 도시 타이안(泰安)을 향한 준비 점검을 마쳤다. 여행은 준비하는 게 반이라 하지 않는가!

인구 대국 산둥(山東)성, 천하 제일의 길

실크로드의 출발지는 산시(陝西)성 시안(西安, 옛 長安)이다. 산둥성 연안 도시 웨이하이에서 시안으로 가는 길에는 중국의 역사와 문화가 총체적으로 숨 쉬고 있다.

산둥성 길은 웨이하이–옌타이(烟台)–라이양(萊陽)–웨이팡(유방)–쯔보(淄搏)–제난(濟南)–타이안(泰安)으로 약 540킬로미터에 이르는 고속국도의 여정이다.

산둥성을 표현하는 한자가 있다.

출퇴근 시간대의 타이안 시내. 인산인해가 시위로 착각할 정도다

'일산일수일성인(一山一水一聖人)'이다. 천하제일 태산(泰山)이 서 있고, 중국 제일의 강 황허(黃河)강이 관통하며, 중국 사상의 최고 성인인 공자(孔子)의 고향이란 뜻이다.

최근 통계를 보면 산둥성의 인구가 약 9,600만 명이다. 이들의 99%가 한(漢)족이다. 중국 인구 14억 명의 약 8%가 여기 살고 있는 셈이다. 한(漢) 제국 시절에는 전체 인구의 1/3인 1,700만 명이 거주했다.

어떻게 이 많은 인구가 한반도의 3/4 크기의 땅에 모여 살게 되었을까?

그 의문은 고속도로를 달려 보면 곧 풀린다. 아침에 출발한 웨이하이에서 저녁에 도착한 타이안(태산의 도시)까지 500여 킬로미터가 거의 평야지대다. 한반도 전체가 평야라면 한반도에도 1억 5,000만 명쯤은 충분히 먹고 살지 않겠는가?

이곳을 황허강이 관통하여 평야에 물과 양분을 공급하고, 보하이만 황해로 흘러 들어간다.

이 땅을 쟁취하기 위해 중국의 제왕들은 변방에서 일어나 타이항 산맥을 넘어 중원으로 나아간다. 그 중원이 허난(河南)과 산둥(山東, 타이항 산맥 동쪽) 땅이었다.

중국 황허문명의 발상지답게 역사 문화의 체취가 구석구석 묻어 있다. 평야가 넓어 주변의 땅까지 모두 먹여 살릴 수 있다. 중국 제왕들은 이곳에 와서 제를 지내고 국가의 번영과 평화를 기원했다.

중국 사상의 근본인 공자와 맹자의 고향이며, 손자병법의 전략가 손자가 자란 곳이다. 산둥성은 춘추 전국시대 제(齊)나라와 노(魯)나라 땅으로, 현대 중국에서도 루(노) 자를 산둥 성의 약자로 쓰고 있으며, 자동차 번호판 앞에 표시하고 있다.

주로 이곳 출신 화교들이 19세기 말 청나라 군이 한반도에 주둔할 때 인천 쪽으로 진출하였다. 그들은 중국음식점과 비단 포목점을 경영했다. 매우 근면하고 검소하여 가는 곳마다 부자가 되었다. 마치 유럽의 유태인과 같다.

웨이하이를 9시 반경 출발하여 옌타이 웨이팡 쯔보 지난시를 경유해 약 500킬로미터를 달렸다.

산둥성 자동차는 번호판이 루(鲁)로 시작한다.
노나라 땅에 재운이 터진다는 숫자 8이 4개나 된다.

중국 고속도로(고속 공로)는 노면과 도로 표지판이 비교적 잘 되어 있고 차량에 대한 감시가 한국보다 강력하다. 최고 속도 제한 100킬로미터에 통행료가 비싼 편이라 자가용보다는 주로 화물차량이 많이 이용한다.

연안 도시를 벗어나면서 벌써 하늘이 뿌옇고 공기가 탁해지기 시작한다. 중국의 황사와 미세먼지는 정말 심각한 수준이다. 도로 주변의 농민들이 봄 농사 준비로 아침부터 논과 밭에 나와 일하는 모습이 안개 사이로 평화롭게 보인다. 이 넓은 땅이 전부 평야지대이다.

한국인은 모두 놀랄 수밖에 없다. 황해를 사이에 두고 자연 경관이 이렇게 판이하다.

오후 4시경 태산의 도시 타이안에 도착하니 뿌연 미세먼지가 자욱해 천하 명산을 가리고 있었다.

중국인은 요리 주문을 항상 과하게 한다.
국민은 가난한데 나라는 풍족하다.

드론과 공자가 공존하는 나라가 중국이다.
세계 최고의 드론 기술을 가지고 있다.

천하의 태산이 황사사이로 보인다. 명산도 오염 앞에선 그저 평범한 산이다.

제왕의 산, 태산(泰山)의 하늘 길

    하루 종일 달려 태산(泰山)의 남쪽 타이안(泰安)시에 도착하니 벌써 저녁노을이 들어온다. 웨이하이(威海)에서 중국 대륙 횡단을 향한 준비와 각오가 넘쳤는지 차량이 묵직하다. 황사 사이로 보이는 태산을 차창으로 보며 숙소에 들었다.

    타이안시는 태산의 관광객이 사시사철 넘친다. 숙소인 호텔도 외관과 내장이 수려하며 청결한 편이다. 문제는 항상 호텔 근무자의 접객 태도와 친절도 및 손님

태산 입구에 석조상이 도열해 있다. 신비로운 태산에 최고의 조각석이다.

의 질이다.

중국은 호텔 프런트 직원도 영어가 안 통하는 경우가 많다. 역시 이곳도 내국인 위주의 영업이라 시설은 상당히 좋은데 운영이 상당히 낙후되어 있다. 호텔 복장을 한 어린 소녀들이 영어는커녕 음식 주문받는 방법도 모른 채 우두커니 서 있다.

중국인이 소란스러운 것은 익히 다 알고 있지만 너무 심하다. 호텔 식당 안 옆 룸에서 단체 손님인 듯 한데 고성이 하도 심해 패싸움이 벌어진 걸로 오해할 정도였다. 금연도 지켜지지 않는다. 엘리베이터 안에서도 버젓이 담배를 물고 있다. 화장실에서는 소변을 흘리는 게 다반사이고, 대변을 문도 닫지 않고 본다.

인구가 많아 그런 것인가? 교육이 안 돼 그런 것인가? 동양의 문화 종주국이 왜 이럴까? 공자(孔子) 님 고향 취푸(曲阜)가 여기서 70킬로미터 거리인데 하늘에 계신 공자 체면이 후손들로 인해 말이 아니다.

그러나 태산은 신비로운 조각 돌기둥과 계단으로 입구에서부터 참배자의 마음을 가다듬게 한다.

태산 가는 길은 타이안시에서 숙박을 하고 새벽 일찍 오르는 것이 가장 효과적인 방법이다. 워낙 많은 사람이 오기 때문에 시간이 지체되는 것이 다반사다. 여유로운 여행자라면 오후에 오르는 것도 방법이지만 케이블카 운영시간을 고려해야 한다. 볼거리가 많기 때문에 선별하지 않으면 시간이 차질이 생긴다.

태산(泰山, Taishan)은 어떤 산인가?

태산은 산둥성 중남부 지역 타이안(泰安)과 지난(濟南)시 사이에 위치한 산으로 높이는 1,545미터이다. 산으로만 보면 중국에서는 경치도 높이도 그저 그런 평범한 산일 수도 있다. 태산이 높아 보이는 이유는 바로 알 수 있었다. 웨이하이에서 타이안시에 도착할 때까지 대륙 전체가 다 평원이다. 그 평원에서 1,500미터의 연봉 태산이 우뚝 솟아오르니 높아 보일 수밖에 없다.

태산이 중국인뿐만 아니라 세계인에게도 특별한 산으로 간주되는 몇 가지 이유가 있다.

태산은 황허문명의 발상지이며 중심지이다. 태산의 서북쪽에 라오청시가

태산의 북쪽 기슭은 지난(濟南)으로 옛 제(濟)나라 땅이다. 남쪽 기슭은 타이안(泰安)으로 노(魯)나라 땅이다.
서쪽 라오청은 황허와 경강대운하가 만난다.

있다. 그곳에서 황허강이 북동쪽으로 흐른다. 40만 년 전 구석기시대인의 활동지이며 신석기시대 용산문화의 중심지이다.

태산은 중국 도교(道敎)의 본산이다. 중국의 민간 신앙에는 도교와 불교가 자리 잡고 있다. 무위자연(無爲自然)론을 근간으로 하는 도교와 관련된 신과 사원이 곳곳에 모셔져 있다. 도교의 최고 신 옥황상제를 모신 옥황묘, 최고 여신 벽하원군을 모신 벽하사 등 도교 관련 역사 문화유산의 집합체이다. 바티칸이 로만 가톨릭의 본산인 것처럼 태산은 중국 도교의 본산이다.

도교의 창시자 노자(老子)가 있는 천가(天街).
권력과 돈 명예에 대한 집착을 버리고 무위자연을 설파한다.

1460m 남천문에 아침부터 민초들이 모여있다. 일명 티앤먼관(天門關)은 하늘의 관문이다.

도교사원에 경전 민간신앙의 부적 주술이 나부낀다.
자연숭배와 장생불사(長生不死)의 사상이다.

중국인이 좋아하는 붉은색 헝겊이 염원을 담고 있다.
장생불사(長生不死)는 도교 신앙의 근간이다.

태산 천가(天街)에 물을 지고 오른다. 도리를 다 하면 자연에 합치한다.

더 중요한 것은 중국인들은 태산의 신이 인간의 수명과 사후세계를 관장한다고 믿는 것이다. 중국인들은 태산을 한번 오를 때마다 10년 수명이 연장된다고 믿는다.

우리는 인파를 피해 아침도 거르고, 새벽 일찍 태산으로 향했다. 그러나 이미 전국에서 모인 인파가 우리 앞을 가로막는다. 중국인들의 태산을 향한 집념은 상상을 초월한다.

또한 중요한 불교 유적지이다. 4세기경 동진의 랑(Lang)에 의해 창건된 태산 영암사는 중국의 4대 절경 사찰이며, 남북조 시대에 금강반야경을 돌에 조각한 태산 금강경이 석경(石經)으로 남아 있다. 토착종교 도교, 외래 종교 불교, 유교사상이 결합되어 중국의 문화를 이룬 것이다. 이 건축물들이 모두 국보급으로 세계문화유산이다. 실제로 유네스코는 일찍이 1987년에 태산을 세계문화유산으로 지정한다.

중국인들이 태산 깊은 곳을 응시한다. 태산은 중국인의 조국이고 어머니였다.

태산의 케이블카는 대중을 위한 수송 수단이다. 이것으로 태산은 중국인에게 더욱 가까이 온다.

단순한 관광이 아니라 순례자의 산으로 중국인의 평생소원이 태산 등정이다. 오늘도 전국에서 찾아온 어린이부터 노인 부녀자에 이르기까지 아침부터 줄 서서 산을 오른다. 보따리에는 양초와 부적을 넣고 먹을 음식을 가져온다. 그들의 표정은 진지함을 넘어 성스럽다.

중국에는 예부터 산악(山岳) 신앙이 있다. 제왕이 된 자, 출세하거나 부귀하게 된 자는 명산의 정상에 올라 하늘에 제를 지내는 것이다. 그 명산이 이른바 오악(五岳)이다.

"태산에 올라 장엄한 조국 산하를 보다." 태산은 중국의 백두산이었다.

동(東) 태산(泰山, 산둥성), 서(西) 화산(華山, 陝西성), 남(南) 형산(衡山, 호남성), 북(北)
항산(恒山, 산시성), 중(中) 숭산(嵩山, 하남성)이다. 이곳 중 한 곳만 등정해도 평생
소원이 이루어지는 것이다.

이중 으뜸은 조종(祖宗)인 동쪽의 산, 이곳 태산이다. 중국의 황제들은 등극하면
누구나 이곳에 와서 제국의 번영과 황실의 영화를 하늘에 기원하는 제(祭)를 지
낸다. 진시황제도 한무제도 청의 건륭제도 봉선제를 올렸다. 이른바 제왕의 산이다.

황제들이 태산에 오르려면 엄청난 대 역사가 벌어진다. 돌계단을 만들고 중간
휴식터를 조성한다. 7,400여 돌계단이 놓여 있고, 황제의 정자가 만들어져 있다.
이제 그 황제의 계단은 젊은이들이나 도전하는 험한 길로 변했고, 최신형 스위스

글귀를 배경으로 촬영이 한창이다. 태산은 살아있는 자연 박물관이다.

제 케이블카가 설치되어 중턱까지 많은 관광객들의 운송을 담당한다.

　권력자와 출세한 사람이 다녀가니 백성도 유학자도 더불어 오른다. 산에 있는 절벽의 돌기둥마다 글자와 경문, 시문이 작자와 함께 새겨져 있는데, 이것 또한 중요한 문화유산이다. 공자도 다녀가셨고, 주은래의 글귀도 보인다.

　여기 새겨진 글귀만 모두 해석해서 해설집을 만들면 일명 '태산 석문론'이 탄생할 수도 있다는 생각이 든다. 이미 만들어져 있을 수도 있겠다. 단순한 낙서도 대학자 예술가들이 하면 작품이 되고 예술이 된다.

영웅들의 각축장, 중원(中原)의 흥망성쇠

황사와 스모그와 미세먼지가 지독하다. 온 벌판이 다 희끄무레하다. 말로만 듣던 북경의 스모그는 이보다 더 하다는 데 마치 중국의 미래가 희미한 것처럼 느껴진다.

중국 국민을 위해서도 주변국을 위해서도 시급히 대책을 세워야 한다. 경제성장에만 치우치는 한 환경오염은 벗어날 수 없을 것이다. 중국의 미래를 위한 근본

태산의 황사가 명산을 가린다. 푸른 하늘, 맑은 물, 깨끗한 공기는 명산의 필수 요소다.

적인 숙제다.

오전에 일찍 태산을 방문한 탓인지 발걸음이 가볍다. 한(漢)족에게 명산은 한(韓)민족에게도 명산일 수밖에 없다. 5천 년 역사에서 끊을 수 없는 이웃 대국 아닌가.

중국인들의 정신적 고향, 태산을 멀리하고 자동차는 다시 허허 벌판 중원으로 달린다.

고속도로가 대륙을 하나로 연결한다.
중국은 만리장성과 경강대운하 등 토목건설의 선도국이다.

고도 카이펑(開封)의 거리는 적막했다. 송과 요나라가 쟁패하던 곳이다.

시안에 위치한 진시황의 동상이 위용을 뽐낸다. 진시황은 통일 중국을 최초로 이룩한 중국인의 우상이다.

다음 목적지 허난(河南)성 카이펑(開封)까지 370여 킬로미터다. 일정에 쫓겨 공자(孔子)의 고향 취푸(曲阜)를 방문하지 못하고 외곽 도로에서 조망하는 게 무척 아쉽다.

황허강 중류의 동쪽이 산둥성이고 서남쪽이 허난성이다. 산둥성 서쪽과 허난성, 산시(陝西)성 동쪽 평원을 가리켜 중원(中原)이라 한다. 이곳이 한(漢)족의 원래 생활 터전이다.

이곳 허난(河南)성은 광활한 평야와 황허강의 풍부한 물로 자원이 풍부해, 예부터 한(漢)족들의 생활 근거지였다. 현재도 어마어마한 인구 9,400여만 명이 살아간다. 진(秦) 시황 때는 예주(豫州)라 하였고, 현대 중국에서도 약칭이 예(豫)이며 자동차 번호판이 豫(예)로 시작한다.

중원(中原)은 중화문명의 중심지이며 전략 요충으로 제후들의 쟁패지였다. 변방에서 출발한 영웅호걸이 중원으로 진출해 중국의 패권을 잡는 곳이다. BC 2000년 전부터 중국의 고대국가 하(夏)나라, 은(殷)나라, 주(周)나라 모두 이곳 중원에 자리 잡고 중화문명을 발전시켰다.

허난(河南)성에는 중국 7대 고도(古都) 중 3개가 위치한다. 은나라의 수도였던 안양(安陽), 주(周)와 후한, 위(魏)나라의 수도인 뤄양(洛陽), 송(宋)나라의 수도인 카이펑(開封)이 그곳이다. 여기에 한(漢) 나라와 수(隋), 당(唐)나라의 수도였던 산시성 시안(西安 옛 長安)을 포함하면 중원의 고도(古都)는 4개소나 된다. 중원은 3천 년간 중국의 수도였던 곳이다.

그만큼 중국 역사에서 중원을 차지하기 위한 치열한 전쟁이 있었음을 의미한다. 중원의 역사를 잠시 살펴본다. 싸워서 이긴 자만이 이곳에서 제국을 창건할 수 있는 것이다.

진(秦)의 시황제나 한(漢) 고조 유방도 전쟁에서 승리한 후 이곳 중원 땅 시안(西安 옛 長安)을 수도로 삼는다.

AD 220년 한(漢)나라가 멸망한 후 589년 수(隋)나라 양제에 의해 재통일될 때까지 360년간 이곳을 둘러싸고 영웅들의 쟁패가 끊이지 않는다.

삼국시대(조조의 위, 손권의 오, 유비의 촉, 220년~280년)를 거쳐 오호십육국(五胡十六國 304~439년) 시대는 중원의 주도권을 다투는 혼돈과 전쟁의 시대였다.

한족 간의 쟁패는 물론 북방 유목민족과 한(漢)족은 중원을 두고 격렬한 전쟁을 벌인다. 유목민족인 남흉노 출신 유연이 만리장성을 넘어 중국 역사상 최초로 중원 땅 낙양을 점령한다. 전쟁에서 패배한 한족은 대거 양자강 남쪽으로 민족이

뤄양은 지금도 국제도시로 손색이 없다. 찬란한 역사는 하루아침에 만들어지는 것은 아니다.

동을 해야만 했다.

후에 오호(五胡)의 일족인 선비족 탁발부가 위(魏)라 칭하고 중원으로 진출하여 산시(山西)성 다퉁(大同)에 수도를 정하며, 후손 효문제는 수도를 뤄양(洛陽)으로 옮긴다. 남쪽 양자강의 한(漢)족 국가(南朝)와, 북쪽 중원의 유목민족 북위(北朝)가 정립하는 南北朝(439년~589년) 시대가 열린다.

360여 년의 혼란과 분열을 치유하고 중국의 재통일에 성공한 후주의 대승상 출신 양견은 수나라를 창건한다. 수(隋)나라도 수도를 이곳 중원 장안에 두고 전국을 통치한다. 무리한 토목 건설과 고구려와의 전쟁으로 인한 전비 부담으로 수나라는 38년 만에 농민반란과 내란으로 자멸한다. 역사는 반복된다.

혼란을 수습한 수의 관리 이연은 당(唐)나라를 건국한다. 수도를 장안에 두고 서역으로 진출하고 실크로드 무역권을 장악하며 세계제국으로 발전한다. 290년 간 중원을 지배한 당제국도 내부 반란과 이민족 침입으로 멸망하게 된다.

시안(長安)에 세워진 거대 성곽. 당 제국은 당시 세계 최강대국이었다.

다시 중원은 수많은 영웅호걸이 쟁패하는 오대십국의 대 혼란에 빠진다. 이중 오대는 정통 중원 왕조로 중원을 놓고 혈투를 벌이는 것이다.

통일과 번영, 분열과 멸망, 전란과 재 통일의 역사가 반복되는 것이다. 오대국가, 후주의 부장이었던 조광윤이 창건한 송(宋)나라는 우리가 방문하는 중원의 땅 카이펑(開封)을 장악한다.

후에 북방민족 거란에 의해 중원에서 밀려난 송은 양자강 남쪽 항저우(杭州)로 세력이 위축되어 남송(南宋)으로 국력이 쇠퇴하고 멸망하고 만다.

중원에서 국력을 키우고, 한(漢)족의 민심을 얻어 경제력을 잡아야 중국 대륙의 주인이 될 수 있는 것이다. 중국 인민공화국 주석 시진핑(習近平)도 이곳 중원의 산시성 출신이다.

여기에 중국의 5대 명산(五岳) 중 중악(中岳)인 숭(嵩)산이 뤄양 외곽에 위치한다. 문화 사상적으로 보더라도 중국의 수도로 탐낼만한 기운이 넘치는 명당이 중원 땅이다.

태산과 황허, 산동성, 허난성, 중원, 중국, 동북아시아, 한반도가 머릿속에서 오락가락 한다. 석양이 비치는 가운데 우리가 탄 차는 고도(古都) 카이펑(開封)에 도착하며 실크로드에 다가선다.

송나라 수도 카이펑 고시가지.
중세 건축양식으로 보존과 리모델링이 뛰어나다.

송나라 수도 카이펑의 황제 거리.
동시에 이곳은 북방민족의 땅이었다.

고도(古都) 카이펑, 북방민족과 한(漢)족의 쟁패

　　산둥성 타이안에서 허난성 카이펑으로 가는 길도 대 평원의 연속이다. 잘 뻗은 고속공로로 계속 달린다. 중원에 위치한 송나라의 옛 수도 카이펑(開封)은 인구 470만 명의 현대 상공업 도시로 변화하고 있었다.

　　인접한 허난성의 성도(省都) 정저우(鄭州)는 정치 행정중심 도시, 카이펑은 경제 문화도시로 특화하여 발전 중이다.

　　카이펑(開封)은 춘추전국시대부터 위(魏)나라의 수도였고, 후주(後周)와 통일 제국 송(北宋), 금(金) 나라의 수도였다. 중국의 7대 고도(古都)의 하나로 유서 깊은

룽타이 궁 앞에서 경극이 공연된다. 중국의 경극은 중국 문화의 꽃이다.

중원의 도시이다.

그러나 카이펑은 북방민족과의 관계에서 더 중요하다. 문치주의가 유난히 심했던 송나라는 북방민족과의 전쟁에서 번번이 패배한다. 11세기에 등장한 거란족이 세운 요나라에 북경 인근의 영토(燕雲十六州)를 빼앗기고 막대한 배상을 하게 된다. 송나라는 재물로 평화를 사려고 한 유약한 국가로 평가된다.

우리는 거란(契丹)에 관해 고려를 침공하고 발해를 멸망시킨 북방 오랑캐로 치부한다. 그것은 중국적 사고방식이다. 러시아와 중앙아시아 각국 심지어 유럽에서도 중국을 키타이(Kitai)로 부르는 것이다. 키타이가 바로 거란(契丹)이다. 거란은 화북지방과 만주 내몽고를 차지하고 카자흐평원까지 진출한 대국이었다. 중세 서양인에게 중국은 키타이였고, 차이나는 근대에 들어와 알려진 것이다.

결국 카이펑은 후발국인 여진족의 금(金)나라에게 점령되어 금의 수도가 된다.

송나라 황제가 집무하던 룽타이(龍臺)궁에서는, 아침부터 황제의 의식을 재현하는 연극이 수많은 시민과 관광객에게 공연되고 있어 이채롭다. 외국 사신을 접견하는 행사에는 고려의 사신도 등장한다. 송과 고려는 밀접한 외교관계라고 알고 있는데, 막상 고려 사신이 황제 앞에 엎드려 눈도 못 뜬다. 연극이지만 대국주의가 들어 있어 씁쓸하다.

보존된 중세 도시는 실제로 사람이 살면서 일상생활과 상업 활동을 하는 곳이어서 10세기 중국인의 생활상이 실감나게 재현된다. 비워 놓고 관리하는 방식보다 거주하며 관리하는 편이 주민과 관광객에게 매우 편익이 많다. 유럽의 거리가 살아있는 중세 도시이듯 이곳도 중국의 중세가 살아 움직인다.

특별한 상점이 보인다. 고려의포(高麗醫鋪)리는 상호가 보인다. '우의피부병원'이라 하고, 조선세의(朝鮮世醫)라 부기하고 있다. 여기서 조선은 북한을 의미하는데, 북한출신 의사가 피부과 의술이 대단해 환자가 끊이지 않는 것이다. 중화의 본고장 중원 카이펑에 북한출신 의사가 자리를 차지하고 성업 중이라니 놀라운 일이다.

땅은 중화문화의 정통 중원인데, 경제여건은 연안 개방 도시보다 많이 떨어

鋪 醫 麗 高

朝鲜世医

简
介
开封友谊皮肤医院创建于1963年。前身"友
谊诊所"是由千弘柱，方顺子夫妇等8名朝鲜医
生共同创建的。因其技术精湛，服务热情，故被
百姓称誉为"朝鲜医院"。1986年市政府规划御
街工程，医院在千弘柱院长的领导下，于1987年
投资落成现址，并更名为"开封友谊皮肤医院"。

우의피부병원

特
色
开封友谊皮肤医院在继承传统医学及民族医学
的基础上，结合现代医学精华，改进配方，加大投
资力度，增添先进的医疗设备，自动血球计数仪、
生化分析仪、过敏源机、射频治疗仪、氦氖激光和
二氧化碳激光治疗仪等，达到传统配制与现代医学
的完美结合。主治各种皮肤病的常见病及疑难杂症。

祗 效 友

중국인은 황사와 물 부족으로 피부병이 흔하다. 고려의포는 송나라와 고려의 관계처럼 우호적이다.

진다. 오토바이를 개조한 차에 소수민족처럼 보이는 한 가족이 몸을 싣고 어디론가 이동하는 모습이다. 연안 도시보다 10년 이상 뒤떨어져 보인다. 중국도 개발 격차가 너무 커서 사회불안 요인이 상존한다.

중원에는 인구가 많아 노동력이 풍부하다. 카이펑시도 많은 사람이 손과 빗자루를 이용해 거리를 직접 청소한다. 전형적인 중국 방식이다. 적은 임금이라도 받아 일자리를 창출하는 노력으로 보이나 장비와 여건이 매우 낙후되어 있다.

거리에서 노점상 여인이 카이펑의 명물 점고(차진 떡. 호떡과 비슷함)를 팔고 있다. 중국인들은 아침을 집에서 먹지 않고 이런 곳에서 사 먹는다. 음식물 판매 허가증을 게시하고 머리에 위생모를 쓰는 등 나름대로 청결하게 관리하는 모습이 인상적이다.

송나라가 조성한 대형 도심 호수에 깃발이 펄럭인다. 깃발은 중국의 또 하나의 상징이다. 수많은 군대가 전투에 나설 때, 유일한 통신인 부대의 깃발을 보고 진격 후퇴하는 것이다. 노동할 때는 작업의 깃발, 전투 시에는 작전의 깃발 아래 모이는 것이 일상화된 중국인들이다.

송나라는 무력이 약한 반면 경제와 문화강국이었다. 과거제를 통해 관인 사대부를 대량 배출하였다. 수, 당나라의 문벌 귀족은 사라지고 경학과 문학에 정통한 문인들이 황제를 보좌하며 지배계급이 되는 것이다. 주자학과 성리학이 학문의

소수민족 가족의 외출이 단출하다.
모두가 각자 이상을 그리며 이동한다.

거리의 상점에서 조반(早飯)을 준비한다.
음식과 요리는 역사와 문화의 상속이다.

제왕이 있는 곳에는 항상 호수가 있다. 제왕이 있는 곳엔 언제나 깃발이 펄럭인다.

주류가 된다.

　곳곳에 문화도시의 전통이 남아 필방, 문구, 서화, 서책, 도자기를 취급하는 상점이 넘친다. 이런 물품들이 북방민족과 서역 국가, 고려, 왜나라까지 교역을 통해 유통된 것이다.

　양쯔강 이남, 강남의 생산력이 높아져서 운하를 통해 중원으로 물류이동이 원활해진다. 신흥 상공인이 등장하고 서민생활도 윤택해지며 고급 자기의 생산과 수요가 많아진 것이다.

　중국의 4대 미인(四大美人)을 한군데 모아 미인대회가 벌어진다. 춘추시대 월(越)나라의 미녀로 적장 오왕(吳王)에게 시집가 오를 멸망시킨 서시(西施), 한(漢)나라에서 흉노 왕과 결혼해 한나라를 구한 궁녀 왕소군(王昭君)은 나라를 구한 구국 미인이다.

　삼국시대 동탁 여포의 후처로 한(漢)나라를 위해 이간책으로 이용된 초선(貂

수많은 문방 필구점이 존재한다.
소득에 관계없이 문화욕구는 강렬하다.

자기 그릇에 각종 꽃무늬 문양이 현란하다.
대량생산 대량소비가 이루어진다.

蟬), 당나라 현종의 비로 황제의 권력을 휘두른 양귀비(楊貴妃), 모두 재색(才色)이 뛰어나 시대를 앞서간 중원의 여인들이다.

　조선의 역사에서도 이런 면에서 여인을 다시 조명하면 흥미로울 것이다.

서시, 왕소군, 초선, 양귀비가 중원을 거닌다. 역사의 반은 여인들의 몫이다.

숭산(嵩山) 가는 길, 소림사의 성쇠

    허난(河南)성 카이펑(開封)에서 뤄양(洛陽)시까지는 220여 킬로미터의 거리다. 중간에 덩펑(登封)이라는 인구 60여만의 도시가 있다. 현재는 허난성 성도 정저우(鄭州)에 속해 있지만 고대도시로 상당히 유명한 곳이다. 중국 오악(五岳)의 하나인 숭산(嵩山) 남쪽에 자리 잡고 있다. 선종(禪宗)의 본산으로 이름난 소림사(少林寺)가 위치한 지역이다.

    중국인의 표현을 빌리자면 덩펑의 숭산(嵩山)은 '천지지중(天地之中)'으로 '중원의 심장부'라 한다. 이곳 숭산에는 중악사원(中岳廟), 관성대(觀星臺) 등이 있어 도

웅장한 숭산 소림(嵩山少林)사 입구. 뒤로 보이는 숭산과 소림사는 도교와 불교의 조화다.

수많은 사람이 소림사를 방문한다. 모두 부처님의 법력을 기원한다.

읍을 정하거나 천문을 볼 때 필히 올라야 한다. 그래서 황제들은 등극하면 누구나 이곳에서 제(祭)를 지내 제국의 안녕을 기원한다, 태산에 필적한다.

소림 무술의 발원지도 이곳이다. 무술과 선(禪)불교, 어울리지 않는 개념인데 달마(達磨) 대사 때부터 무술을 연마했다 한다. 내공을 쌓고 체력을 연마하며 호신을 해야 좌선(坐禪)이 가능하다. 내가 좋아하는 단어 문무겸비(文武兼備)와 같은 것인가?

소림사 입구 멀리서부터 무술학교 건물이 즐비하다. 운동복을 단체로 입고 무술 연습하는 수많은 학생이 운동장과 도로에까지 나와 기합소리를 내며 질서 정연하게 뛰어간다. 좁은 소견으로 모두 취업이 될까 걱정이 앞선다.

입구 주차장에서 소림사까지는 상당히 멀다. 걸어서 올라가면 족히 한 시간은 걸릴 것이다. 이곳에도 미니 열차형 셔틀(일명 코끼리 열차)이 있다. 외국에서 온 여행자는 왕복 티켓을 구입해서 시간을 절약할 수밖에 없다. 3월 중순 숭산 기슭

엄청난 높이의 5층 목조 빌딩이다.
불사는 믿음과 재력의 산물이며 부처님의 뜻이다.

의 바람은 상당히 차다. 방한복을 배낭에 넣고 다녀야 한다.

숭산 소림사(少林寺)는 AD 496년 북위의 효문제에 의해 창건된 중국 불교의 가장 중요한 유적지이다.

외래 종교 불교(佛敎)는 1세기경 전파된 후 수세기 동안 거부당하며 소수 학자의 연구 대상에 불과했다. 그런 종교가 어떻게 남북조시대(4세기~6세기)에 중국인들의 마음을 얻고 수 당나라 시대에 전성기를 누릴 수 있었는가?

후한(後漢)의 멸망 후, 계속된 전란과 사회불안이 민심을 유교적 질서관에서 이탈시킨 것이다. 동시에 불교는 토착종교인 도교, 토속신앙과 유사해 백성들의 저항이 적었다.

중원의 지배세력이 한(漢)족에서 북방민족(胡)으로 교체된 것도 배경이 된다. 북방민족은 종교적 다양성과 포용력을 가진 민족이다. 특히 신 지배층의 통치 논리에 적합한 불교의 현실주의적 성향은 제왕과 손잡고 통치이념을 뒷받침하여 국가 불교로 웅비하는 것이다. 이러한 시대적 배경 하에서 소림사는 창건되고 달마(達磨) 대사를 맞아 선종의 본산이 된다.

소림사 고루(鼓樓)는 마치 나무로 지은 마천루 같다. 높이가 100미터도 훨씬 넘는 대 건축물이다. 목조 건물이 저렇게 높이 올라가도 건물 안전에 이상이 없다는

너무 커서 한 장의 사진에 전모를 담을 수가 없다. 규모와 역사성 예술성까지 가히 삼위일체다.

게 신기하다. 황제들의 재정적 후원이 없이는 불가능했을 것이다.

소림사 대웅전은 사찰의 중심이 되는 건물로 대웅(大雄)인 불교의 위대한 스승 석가모니를 모신 전각이다. 석가모니는 큰 법력(法力)으로 세상을 밝힌다. 중원의 혼란을 정리하고 극락이 오기를 기원하는 고대인의 정성이 모여 세워진 것이다. 이름만큼 크고 아름다우며 예술성 이 있는 건물이다.

대형 돌비석(石碑)이 대웅전 앞 마당에 건립되어 있다. 중국인들의 규모에 대한 집착은 신앙심에까지 침투되어 '천하에 최대'라야 만족 한다. 석공들의 정성과 아픔이 저 비(碑) 어딘가에 담겨 있어 오늘날 사람들을 불러 모으는 것이다.

실내 사진 촬영도 일부 허용 한다, 부처님의 모습을 금으로 조 각해 귀한 나무로 만든 원통형 조 각 위에 새겨 넣었다. 전문 가이드

마모된 글씨와 손 때 묻은 대웅전 앞의 거대한 돌비석 이 세월을 안고 있다.

위대한 스승 부처님은 소림사에서 영생하신다.
어리석은 중생이 구원을 기다린다.

스님의 외형과 복식은 차이가 있다.
그러나 석가모니 부처님을 모시는 정성은
똑같다.

의 안내 없이 보려니 한계가 있다. 여행에도 스승이 있다. 특히 외국여행은 더욱
그렇다.

수많은 사람이 향을 피우며 기도한다.
기도만이 신을 움직일 수 있다.

일본 스님은 머리를 기른다. 한국 스님은 머리 깎는 것을 "불교로 출가한다"고 힐 징도로 원칙적이다. 중국 스님들은 완전히 삭발하지는 않는 것 같다. 같은 불교라 해도 나라마다 시대마다 약간의 차이가 있다. 불교의 특성이 다양성과 포용이라니 이해가 간다.

불교는 깨달음의 신앙이면서 서민들에게는 기복의 신앙이다. 소림사에도 수많은 사람이 법당과 기도처에서 기도

소림사 대웅전은 남녀노소로 늘 붐빈다. 이 중생들을 구원키 위해 석가모니불이 오셨다.

하며 부처님에게 복을 갈구한다. 청춘 남녀가 향을 피워 부처님의 법력을 비는 기도는 더욱 간절하다. 저 눈빛과 겸손함이라면 이미 소원은 성취되었을 것이다. 사회주의도 공산주의도 국민의 신앙만큼은 통제할 수 없고 통제하려 하지 않는다.

거대 사찰 소림사에서 무술을 직접 목격하지는 못 했다. 소림사가 싸움꾼 양성소가 아니고 달마대사가 9년 좌선한 선종의 본산이라는 사실을 알게 된다. 소림사는 중국에서 가장 중요한 사찰로 중국인의 기도와 염원 속에 숭산을 지키고 있었다.

이제 실크로드 도시 뤄양으로 간다.

제왕의 꿈, 용문석굴의 신비

　　소림사를 출발한 우리는 뤄양(洛陽)으로 향했다. 뤄양 남쪽 14킬로미터 지점에 위치한 용문석굴(龍門石窟)을 방문하는 일정이다.

　　용문석굴은 다퉁(大同)의 운강석굴(雲岡石窟), 둔황(敦煌)의 막고굴(莫高窟)과 더불어 중국의 3대 석굴이다.

　　뤄양 남쪽의 이허(伊河)라는 강 양안의 산 절벽 1.5킬로미터에 걸쳐 석굴이 모여 있는 아름답고 역사성이 높은 세계적인 예술품이다. 이곳 또한 2000년 유네스코에서 지정한 세계문화유산이다.

이허의 양안이 西 산(왼쪽)과 東 산(오른쪽)이다. 이곳 석회암 절벽이 용(龍)과 궐(闕)이 된다.

뤄양을 향해 이동하다가 용문석굴 앞에서 만난 강이다. 이곳을 이허(伊河)라고 하는데 지독한 황사에 주눅들은 여행객에겐 모처럼 상쾌한 풍경이다. 이 강의 양쪽 산 절벽에 석굴이 조성되어 있다.

세계문화유산 용문석굴 입구에 석양이 비친다.
유네스코 유산 지정은 역사 문화가치를 비약적으로 올려준다

장소 선정부터가 범상치 않다. 산과 강이 만나는 곳에 석회암 지대의 암반이 대궐처럼 서있어 용문(龍門)이라 부르는데, 또 이궐(伊闕)이라는 명칭도 있다. 용(龍)과 궐(闕) 모두 제왕의 권위를 상징하는 것이다.

중국의 유명 관광지는 어느 곳이나 인파로 넘쳐난다. 시간 절약과 효과적인 관

용문석굴과 운강석굴이 제왕들에 의해 조성된다. 제국의 국력과 위엄도 확대된다.

석굴 한 곳마다 불상과 사천왕이 조각된다. 하나를 조성하는데 얼마나 많은 시간과 공을 들였을까!

수많은 석굴 조성을 위해 제국의 기술과 인력이 총동원된다. 제왕만이 이런 대규모 프로젝트를 집행할 수 있다.

람을 위해서는 관광 비수기를 택하고 새벽부터 일찍 움직이는 게 필수다. 관광지마다 주차장이 있고 표 파는 곳이 있는데, 거기서 운행되는 셔틀을 탈 수밖에 없다. 걸어서 다니기에는 너무 넓고 멀다. 용문석굴에도 중국인과 외국인 관광객이 뒤섞여 매표소에 줄지어 서 있다.

용문석굴은 남북조시대의 북위(北魏) 효문제(494년)부터 시작하여 당나라 말기까지 약 500여 년 동안 계속된 대 역사였다. 북위의 효문제는 왜 이런 창업을 시

석굴 조성은 황제들이 직접 관장하는 제왕의 업이다. 건축, 조각, 서예, 회화의 최고봉이 승려와 함께 황제의 명을 받든다.

석공들의 돌 쪼는 모습이 아련하다. 부처와 황제의 뜻에 따라 움직였다.

작했을까?

북방민족 선비족의 나라인 북위는 원래 탁발씨가 건국한 유목민의 국가다. AD 439년 화북을 통일한 태무제는 중국식 중앙집권체제의 도입과, 한(漢)족과 북방민족 호(胡)족의 화합을 도모한다. 그의 아들 문성제 때는 민심을 수렴하고 불교를 번창시킨다. 수도 평성(현 大同) 인근에 대규모 운강석굴을 조성한다.

뒤를 이은 효문제는 개혁군주였다. 호한(胡漢) 화합책과 토지개혁 및 한화(漢化) 정책을 적극적으로 추진한다. 수도도 북쪽의 산시(山西)성 평성(현재의 大同)에서 중원의 땅 이곳 뤄양(洛陽)으로 이전한다.

전란으로 피폐해진 민심을 수습하고 내부 결속을 위해서 국가 불교화 정책을 채택하고 용문에 대규모 석굴을 조성하게 된다. 불교를 내세우며 황제는 부처와 같은 존재로 은연중에 부각시킨다. 착실한 불교신자인 어머니 풍태후의 유지를 받들고, 황제의 권력 강화 목적에서 용문석굴 창건을 시작한 것이다.

석굴을 조성하고 석굴사원을 짓는다. 이때 조성된 것이 고양동(古陽洞) 석굴과 빈양삼동(賓陽三洞) 석굴이다. 이 작업은 삼대의 제왕에 걸쳐 이어졌다. 국가의 안정과 힘이 없다면 절대 추진할 수 없는 과제다. 예술은 평화의 산물이다. 실제로 내란과 전쟁의 시기에는 석굴 조성도 중지된다.

황제들의 위업은 수나라와 당나라에서 계속된다. 당나라는 개방된 세계의 제국이었다. 또한 불교가 가장 왕성한 국가였다. 당의 고종과 황후 측천무후는 이곳

서산의 최남단 석굴이다. 체력과 끈기 없이 석굴관람은 불가능하다.

용문석굴에 석조미술의 세계적 걸작인 봉손사동(奉先寺洞)의 석굴을 만들어 황제의 위대함을 만방에 공표한다.

2,300여 개의 벌집처럼 뚫린 석굴에 10만어 점의 불상과 불탑, 비석, 비각이 새겨져 있다. 가장 큰 석불은 측천무후가 조성한 비로자나불로 높이가 17.4미터인데 머리가 4미터, 귀의 길이만 1.9미터다. 작은 불상은 3센티 크기도 있다. 모두 예술가의 손을 거친 인간의 작품이었다.

장식을 위해 벽을 조금만 파는 것이 벽감이다. 큰 석굴 앞에는 항상 벽감이 있고 벽감에는 불탑이나 사천왕이 있어 실제 사찰과 다름없이 구성된다. 고대 말 중세 초기시대에 무엇을 보고 기획했으며 누가 설계를 했는지 대단한 선각자들의 예술적 감각과 종교적 믿음이 승화된 것이다.

방문자는 젊은 청춘이 특히 많다. 역사를 아는 청춘은 현명해 진다.

뜻이 있다면 이 길은 역사로의 무궁무진한 여행길이요, 뜻이 없다면 한갓 바위 조각 길을 걷는 셈이다.

위대한 유적에도 시련이 많다. 오랜 세월 비바람에 풍화는 물론 인위적인 훼손이 많다. 계획적 도굴, 부처의 머리를 가지면 복이 온다는 미신, 홍위병의 난동으로 인해 역사적 문화적 유산이 파괴되었다. 특히 부처의 머리가 많이 훼손되어 있다. 지금도 중동과 아프가니스탄에서 벌어지는 문명의 파괴를 목격하고 있다.

세월을 거치면서 석굴은 그 생명력을 유지했다. 이제 중원의 역사 유산에서, 세계의 유산으로 빛을 보게 되었다. 한(漢)족도 북방민족도 한(韓)민족도 세계인과 더불어 인류의 역사를 이곳에서 본다.

인류의 창조적 재능이 발현되어야 유네스코 세계유산이 될 수 있다. 역사적이나 문화적으로 기념비가 될 수 있어야 한다. 인도에서 시작한 불교가 서역을 거쳐 고난을 겪으며 중국에 정착한다.

북방민족의 황제들이 국민 통합을 위해 예술가를 동원하여 500년간 조성하여 1,500여 년 보존되어 온 것이다. 용문석굴은 창조적이며 역사적이며 문화적인 요소를 모두 갖추었다.

용문석굴에 걸맞은 안내판이 돌로 조성되어 방문자들을 편리하게 한다. 중국 관광지의 안내판 중 가장 세련된 모습이다. 워낙 크고 넓기 때문에 전문 안내인의

동쪽 기슭에도 석굴과 사찰이 있다. 백두산을 보고 나면 남산이 안 보이듯, 서안의 감흥이 너무 크다.

요약된 설명 없이는 전모를 알기 쉽지 않다. 실크로드 여행자에게는 사전 지식과 철저한 공부가 필요하다.

이허(伊河) 동쪽 편에 사찰이 지어져 있으나 용문석굴을 관람한 사람에게는 큰 흥미를 주지 못한다. 석굴 속의 사찰과 불상이 준 감격이 너무 크기 때문이다. 살아있는 사찰이, 바위 속의 부처에게 양보하는 형국이다.

역사유적 이허(伊河)에서 사랑을 나누는 청춘남녀의 밀어가 용문석굴을 스친다. 용문 석굴의 부처는 이 모두에 자비로운 미소로 응답한다.

이제 우리는 천년 고도 뤄양(洛陽)으로 간다.

천년 고도(古都) 뤄양, 밤의 찬란 속으로

뤄양은 인구가 650여만 명에 달하는 허난성의 대도시다. 역사적으로는 기원전 8세기 주(周)나라를 비롯해 9개 왕조가 수도로 삼은 중원의 최고 길지였다.

도시 남쪽에는 황허강의 지류인 뤄허(洛河)가 흘러 황허강과 연결된다. 뤄양부터 실크로드가 시작되었다고 주장하는 사람도 있을 정도로 동서교류에 앞선 도시다. 용문석굴도 뤄양에 위치하여 불교 전파에 있어서도 매우 중요한 도시다.

어둠이 비칠 때 도착한 뤄양(洛陽)은 도시 입구부터 밝고 화려하다. 지금까지 통과한 중원의 도시들과는 규모나 색깔이 사뭇 다르다. 야경이 아름다운 상하이

뤄양의 남쪽에 위치한 용문석굴. 뤄양은 중요한 동서문물 교류지였다.

우리가 묵은 호텔의 주변 풍경.
고급 호텔은 대도시의 또 다른 상징이다.

(上海) 못지않은 네온사인이 도시를 빛내고 있다.

천년 고도의 옛 유적과, 낡고 어두운 도시 풍경을 상상하고 있던 나에게는 전혀 예상 밖의 광경이었다.

거리를 오가는 여인들의 표정과 치장도 국제도시처럼 세련되었다.

예약한 호텔에도 많은 관광버스와 관광객이 도착해 북적대고 있다. 지금까지는 우리 자동차를 거의 정문 출입구에 파킹할 수 있었는데, 이곳은 사정이 다르다. 짐만 내리고 주차장으로 빨리 이동시키라는 것이다. 정상적 호텔 관행이다. 뤄양은 국제 관광도시였다.

목적지에 밤늦게 도착하면 식사가 항상 문제다. 세계 어디든 밤늦게 온 손님을 반기는 식당은 없다. 이곳저곳 물색하다가 한 곳을 골라 들어갔다. 제대로 나올지 걱정하며 일단 주문을 했지만 마음이 편치는 않다. 주문한 요리가 나와 맛을 보니 상큼하고 부드러운 식감이 입맛을 사로잡는다. 게다가 접시와 음식 비주얼(차림

뤄양은 국제적 도시였다. 음식의 국제화가 이루어진 곳이다

새)이 최고다. 기분이 오른 우리는 몇 개의 요리를 추가하고 모처럼 술도 한잔 했다.

뤄양은 요리로도 세계 수준의 도시였다. 우리가 알고 있는 중국 4대 요리(북경, 상해, 사천, 광동요리) 중 상해 광동식에 가깝다. 한족(漢族)의 요리는 북경요리로 향이 너무 강하고, 맵고, 짜고, 기름지다. 북방민족이나 회족의 요리가 오히려 우리 입맛에 가깝다. 이곳 뤄양은 북방민족(胡族)과 한족이 고대

뤄양의 야시장은 번화했다.
야시장은 백화점과는 다른 벤처 상인이다.

부터 혼재되어 살아온 도시이다. 음식과 요리도 혼합되어 국제수준에 접근해 있다.

'한식(韓食)의 국제화'가 우리나라에서 화두인데 한식(韓食)이 맵고, 짜고, 향이 강하기는 한족(漢族)의 음식과 비슷하다. 한식(韓食)이 세계 사람의 입맛에 맞으려면 어찌해야 하는지 이곳에서 답이 나온다 .

숙소에 도착하면 먹고 씻고 빨래하고 간단히 메모하는 게 일과다. 피곤하더라도 밤거리를 나서야 여행의 진미를 맛볼 수 있다. 밤거리는 야시장과 노점 거리가

야시장의 가격은 매우 경제적이다.
거품을 들어내면 본체가 보인다.

한족은 야채를 절대로 생(生)으로 먹지 않는다. 중국인의 위생관념은 이 점에서 철저하다.

현대화된 도시는 너무 정형적이다.
자로 잰 듯 줄(線)만 있고 원(圓)이 없다.

과거로 돌아가 흑백영화를 보는 것 같다.
답답해도 정겨움이 있다.

최고다. 일반적인 패키지여행은 도심에서 먼 곳에 숙소를 잡아 외출할 수 없지만, 단독 여행은 숙소를 도심에만 잡으면 이런 게 가능하다. 물론 숙박비는 비싸진다.

노점도 정갈하게 정리되어 있다. 여행 중 노점에서 음식을 먹지 말라는 충고가 있었지만 이런 곳은 실내 식당 이상의 위생과 청결이 확보되어 있다. 보이지 않는 실내 주방보다는 차라리 이곳이 더 낫다. 꼬치구이도 북방민족의 음식이다. 북방민족은 유목민족으로 양과 소, 말, 낙타 고기를 말리거나 불에 구워 먹는 습속이 많다.

야채도 종류별로 가지런히 놓여 있는 게 대형 슈퍼 수준이다. 야채는 농경민족 한족의 음식이다. 그들은 야채를 뜨거운 물에 데치거나 기름에 살짝 볶아 먹는다.

도회지의 어두운 곳을 밝히며 노점 여인의 손놀림이 바쁘다. 희미한 불빛 아래 그녀는 미래를 꿈꾸며 부지런히 손님을 맞는다. 전통의 고도 뤄양의 밤이 깊어 간다.

아침에 본 뤄양은 현대적 도시였다. 고층 아파트와 빌딩이 신축되며 공원을 조성하는 등 도시 전체가 변화되고 있었다. 중국의 역대 재벌은 화북에서는 뤄양(洛陽) 사람이며, 강남에서는 난징(南京)에 모두 모여 있다고 한다. 경항대운하(The Great Canal) 개통으로 인한 경제 효과 덕분이다.

수나라 황제 양제는 반대를 무릅쓰고 항저우에서 북경을 연결하는 대운하 공사를 강행한다. 인류 역사상 최대의 토목사업, 이른바 5대강 사업이다. 황허(黃河) 강에서 화이허(淮水), 그리고 장강(揚子江)을 연결하여, 쌀 등 풍족한 강남의 농산물을 정치 중심지 화북으로 공급하는 것이다.

대운하 덕분에 황허강에 연결된 뤄양과 양자강 중류의 난징(南京)은 물류의 중심, 운하 교통요지로 경제 중심지로 도약한다. 그러나 수나라는 국력낭비와 민심 이반으로 멸망한다.

시안의 진시황릉으로 가는 일정이 빠듯해 중국 최초의 사찰 백마사를 주마간산으로 보면서 구시가지를 통과해야 했다. 아침에 보이는 구시가지는 역시 많이 낙후되어 있다. 마치 홍콩의 야경을 본 다음날 같다. 시민들도 길가에 앉아 식사를 하고, 빨래를 시가지에 널어놓은 것이 신도시 지역과는 전혀 다른 분위기다.

대도시는 빈부 격차가 커서 어느 곳이든 이런 현상이 목격된다.

공기 오염을 막기 위해 전기버스가 다니는 것이 흥미롭다. 친 환경적 사고가 살아 있는 것이 전통 관광 도시답다. 그런 관점에서 보면, 한국의 공기오염 대책이나 인식이 중국보다 더 낫다고 할 수 없다. 맑은 공기 마시고 푸른 하늘 아래 사는 게 무슨 큰 특권이 아니라 국민의 기본권이다.

뤄양의 북쪽으로 유명한 산이 있다. 황사로 인해 보이지 않지만 그 이름이 북망산(北邙山)이다. 우리에게는 죽어서 묻히는 곳, 곧 죽음을 의미한다. 경치가 수려해 뤄양의 옛 고관대작(高官大爵)들이 묻히기를 원했던 곳이다. 포로로 끌려왔던 연개소문의 아들 남생이 실제로 이곳에 묻혔다 한다.

지독한 황사는 도시의 명성을 가리지 않는다. 오늘도 중원에는 황사가 자욱하다. 중국인들은 황사에 익숙한지 무덤덤하다. 자기 힘으로 어찌할 수 없는 운명으로 받아 들인다. 이제 실크로드의 도시 산시성(陝西省) 시안(西安, 옛 이름 長安)으로 갈 길이 바쁘다.

북망산이 황사 뒤로 보인다. '북망산천 (北邙山川)' 한자의 유래가 의미 심중하다.

위대한 폭군, 진시황의 허망한 꿈

　뤄양에서 시안(西安)까지의 거리는 380여 킬로미터다. 허난성 뤄양이 중원의 땅으로 경제 정치의 중심지라면, 산시(陝西)성의 시안은 관중(關中)의 땅으로 정치 군사도시이다. 지금은 산시(陝西)성 성도로 인구 850여만 명의 대도시이다.

　중국의 역사는 이곳에서 시작되었다 해도 과언이 아니다. 주나라의 수도 호경(鎬京)이었으며, 통일 중국 진(秦), 한(漢), 당(唐) 제국의 수도가 시안(長安)으로 1천여 년의 역사를 가진 중국 7대 고도(古都)이다.

　시안은 농지가 넓고 위수(渭水)가 동쪽으로 흘러 식량 확보가 유리하다. 또한

북방민족의 침략을 막기 위해 진시황이 만든 장성. 중국 국경의 기반이 된다.

분지 지형으로 군사적 방어가 유리하며, 서역으로 가는 실크로드의 출발지여서 동서교역의 중심지이기도 하다. 그 결과 북방민족이나 중국 한족은 이곳을 차지하고 허난성 중원으로 나아가는 것을 "중원으로 진출한다"고 표현하는 것이다.

시안의 동북쪽에 진시황릉인 여산릉이 있고, 그 릉 일부에서 역사적 유물인 병마용갱이 발견된다.

중국에 가장 큰 영향을 끼친 역사적 인물 두 명을 고르라 하면, 중국인들은 '진시황(秦始皇)'과 '모택동(毛澤東) 주석'을 먼저 꼽는다. 통일 중국을 처음으로 만든 인물은 진시황이며, 오늘의 중국을 만든 인물은 모택동이라 생각한다.

그중 한 인물 진시황은 어떤 사람이고, 왜 중국인들의 머리를 지배하고 있으며, 병마용갱은 무엇인가?

중국 대륙은 수십만 년 전 역사 이전에 인류가 거주하면서 황하문명을 꽃피운 세계 4대 문명의 발상지이다. 이후 BC 2000년경부터 하(夏), 은(殷, 상) 왕조를 거쳐 주(周)나라로 이어진다.

주나라는 BC 771년 북방민족의 침략을 피해 호경(鎬京, 현재의 시안)에서 뤄양으로 수도를 옮긴다. 이후 춘추시대(BC 771~BC 403년)에는 이른바 춘추오패(春秋五覇)의 쟁패가 벌어진다. 이어진 전국시대(BC 403~BC 221년)에도 전국칠웅(戰國七雄, 조, 위, 한, 연, 제, 초, 진)으로 나뉘어 천하를 놓고 혈투를 벌이는 형상이 된다.

이 일곱개의 나라 중 후진국 진(秦)나라가 고른 인재 등용과 법치로 국력을 결집하며 패권의 기틀을 마련한다.

중국 역사상 최초의 통일국가를 만든 인물이 진(秦)나라 왕 영정인데, 이때가 BC 221년이며 영정의 나이 39세였다. 이때부터 통일 중국의 왕을 지상의 최고 군주 황제(皇帝)라 부른다.

진시황제는 중국을 통일한 후 권력 강화를 위해 개혁 정책과 대규모 토목공사를 강행한다. 글자와 화폐의 통일, 도량형의 통일이 이루어져, 비로소 한자와 화폐와 저울이 중국 대륙 어디에서나 통용되게 만든다.

또 중앙집권제를 강화하여 반란세력을 근절시키고, 오늘날 고속도로에 해당하는

중국인이 쓰고 있는 한자는 갑골문자에서 유래하여 동양의 공용 글자가 된다.

황제의 마차가 중원을 달린다. 진시황제는 대륙을 5회나 순행한 현장주의자였다.

치도(馳道)를 건설하며 경제 부흥책을 세우는 등 중국을 일체화하는 계기를 만든다. 이런 면에서 현대 중국의 기틀이 되며 중국인들의 높은 역사적 평가를 받는다.

그러나 큰 공이 있더라도 경계치 않으면 항상 과오(過誤)가 따르는 법이다. 불온사상을 막는다고 유학자와 책을 구덩이에 던져 넣고 불사르고, 과다한 노역 징발로 만리장성을 쌓아 백성의 원성이 하늘을 찌를 듯했다.

게다가 아방궁(阿房宮)을 만들어 사치하고, 자신의 능묘를 대규모로 만들어 국고를 낭비하며, 말년에는 환관이 발호케 하는 등 치명적 실책이 많았다. 이로 인해 농민봉기가 이어지고 각지에 반란이 일어나, 중국 최초의 통일국가 진나라는 14년 만에 멸망한다.

야망이 너무 커 그 무게를 감당해내지 못한 것일까?

이때 만들어진 능묘 시설이 여산릉인데 이곳에서 '병마용갱'이 출토되면서, 중국 최고의 관광명소가 된 곳이다

진시황 여산릉은 길이 500미터의 정방형 묘실 안에 지하궁전이 건조되고, 사후에도 현세처럼 군림할 수 있도록 꾸며 놓았다. 아직도 진시황릉은 발굴되지 않고 있지만, 이

진시황 병마용갱 입구, 유네스코 문화유산 갱 전체를 체육관 형태의 건물로 만들어 유물 보존과 탐사 관광에 이를 활용한다.

진시황제 친위대 병사가 실물처럼 도열해 있다. 2천2백여 년 전에도 군사력은 나라의 근본이었다.

1호 갱에만 7천여 개의 군인 도용이 있다. 강대국이라 해도 이런 비용은 국민 부담이 크다. 하물며 무덤 속의 병사가 무슨 효용이 있었을까?

묘의 동쪽 1.5킬로미터에서 발견된 엄청난 유적이 부장품 병마용갱(兵馬俑坑)이다.

병마용갱(兵馬俑坑)은 '도기로 만든 병사와 말 형상의 조각이 놓여 있는 굴(갱)'이다. 진시황의 지하궁전을 지키는 병사와 관리들을 배치한 것이다. 실물 크기와 비슷하다.

진시황제 군단의 특성은 기마군단이다. 북방민족과의 투쟁을 거치면서 보병보다는 말을 활용하는 전략이 뛰어나다. 이것이 변방 출신이면서 중원의 나라를 제패할 수 있었던 한 요인이다. 한 나라의 군사제도를 어떤 방식으로 운용하느냐는 현대 국가에서도 매우 중요하다. 강대국은 핵무기를 개발하고 대륙간 탄도미사일(ICBM)과 핵잠수함 항공모함을 보유하는 것이다.

진시황은 최고의 인재를 발탁한 인물이다. 국적을 무시하고 전국칠웅의 모든 곳

능력 있는 자는 모두 모였다. 제왕학의 근본은 인재 등용이다.

머리 부분이 잘린 형상이 특이하다. 흙에 묻혀 깎여나간 것일까? 징벌이었을까?

에서 인재를 고루 등용했다. 지금 기준으로 보면 글로벌 인재 발탁이다. 능력 본위의 사회로 진입한 것이다. 중국 통일의 지략을 제시한 승상 이사(李斯)도 초나라 출신으로 제나라에서 공부한 인재였다.

진시황릉에는 많은 중국인이 방문하고 있다. 다수의 서양인을 포함한 외국인도 많이 보인다.

모두가 진지해 보이는 표정인데 무엇을 느낄까 궁금하다. 거대하며 비정한 중국 역사를 느꼈을까? 위대한 진시황제를 존경하게 되었을까? 무모한 영웅의 퇴락을 보았을까?

고대는 물론 중세 시대까지 강국이 약소국을 점령하면, 점령당한 국가의 지도층, 군인, 백성의 다수가 죽거나 포로가 되어 노역에 종사한다. 엄청난 숫자의 인구가 강제 이동되며 형언할 수 없는 참상과 인권유린이 벌어진다.

평균 신장 180cm, 7천여 명 병사들이 실제 모양의 칼과 활, 무기를 들고 5백

갱도에 도열한 병사의 가슴에 인식표가
붙어있다. 중국 역사학계는 백년과제를
부여받았다.

이 정도의 조각을 만들려면 얼마나 많은 수의 인력과
기술자, 조작가가 동원되었을까?

필의 말을 달리며 자신의 묘 여산릉을 지키도록 했다.

이 허망한 꿈이 2천 년 지난 1974년 5월, 산시성 시안 부근 시골 여산 북쪽 옥수수 밭에서 우물 공사하던 한 농부에 의해 발견된 것이다.

크기도 광대해 동서 210미터, 남북 60미터의 땅굴이다. 실물크기의 병사와 말들이 전투대형을 한 놀라운 조각들이다. 게다가 도자기 성형과 조각 채색이 장식예술의 극치이며, 개인별 성격별 인종별로 다양하게 조성하여 당시 역사를 그대로 볼 수 있다.

인간의 욕망은 끝이 없나 보다. 역사상 처음으로 통일 중국을 만들더니 진시황은 영원히 권력을 장악하고 싶었을 것이다. 무한 집권과 영생불멸을 천하에 공개하고 집요하게 추진한다. 현세의 권력자들도 표현만 못할 뿐 누가 이 욕망을 거스를 수 있을까!

동북아에서 둘러보자. 중국 시진핑의 권력 독점과 반대파 제거, 일본 아베의 극우 보수정권 지속, 러시아 푸틴의 변칙 집권 연장, 북한 김정은의 삼대 세습왕조 상황이 모두 진시황제의 아류에 불과할 뿐이라면 사회주의와 민주주의에 대한 모독일까?

현세에서 모자라 내세까지 신하와 군사, 말, 무기를 총동원해 자기의 무덤을 지키려 했으니 넘쳐도 한참 넘치는 영웅이다. 아방궁 조성에 70여만 명의 인력이

네 마리 말이 황제의 수레를 끌고 있다. 현세의 말은 사라지고 지하의 말만 남아있다.

동원되었다. 만리장성 축조에 전체 인구 2천만 명 중 남자만 300만 명이 징발되었다 하니 당시로서는 백성의 원성이 하늘을 찌를 만하다.

하나 그 유물이 2천 년 뒤에 환생하여 유네스코 세계유산으로 지정된다. 매년 수백만의 관람객과 학자들이 몰려오며 이로 인해 수많은 사람들이 일자리를 얻고 학문 연구에 몰두한다.

이제 진시황의 무모함에 대해 평가를 어찌해야 할 것인가? 이런 아이러니는 역사에 허다하다. 그런 진시황도 BC 210년 지방 순시 중에 객사하여 소금으로 염장돼 이송해 왔다. 참으로 허망한 일생이다. 영원불멸하려 했던 진나라도 진시황제 사망 5년 뒤에 멸망하고 유방의 한(漢)나라로 이어지게 된다.

실크로드 출발지 시안에서 만난 진시황은 위대한 그러나 무모한 폭군이었다.

경국지색 양귀비, 화청궁의 십 년 영화

    진시황릉에서 20여 분 떨어진 곳에, 당나라 현종과 양귀비의 사랑으로 유명한 화청궁(華淸宮)이 있다. 이곳은 시안의 동쪽 여산 기슭이기 때문에 진시황릉과 연결해서 보는 것이 좋다.

    양귀비가 당나라 현종의 후비로 입궁하여 '안사의 난'으로 도피 중 자결할 때까지 황후로 영화를 누리던 곳이다. 원래 이곳은 온천이 유명한 곳으로 2천 년 전부터 왕들이 목욕을 즐기기 위해 궁을 지은 곳이다. 이곳의 온천 이름이 화청지(華淸池)이다.

화청궁의 현판과 당나라 유적이라는 비가 서있다. 사회주의 중국에서도 양귀비는 건재하다.

화청궁 본전이 여산을 뒤로 하고, 연못은 앞에 있다. 제왕의 입지는 배산임수(背山臨水)다.

천년을 견뎌낸 유적이지만 보존 상태가 양호하다. 1949년 이후 중국정부가 보존하고 증축 관리한 까닭이다.

부모를 어릴 때 잃은 양귀비는 숙부의 집 쓰촨(泗川)에서 성장한다. 원래는 당현종의 아들 수왕의 부인이었다. 노래와 춤, 미모와 총명함으로 이름난 그녀는 운명을 피해 갈 수 없었다. 현종의 눈에 든 그녀는 27세에 귀비로 책봉된다. 현종은 양귀비를 사랑해 이곳의 궁을 확장하고 그녀의 친인척을 궁과 관직에 대거 등용한다.

화청궁 입구의 양귀비상이다.
유교의 나라 중국에서 드물게 보는 여인상이다.

목련 꽃 사이로 전각이 의연히 서 있다.
제국의 위기는 밑으로부터 서서히 찾아온다.

'花無十日紅, 權不十年'

당 6대 황제 현종은 집권 초기에는 국가경영에 소질이 있었다. 현종의 치세를 '개원의 치(開元之治)'라고 할 정도다. 그러나 말년에 정치에 염증을 느끼고 양귀비와의 애정행각으로 제국을 망국으로 이끈다. 그러나 이것은 보수 유교적 관점이고, 당 제국은 이미 안팎으로 무너져 내리고 있었다.

중앙 권력은 약화되고, 지방의 호족과 결탁된 절도사들이 군권을 장악한다. 북방 민족 투루크인 출신 절도사 안록산이 양귀비의 오빠 양국충과 대립하다가 반란을 일으켜 장안을 장악한다. 피난을 떠난 현종 황제는 군사들과 백성들의 요구로 피난길에서 양귀비를 자결케 한다. 이때 양귀비의 나이 38세. 귀비가 된 지약 10년 만이다.

뒤로 보이는 산이 여산이다. 황사로 흐려 있지만 산록에 위치한 화청궁은 최적의 입지임에 틀림없다.

양귀비의 전설을 따라 엄청난 인파가 모이고 있다. 고궁은 청춘들에겐 재미있

명승지에도 한가함과 분주함이 공존한다. 노인들은 여유롭고 청춘은 분주하다.

는 여행지이지만, 노인들에게는 훌륭한 휴식터이다. 청춘들은 사진을 담느라 열중이고, 노인들은 계단에 앉아 한담을 나누며 양귀비를 회상한다.

　우리가 방문한 3월 중순은 화청지에도 봄이 오고 있었다. 화청지에 수양버들과 개나리꽃이 화사하게 피어 여행자를 환영한다. 여산을 뒤로 한채 연못에 비친 화청궁 본전이 수려하다. 양귀비를 만난 당 현종은 국사도 잊고 이곳에 궁을 짓고 사랑의 밀어를 나누었다. 양귀비를 '말 하는 꽃(解語花)'이라 표현할 정도니 노년의 사랑이 대단했나 보다.

　현종과 양귀비가 목욕하던 곳을 명승지라 하여 화청승지(華淸勝地)라는 표지석을 후세에 세운다. 양귀비는 죽었지만 양귀비의 상품성은 대단하다. 미인은 죽어서도 아름답게 살아있다.

　현종과 양귀비의 사랑을 연극으로 만들어 하루에 두 번씩 야외무대에 올린다. 주인공은 단연 양귀비이나 병사와 궁녀와 나인들이 백여 명씩 등장하는 등 스케일이 대단하다.

현종과 양귀비가 목욕하던 명승지이다.

목욕하는 양귀비의 대리석상.
희고 매끄러운 피부의 육체파 미인이다.

과거에도 있었는지 모르겠지만 무대 앞 두 곳에 망루가 서 있다. 연회를 보호하기 위해 감시병들이 서 있던 곳으로 생각되나 전체 균형은 맞지 않는다. 지금은 연극을 위한 대형 스피커가 설치되어 있다.

마침 분장 중인 배우들을 무대 뒤편에서 만날 수 있었다. 분주하게 일인 다역을 하느라 정신없이 뛰어다니는 모습이다. 이런 젊은 배우들에 의해 양귀비는 역사 속에서 살아 숨 쉰다.

목욕하는 양귀비가 흰 대리석상으로 조각되어 있다. 누드상에 가운을 걸친 모습을 야외에 비치한 과감한 조각이다. 이곳이 사회주의 중국이 맞는지 눈이 의심될 정도이다. 양귀비는 현대의 늘씬한 미녀들과는 달리 살이 오르고, 매끄럽고 흰 피부를 가진 풍만한 미인이라 하니 그에 맞게 조각한 것이다.

화청궁의 최고 관광지는 현종과 양귀비의 전용 목욕탕이다. 말하자면 제왕의 목욕탕(華淸御湯)인 연화탕과 귀비탕이다. 프랑스 베르사유 궁전을 생각하면 매우 초라하다. 베르사유 궁전보다 천 년 전의 목욕탕이란 점을 감안해도 내용이 빈약하다.

건물 안에는 해당탕(海棠湯)이라 하여 양귀비가 실제로 목욕한 욕조가 놓여 있다. 해당화는 향이 좋아 향료로 쓰였는데, 그것과 관련이 있다.

집무와 연회를 위한 전각이다.
예외 없이 배산임수의 입지이다.

배우들의 야외 분장장이다. 젊은 배우들
이 고전극에 몰두하는 게 신기하다.

후대에 다시 축조한 듯 욕조가 블록으로 조잡하게 만들어져 있다. 또한 이물질이 욕조 안에 쌓여있어 양귀비의 신비를 감소시킨다. 상상컨대 금과 각종 보석으로 장식된 백옥이나 대리석으로 만들어졌을 터인데 뭔가 부족하다. 고증하여 내용물을 보강할 필요가 있다.

현대에 들어와 이곳의 명성을 높이는 대 사건이 벌어진다. 1936년 국민당 정부 장개석 총통이 동북 군벌 장학량에 의해 구금된 장소가 바로 화청궁 이곳이다. 이 사건을 계기로 국공합작이 이루어져 일본 침략 타도에 국민당과 공산당이 협력하게 된다.

제국의 멸망과 중화의 단합을 모두 목격한 여산 기슭의 화청궁에는, 오늘도 양귀비의 전설에 중국인이 인산인해로 몰려들고 있다.

해당탕(海棠湯)과 욕조다. 향수를 좋아하는 양귀비의 습성과 관련 있는 것일까?

실크로드의 관문, 시안(西安)의 역사 향기

　서울부터 인천항을 거쳐 실크로드의 관문 시안(西安)까지 오는데 자동차로 6일이 걸렸다. 황해를 페리로 횡단한 거리를 합하면 약 2천5백 킬로미터의 여정이었다. 중국 구간만 웨이하이에서 시안까지 2천여 킬로미터다. 이스탄불까지 1만6천 킬로미터를 예정하면 이제 1/8쯤 마친 셈이다.

　산시(陝西, 한자로 섬서)성 성도(省都) 시안(西安, 장안)은 관중(關中)의 땅이라한다. 이 지역은 분지 지형으로 관중 평야가 웨이허강 연안에 펼쳐져 천혜의 후방기지 역할을 한다. 군사적으로 공격은 어렵고 방어가 용이한 지형이다.

관중 서원의 공자상. 문무의 균형 속에 장안의 역사는 펼쳐진다.

시안 남문이 위용을 자랑한다. 통행문이 아니라 전쟁을 대비한 견고한 대형 진지였다.

이런 연유로 고대부터 이곳에 수도를 정한 나라가 9개국이나 된다. 우리가 쉽게 알 수 있는 나라는 진시황의 진(秦), 한(漢), 당(唐) 나라로 모두 통일 중국의 패권을 쟁취한다. 우리에게는 당 제국의 수도 장안(長安)으로 익숙한 곳이다.

성벽 길은 대형 통행로였다. 전시에는 대규모 군사가 사대문 어디든 작전할 수 있다.

시안(西安)은 현재 인구가 850여만 명으로 서부 중국의 중심도시이다. 시안은 초현대식 빌딩이 빼곡히 들어선 거대 도시다. 이곳은 자동차와 전자 중심의 첨단 산업 도시로 변모하고 있었다. 세계적인 기업들이 모두 공장을 가지고 있다. 삼성전자와 LG전자도 수십억 불을 투자하여 한국 관련 협력업체만 수백 개, 한국인도 3천여 명이나 상주하고 있다.

장안은 당 제국이 번창하던 8세기에 이미 인구 1백만 명을 초과한 세계적인 도시였다. 서역으로 통하는 실크로드의 관문, 북방민족과 끊임없이 쟁패가 이루어지는 지역이었다.

시안은 여러 왕조에 걸쳐 수도가 되고, 성벽 축조가 이루어졌지만 모두 파괴되고 현재의 성벽은 14세기 말 명(明)나라 때 만들어진 것이다. 중국에서 현존하는 성벽 가운데 보존이 가장 잘 된 곳이다. 이 성벽에 동서남북 4개의 성문이 있는데 우리가 가장 먼저 들른 곳은 남문이었다.

성문은 하나의 거대한 군사기지였다. 전쟁 시에 말과 마차가 성 위로 올라갈 수 있도록 비상 대피로가 있다. 성문은 어떤 공격도 막을 수 있도록 수비군만 알 수 있는 미로의 길이었다. 북방민족과의 수많은 전쟁을 겪으며 만들어 낸 군사기지이며, 평화 시에는 사람과 마차 낙타가 다니는 교역로였다.

성문에 올라가면 12미터 성벽 위로 새로운 시야가 펼쳐진다. 성벽의 폭이 18미터로 대형차량도 교차가 가능할 정도다. 대형 광장에 올라선 느낌이다. 평상시에 산책 조깅은 물론 마라톤 대회와 각종 운동경기가 열릴 정도로 넓다. 황사만 없다면 4차선 도시 고속도로로 보였을 것이다. 14킬로미터가 연결되어 있어 그 규모의 거대함에 새삼 놀라게 된다.

이러한 거대 성벽을 건설할 수 있는 재정과 국가의 능력이 새삼 돋보인다. 명나라는 수도도 아닌 서부지역의 옛 당나라 수도에 장안성을 다시 건설한 것이다. 중국은 인류 역사상 가장 큰 국토 건설공사인 만리장성(Great wall)과 경강 대운하(Great canal)를 완공한 나라이다. 그런 맥락에서 보면 이해가 된다.

성문 안쪽이 구시가지의 중심으로 옛 건물과 거리가 깨끗하게 재현되고 있었다. 관청 건물과 호텔 관광 상점, 유명 음식점이 줄지어 서있다. 동양식 건물이라면 고작 2~3층의 건물만 보았던 우리에게 5층 이상의 고층 건물은 놀랍다. 외형은 목조인 것처럼 보이나 벽돌과 시멘트가 조합되지 않고는 하중을 견딜 수가 없을 것이다.

동양의 고(古) 시가지도 이런 정도면 유럽의 고도 못지않다. 국제도시 시안의

제국은 군사력으로만 유지할 수 없다.
경제와 문화 특히 의식주가 풍족해야 한다.

중국 관광객이 3월인데도 상당히 많다.
오랜 것과 변화를 동시에 보는 것은
여행의 기쁨이다.

발전이 놀랍다. 이런 도시에 8세기 신라와 왜(일본) 등 전 세계로부터 유학생이 수만 명, 페르시아 상인이 수만 명 와 있었다 한다. 모두들 고국에 돌아가 장안송(長安頌)을 부르며 위대한 제국 당(唐)을 본받아야 한다고 외쳤을 것이다.

성당(盛唐)이란 간판이 거리에 많다. 1,300여년 전 세계 제일의 도시 장안을 21세기에 다시 만들자는 뜻이다. 시안에도 수많은 관광객이 들이닥치고 있었다. 다행히도 우리의 방문은 3월 중순이라 어느 곳이든 성수기 중국 여행객과 부딪치는 일은 없었다. 중국 관광에서 피해야 할 시기는 모든 성수기이지만, 특히 5월 1일 노동절 연휴와 10월 추석절 연휴다. "줄 서다가 시간 다 가고, 앞사람 뒤통수만 보고 다닌다"는 우스갯소리가 있다. 이런 건 파리나 로마 유럽도 동일하지만 중국

신시가지와 강 성벽이 조화되어 중국 7대 고도가 된다. 온고지신(溫故知新)을 공자는 이미 2천5백 년 전에 갈파한다.

서역으로 가는 길도 시안 성벽 서문에서 시작된다. 수백 마리의 낙타가 상인과 수도 승을 태우고 고난의 길을 떠난다.

큰 건물은 그곳의 중요도를 상징한다. 문화의 거리 게이트가 대궐 문만큼 크다.

은 도가 심하다.

인구대국에서 소득이 늘어나 국내 관광인구가 폭발적으로 늘었다.

뿌옇게 황사가 깔린 대 도시 시안은 여행객의 숨통을 막히게 한다. 게다가 이 곳은 분지지형이어서 더 심한 것 같다. 대 도시임에도 스카이라인이 잘 보이지 않는다. 도시 미화와 조경에 노력을 하고 있음이 도시 곳곳에서 목격된다. 말끔하게 정비된 시가지와 잘 정리된 가로수, 잔디, 수많은 거리의 청소원이 이를 말해 준다. 시간마다 황사를 씻어내는 살수차도 보인다. 황사와 미세먼지 배출가스와의 싸움이 중국 대도시의 가장 큰 과제다.

성문 안에는 성(省) 정부를 비롯한 관공서 건물이 주요한 곳에 자리 잡고 있다. 중국적인 건축풍이 현대식 도로와 잘 어울려 시가지를 형성하고 있다. 고대와 현대의 조화는 항상 어렵지만 유네스코 세계 유산을 보면 무엇인가 다르다. 세계적인 안목은 역시 인정해야 한다.

중국인은 제왕을 상징하는 용과 붉은색 그리고 깃발을 유난히 좋아한다. 생활속에 스며들어 있다. 성벽에도 예외 없이 그들의 칼라를 보인다. 처음 보면 어색하고 유치해 보이나 자주 보니 익숙해진다.

구시가지에는 종루(鐘樓)란 시계탑 건물이 있다. 종을 쳐 주간에는 백성들에게 시간을 알려 줬고, 야간에는 북을 쳐서 시간을 알린 고루(鼓樓)가 있다. 우리의 보

시간을 알리기 위해 제국은 공을 들인다. 권력과 전쟁, 경제도 시간 싸움일 뿐이다.

신각과 같은 역할을 했는데 규모가 비교할 수 없을 정도로 크다. 정권은 힘이 있어 백성을 보호해야 하지만, 백성에게 먹거리도 제공해야 한다. 시간을 정확히 측정하는 것은 국가가 해 주어야 할 중요한 일이었다.

성벽을 경계로 현대와 고대가 갈린다. 역사유적이 있는 성안은 작고 평화스러운 반면, 현대식 고층 빌딩이 줄지어 있는 성 밖은 거대하고 활력이 넘친다. 묘한 대조다. 시안은 중국의 7대 고도였다. 서울의 강북 사대문 안과 강남을 잠시 떠올려 봤다.

시안의 역사유적은 시내의 4대문 성벽과 비림(碑林), 사찰 자은사, 대안탑이 꼭 봐야 할 곳이며, 시외의 진시황릉 병마용갱과 양귀비 화청지도 빼놓을 수 없는 곳이다. 시내 관광에 2일, 시외 관광에 2일은 잡아야 윤곽을 잡을 수 있다. 이런 곳

시간이 잠들고 있는 거리는 고요했다.
스피커를 틀어 놓고 선전을 하는 전자제품과는
다르다.

문방구류와 동양화가 상점 안에 가득
차 있다. 선진국은 문화를 팔고 주변국은
특산물로 교환한다.

중국은 구석구석 학문과 교육의 뿌리가
깊다. 춘추시대부터 대학자와 사상가가
자리 잡았다.

비림은 한문학 연구소였다.
돌에 각인한 글, 시, 문집, 조각까지 끝이 없다.

을 하루 이틀에 점찍듯이 지난다면 뒤죽박죽 정리가 안될 것이다.

시안은 문화의 본향이다. 책과 고서, 붓과 묵, 문방구류, 서화첩을 거래하는 서점과 미술관 골동품점이 집중되어 있다. 이곳을 서원문이라 하여 입구부터 다르다.

서점거리가 큰 궐문처럼 펼쳐진 것이 책이 대우를 받는 국가답다. 중국인의 중화사상이 구석구석 배어 있다. 중국인을 현재 보이는 그대로 보면 큰 실수다. 그들은 긴 역사 속에서 문화에 대한 자존의식이 강하게 배어있다. 관광버스 옆에서 호객행위 하는 몇 사람을 보고 깔보다가는 큰 코 다친다.

이런 문화의 거리는 하루아침에 이루어지지 않는다. 대형 쇼핑센터처럼 건물을 지어 놓고 분양해서 사람 불러 모이게 할 수 있는 게 아니다. 긴 시간과 지역에 대한 애착과 자부심을 가진 글쟁이, 예술쟁이들을 끌어들이는 문화적 상술이 있어야 한다.

서원문 거리는 약간 우중충해도 오랜 권위와 전통이 배어있었다. 호객행위 없이 자유롭게 좋아하는 상품을 볼 수 있어 쇼핑과 관광의 재미를 동시에 느낄 수 있는 거리다. 얼마나 영업이 되는 것인지 상점마다 예술 작품급의 물건이 가득 쌓여있다. 상업성을 구비하지 못하면 오래 버티지 못할 텐데….

이곳에는 유명한 관중서원(關中書院)이 함께 있었다. 중국의 서원은 관인 양성

인구대국에는 문화적 볼거리가 너무 많다. 세계의 여행객들이 밀려들어온다.

을 위한 준비기구로 학교의 성격이다. 지금으로 따지자면 공무원 연수원이라고도 할 수 있다. 향촌 자치기구로서 특권을 가지는 우리나라의 서원과는 차이가 있다. 학교 앞이니 만큼 서점과 문방구 서예품을 취급하는 상점이 자연스레 형성된 곳이다.

중국의 비석(碑石) 문화는 한자문화의 전파와 발달에 따라 대단한 발전을 이루고 있다. 한과 당 제국의 각종 석경과 비석 3천여 개를 집대성하고 연구 전시하는 곳이 비림(碑林)이다. 이미 송나라 시대 11세기에 지어져 이곳으로 옮겨 왔다 하니 가히 비석들의 숲이라 할 만하다. 각종 조각과 유물이 같이 진열되어 있어 한학을 연구하는 학자들에게는 메카와 같은 곳이다

상형문자인 한자는 그림이나 조각이 그 자체로 의미가 있다. 그림을 형상화한 것이 한자의 출발이니 조각, 비석, 서예, 회화의 차이가 없다. 문자가 있기 전부터 석기시대인은 돌에 형상을 그렸고, 그림을 그려 자신의 감정을 표현했다. 그런 것들의 역사적 유물이 비림에 모두 모여 있다.

비림 정원에 분재 나무가 특이하다. 무엇을 형상화 했나 유심히 살펴봤다. 승천하는 용(龍)인지 달리는 사슴인지 만들려는 노력이 대단하다. 최소 50년은 경과된 것 같다. 이런 시도를 하는 사람과 기술, 그 시도에 맞추어 성장해 주는 나무가 대견하다. 한 세대에 이루어질 수는 없는 것이 문화다. 세대를 이어서 끌고 가는 인간의 의지도 대단하다. 역사와 문화의 진한 향기가 묻어나는 곳이 시안이다.

문명의 교차로, 열린 도시 시안

실크로드는 일반적으로는 시안(西安, 長安)에서 로마까지를 말한다. 시안의 성벽 서문은 서역으로의 출발점이 되며, 페르시아 상인과 인도 승려들의 도착점이 된다. 서역을 정벌하려는 한(漢), 당(唐) 제국의 군사도, 화평하는 외교사절도, 북방민족과의 전쟁도 이곳 장안 서문 성곽에서 출발한다.

시안은 지정학적으로 서역과 가장 근접한 도시이고, 한(漢), 수(隋), 당(唐) 제국의 수도로 정치적인 개방성과 국제성, 경제적 활력과 고도의 문화 수준으로 세계 최대의 도시였다.

시안성 외곽 남동쪽에 위치한 불교 사찰, 대자은사(大慈恩寺)에도 수많은 사람

대안탑에서 보이는 서역의 길. 역사와 공간은 길에서 만난다.

당 고종이 자비로운 어머니 은혜를 기리며 세운 황실 사찰이다. 현장법사가 귀국 후 머무르며 동서교류의 장(場)이 된다.

이 참배와 관광을 하고 있었다. 보존과 관리가 완벽한 수준인 이 절은 7세기에 인도로 구법 여행을 다녀온 선각자 현장(玄奘) 법사가 머물던 절이다.

　　현장(玄奘) 법사는 7세기 초 당나라의 출국 금지령을 어기고 불교연구를 위해 몰래 출국했다. 지금 개념으로는 출입국관리법 위반 사범이다. 그는 감숙성 하서

선각자 현장법사의 동상이 대자은사를 지킨다. 불교를 넘어 동서교류의 위대한 스승이다.

회랑을 거쳐 투루판의 고창국, 쿠처에서 다시 천산 북로를 거쳐 타클라마칸 사막을 건넌다. 카자흐스탄 북부 사마르칸트에서 파키스탄과 아프가니스탄을 거쳐 인도 북부 천축국에 도착한다. 귀로에는 파미르고원, 카슈가르, 누란, 타클라마칸 사막 남로를 통해 둔황을 거쳐 장안으로 돌아와 당나라 황제 태종의 환영을 받는다.

송나라 화가가 그린 현장법사의 모습. 불경을 지게에 지고, 무한의 고통을 넘는다.

AD 629년에 출발하여 645년에 도착한 16년간의 수행의 길이었다. 이것을 기록한 여행기가 대당서역기(大唐西域記)이다. 기록에 의하면 7~8세기에 200여 명의 또 다른 구법승들이 각각 출발하여 60여 명은 실종 사망하고 140명 만이 살아서 귀환할 수 있었다. 그중 신라 출신 스님도 9명이나 된다. 그제나 지금이나 선각자들은 시공을 초월해 신념으로 살고 있다.

100년 뒤에 신라 스님 혜초도 불교 연구를 위해 당에 입국한다. 그도 중국 광동에서 해로로 출국한 후 인도 천축국에서 불교 공부를 한다. 돌아오는 길은 중앙아시아 파미르고원을 거쳐 타클라마칸사막 남쪽 오아시스 남로, 둔황, 장안으로의 과정이었다. 그의 여행기 '왕오천국전(Journey to India)'이 둔황의 막고굴에서 1908년 불란서 학자 펠리오에 의해 발견된 것이다. 이렇듯 장안은 서역과의 교류가 가장 왕성한

신앙의 자유를 획득하기까지 무한의 고난이 있었다. 아직도 신앙의 양심범들이 무수히 많은 현실이다.

당제국의 국제도시로 세계에 명성을 떨친다.

현장법사는 인도에서 가져온 불경을 보관하기 위해 자은사 경내에 탑을 쌓는다. 이것이 모태가 되어 측천무후가 8세기에 지금의 대안탑(大雁塔)을 건립한다.

불경 연구와 보관을 위해 활용되는데 7층 전탑으로 높이가 60여 미터나 되는 서역식의 거대한 탑이다. 당나라 시절 과거 합격자 명단을 올리기도 했다니 흥미롭다.

실제로 걸어서 올라보니 시안의 역사와 지리를 한눈에 보여주는 명소였다. 7층 꼭대기까지 나무로 좁은 계단이 놓여 있다. 층마다 장식된 글, 그림과 조각품이 탑의 권위를 말해준다. 한 층씩 오를 때마다 전망이 달라지며, 창문 사이로 시안의 조망이 넓게 펼쳐진다. 동서남북 방향으로 각각 시안의 역사가 펼쳐진다. 시안은 대안탑을 중심으로 설계된 도시라는 생각이 든다. 여행객은 이곳을 꼭 올라가야 하나 시간과 체력이 문제다.

현장법사 동상, 대자은사, 대안탑, 그리고 서역으로 가는 길의 연결고리가 이제 실타래 풀리듯 하나 하나 풀렸다. 시안은 서역을 오가는 길목의 허브도시였다.

사회주의 중국에 신앙의 자유가 있을까? 하는 의구심은 이곳 대자은사의 본전에서 이루어지는 법회를 보고 완전히 사라졌다. 사찰에서 기도와 법회 강론이 시민이 모인 가운데 자유롭게 진행되고 있었다. 가정의 화목을 구하는 여인, 경전을

대안탑 꼭대기에서 본 시안. 동서남북으로 도시의 발달 방향이 각각 다르다.

촛불을 태우는 신자, 기도하는 수행자 기도와 염원은 신앙의 기본이다.

암송하는 학자풍의 남자, 법회를 하는 스님들 모두 각자의 의지대로 사찰은 움직이고 있었다.

시안 성곽의 안쪽에는 회족 거리 시양시장(西羊市場)이 독특한 문화를 뽐내며 여행객을 모으고 있다. 중국에서 회족(回族)은 이슬람교를 신봉하는 페르시아나 아랍, 중앙아시아 이민자의 후예들이다.

그들은 중국화 되어 중국어를 사용하나 문화적으로는 이슬람문화를 이어가고 있다. 중국 55개 소수 민족 중에 숫자가 980만 명이나 된다. 이들은 중국 어느 곳에서나 회족의 집단거주지나 상가를 이루고 산다.

전통적인 중국 거리의 묵직함과 어두움을 탈피한 이국적 풍광과 화족의 특이한 용모로 화려함과 활력이 넘치는 거리이다. 이곳 시안은 당나라 시절

국제도시 장안은 상품과 물자의 교류지이다. 동시에 사람과 문화의 교류가 이어진다.

시양시장 입구에 옛 회족 상인의 주물조각이 서 있다. 페르시아인의 후예로 상업과 군사에 능하다.

공개된 주방에서 회족 요리사가 음식 준비를 한다. 회족은 사교적이며 개방적인, 활달한 민족이다.

부터 페르시아인이 교역과 교류를 위해 이민을 오거나 정착해 살았다. 천오백 년 이상 현지화 되고 정체성을 유지한 모습이 현재의 회족 거리이다.

이슬람식의 흰색 작은 모자와 가운을 입고, 주방을 공개하는 것이 특이하다. 전통 중국 요리점이 주방을 건물 안쪽에 넣고 밖에서 안 보이도록 하는 것과 다르다. 이것도 유목민의 전통적 가옥 형태인 게르의 내부 구조와 관련 있을 것이다. 요리 과정을 하나의 교육과 전시의 형태로 하여 볼거리와 위생을 동시에 이룰 수 있다. 그들의 상점에는 녹색으로 청진(淸眞)이라 쓴 글자가 붙어있다.

거리로 나와서 음식을 만든다. 면 반죽을 찢고 늘리는 동작은 마치 서커스 공연을 보는 것 같다. 고객을 상대로 음식 만드는 공연을 보여준다. 요리와 놀이의 결합이다. 그래서 이 거리가 시안에서 가장 활력 있는, 볼거리가 풍부한 관광명소로 이틈을 유지한 비결이다.

이곳에도 이름난 음식점은 30분 이상 기다려야 한다. 중국인들이 이곳에서 줄을 서 있는 모습을 보면 관광지에서 새치기하던 중국인과 서로 같은 사람인가 의심될 정도이다. 도시는 어느 나라나 공동생활의 규칙이 비교적 잘 지켜진다. 그러나 일류국가는 도시와 지방의 차이가 거의 없다.

이곳은 회족 음식과 요리, 농산물, 의류 등을 전문적으로 팔고 있다. 활력이 넘치는 다이내믹한 시장이다. 회족들은 술과 돼지고기, 개고기를 절대 먹지 않는다.

특이한 동작으로 음식을 준비한다.
오랫동안 익혀 온 고도의 상술이다.

회족 거리 맛 집에서 줄을 선 행렬이 길게 늘어서 있다.
늘어선 줄은 마일리지 같은 상점의 신용이다.

요즈음의 할랄(halal)이다. 무슬림에게 허용된 식품만을 취급한다. 라면도 수프에 돼지고기 성분이 있으면 절대 불가다. 할랄은 한국인 입맛에도 잘 맞는다. 냄새나는 양고기가 아니라, 맛과 향, 위생, 환경 모두 거부감이 없어 세계화된 음식이다.

회족도 현지화 되어 볶음밥과 볶음면을 만들어 낸다. 다만 돼지고기나 돼지기름은 절대로 사용하지 않는다. 그것은 율법에 어긋나기 때문이다.

고기류로는 양고기와 소고기, 닭고기를 주로 사용한다. 꼬챙이에 고기를 끼워 굽는 중앙아시아식 꼬치구이가 이곳에도 매우 많다. 음식과 요리는 민족이나 문

볶음밥과 볶음면은 한(漢)족의 음식이다.
회족은 이것을 회족의 음식으로 리모델링
한다.

생선을 가지고 만든 할랄이 화려하다.
동일한 재료라도 문화에 따라 상이한 음식이
만들어진다.

성곽 내의 딤섬 전문 음식점에서 맛본 중화요리. 국제도시는 중화요리도 국제화시킨다.

화를 특징지을 수 있다.

할랄에는 생선과 농산물을 재료로 활용하는 것은 대부분 허용된다. 그러나 이것도 모두 식용유에 튀겨낸다. 내륙인 이곳에서까지 해산물인 오징어와 게와 새우를 먹기 시작하니 황해와 동지나해의 어족자원은 견뎌낼 재간이 없다.

회족 요리뿐만 아니라 시안의 중화요리는 개방성과 국제성으로 인해 외국인에게도 인기가 높다. 해물을 많이 쓰는 광동식 요리와 유사하다. 시안의 주변이 밀의 주산지이기 때문인지 밀가루를 이용한 음식과 특히 만두가 으뜸이다. 중국식 청자기에 정갈하게 준비된 딤섬 요리가 홍콩 못지않은 것 같다. 고대의 성곽에 둘러싸인 전문 음식점이다. 중국 노래를 들으며 맛보는 재미가 여행의 피로를 잊게 한다. 중세의 페르시아 상인도 시안에 도착하면 이러한 이국적 쾌감을 만끽했다.

실크로드의 거점 시안은 다양한 인종이 섞여, 제각기 다른 문화와 종교를 가지고 살아가는 국제도시였다. 그리고 그들은 새로운 문화를 만들고 있었다.

고대와 중세가 현대와 조화되어, 지속적으로 번영 가능한 역사의 고도였다. 황사로 찌든 하늘을 제외하면 말이다.

제국의 여인, 건릉에 잠들다

이제 실크로드의 제1구간인 깐수(甘肅)성 황토고원과 하서회랑으로 진입하게 된다. 시안-란저우(蘭州)-우웨이(武威)-장예(張掖)-주취안(酒泉)-지아위관(嘉峪關)-둔황(敦煌)에 이르는 약 2천 킬로미터의 코스다.

시안에서 깐수(甘肅)성 성도인 란저우(蘭州)까지는 고속도로로 650여 킬로미터의 거리이다. 그러나 우리는 시안의 북쪽 외곽 센양(咸陽)에 위치한 당나라 고종의 묘소인 건릉(乾陵)을 방문하기 위해 국도로 우회하기로 했다.

함양시 건현 소재, 고종 건릉 입구 길. 멀고 아득한 길, 제왕의 길

건릉을 지키기 위한 거대 망루. 중화는 천하제일을 내세운다.

시안에서 8시경 출발해 약 1시간 정도 자동차로 달려 건릉에 도착한다. 이른 아침에 도착하면 인접 주차장 이용이 편하다. 단체 관광객과 부딪히지 않으며, 관람티켓 사는 시간을 줄일 수 있어 효율적이다. 워낙 방대한 묘소인지라 입구를 찾는데도 30분이 소요되었다. 차가운 아침 공기를 맞으며 제왕의 묘소로 걸어 오르는 길(神道)이 황사 속에 아득하다.

당나라 3대 황제 고종과 황후인 무측천(武則天)이 합장된 묘소이다. 서울 남산만 한 크기의 산

당 고종 건릉의 표지석이 세월을 안고 서 있다.
죽은 제왕을 향한 산 권력의 보상이다.

이 인공적으로 조성된 것이다. 남산의 묘소에 입장하기 위해 광화문부터 걸어가야 하는 격이다. 중국인들의 거대함은 한반도 좁은 땅에서 자란 우리에게는 항상 놀라움이다.

우리의 조선왕릉과는 비교도 할 수 없을 정도로 크다. 국력은 물론 권력의 크기도 비례해서 컸을 것이며 농민의 고통은 더욱 컸을 것이다.

진(秦)과 수(隋)나라는 세계에서 가장 큰 토목사업으로 만리장성과 대운하를 만들고 백성의 원성으로 망한 국가다.

7~8세기경 당나라 수도 장안의 인구는 100만여 명이다. 외국 유학생 2만여 명, 페르시아 상인들 5만여 명, 춤추는 페르시아의 무희(舞姬)만 500여 명이 활동하고 있었다.

동 아시아 각국에서는 유학과 불교를 당나라 장안에서 공부해야 엘리트 관리나 지도자가 될 수 있었다. 로마에서는 비단과 차를 거래해야 부를 축적할 수 있었기에 실크로드를 통해 무역상이 모여들었다.

고종이 사망했을 때 조문차 61개국의 사절단이 입국한다. 입구에 그들의 모습이 조각되어 석상으로 서있다. 8세기에 당의 황제 장례식에 참석한 사절단이 작은 도시국가를 포함한다 해도 61개국이라니 참으로 놀라운 숫자가 아닐 수 없다. 흑인 인권운동가로 세계의 존경을 받던 '넬슨 만델라' 남아 연방 대통령이 2013년 서거했을 때, 전 세계 70개국의 특사가 장례식에 참석했다. 전성기 당나라의 국력과 경제력은 세계 제일이었다.

애석하게도 그 석상들의 머리가 잘려나가 있다. 당나라가 멸망하고, 흥망성쇠 과정에서 조직적 보복과 테러가 있었다. 당 말기 '황소의 난' 때 수만 명이 이 능을 도굴하려다 실패했다. 현대에도 IS나 탈레반과 같은 극단주의자들이 고대 석상과 문화재를 폭파시키는 것과 동일하다. 창조하는 자 뒤에는 파괴하는 자가 항상 따라 다닌다.

제왕은 죽었어도 제왕의 유적은 살아있다. 문무백관이 석상으로 그의 곁을 지킨다. 산 권력은 죽은 자를 활용해 권위를 쌓아야 한다. 대륙의 풍습을 받아 조선

머리가 잘려나간 61개국 외교사절의 석상. 장엄하지만 비장한 역사의 교훈이다.

역시 왕릉은 석상으로 호위를 하는 것이다.

　제왕의 위엄을 보이기 위해 거대한 사자 석상이 만들어진다. 누구를 바라보는 사자인가? 허망한 죽음도 후대의 제왕들에겐 권력을 쟁취하기 위한 투쟁에 불과하다. 죽어간 황제의 후광으로 현재의 권력을 끌고 가는 것이다.

　중국 역사는 유약한 황제, 당 고종 이치(李治)보다 그의 황후 측천무후를 더 큰 인물로 다룬다. 그래서 이곳의 기념비에도 황후로서의 측천무후라는 용어

61개국 사신의 영어 표기는 Foreign Official 이다.
외국 사신을 번신(藩臣)으로 표기한 것은 중화 우월주의다.

쌍사자 석상이 포효한다. 동물 세계의 왕이 죽은 제왕을 지키는 것이다.

보다 '무측천(武則天), 측천 여제(則天女帝)'를 사용하고 있다.

원래 무후(武后)는 말 타기와 글 읽기를 좋아하는 대담한 성격을 가진 미모의 여걸이었다. 고종의 아버지 당 태종의 후비였다. 아들 고종의 눈에 띄어 다시 황후가 된다. 병약한 황제 고종을 대리해 권력을 행사한다. 그녀의 권력욕은 대단해 자기 자식도 죽이거나 폐위시키고 정적에 대한 무자비한 숙청을 자행한다. 결국 주나라를 세워 15년간 통치하며, 중국 역사상 유일한 여성 황제가 된다.

그녀의 치세 중 인재가 고루 등용되고 문물과 제도가 정비되었다. 국가가 평안하여 후일 당나라 현종의 성공적인 치세의 기틀이 되었다. 결국 구황족 원로 구세력을 성공적으로 응징하고

당 고종을 기리는 글이 새겨진 비문.
천제(天帝)는 병약해도, 천후(天后)의 권력은 하늘을 찌른다.

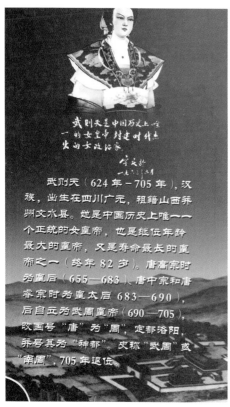

재색과 문무를 갖춘 여인, 무측천.
준비된 황제인가, 무자비한 권력자인가!

새로운 세력이 정책을 펼 수 있었다는 결론이다. 무자비하게 잡은 권력도 국력이 신장되고 태평한 시대만 온다면 성군이 될 수 있었다. 그러나 천후 무측천은 죽음을 앞두고 사랑하는 남편 고종 곁에 황태후로 잠들 수 있기를 당부한다. 남편을 사랑한 한 여인으로 길을 택한 것인가?

역사상 성공한 여성 통치자들, 영국의 엘리자베스 1세, 빅토리아 여왕, 러시아의 예카테리나 여제, 대처 수상, 독일의 메르켈 수상의 권력이 무측천을 능가할 수 있을까? 초강대국 미국에서도 강력한 여성 '힐러리'가 여성 대통령을 목전에 두고 있다.

과거의 평가는 권력의 크기만 중시하는 패권주의 제국주의였다. 미래는 민주주의와 평화, 인권과 복지로 역사 발전에 얼마나 기여가 있었느냐에 따를 것이다. 여성들은 섬세하니 더 잘 할 수 있을 것이다.

거내한 패권의 상징 건릉은 제왕의 사후에도 그 권위를 자랑하고 있다. 그리고 권력과 남자를 사랑한 여인, 무측천이 산 밑에 영원히 잠들어 있다.

02

하서회랑

전 경찰청장 이택순의 실크로드 도전기

황허가 품은 땅, 서역의 길목 란저우(蘭州)

　　산시성 셴양의 건릉에서 중간 숙박지인 간쑤성 핑량(平凉)이란 도시로 출발했다. 지금까지의 여정은 대평원의 연속이었다. 그러나 이곳부터는 완전히 경관이 달라져, 높은 구릉과 누런 황토고원이 나타난다.

　　국도변 좌우에 절벽처럼 서 있는 황토고원은 누런 황토(loess)가 겹겹이 쌓여 수백 미터의 구릉으로 형성되어 있다. 이 황토는 어디서 와서 어떻게 쌓였을까? 황토는 고비사막과 내몽골 건조 지대, 타클라마칸사막의 미세 모래가 부는 바람에 의해 운반되어 수백만 년 쌓인 것이다.

황토고원이 나신을 드러낸다. 수천만 년 감추어온 속살이 부드럽다.

황토구릉 곳곳에 동굴이 존재한다. 중국인을 처음 보면 깔본다. 오래 두고 보면 존경할 수밖에 없다.

1년에 1센티미터만 쌓여도 천년이면 10미터, 만년이면 100미터의 높이가 된다. 두터운 곳은 200여 미터의 두께로 황토가 쌓여있다. 중국의 역사 이전에 황토고원이 있었고 황토와 함께 살아온 역사다.

이런 황토고원이 황허강을 만나 침식되고, 하구로 1년에 15억 톤의 토사를 쏟아 붓는 것이다. 15억 톤은 30톤 덤프트럭 5,000만 대가 운반하는 양이다. 이로 인해 황허는 범람하고 재난이 대륙을 덮쳐 제국이 흥망하는 원인을 만든다. 치산치수(治山治水)가 제왕의 과업 중 근본이라는 말이 나올 수밖에 없다. 영겁의 자연은 상상할 수 없는 변화를 소리 없이 쉴 새 없이 만들어 내는 것이다.

이곳에서 인간이 거주하기 시작하고 중국 문명의 시발이 되었다. 황토 구릉 아래쪽에 드문 드문 동굴이 보인다. 석기시대부터 인간이 살던 동굴이다. 비바람과 추위를 막는 데에는 동굴보다 더 좋은 곳이 없다. 인류는 동굴로부터 출발했고 동굴을 떠나서는 생존할 수 없었다. 아직도 황토 동굴을 집으로 사용하는 중국인이

핑량의 도심 풍경. 바람과 황사로 도시는 황량했다.

늦게까지 영업하는 회족 부부.
이방인이 궁금한 듯 연신 눈길을 준다.

많이 있다. 이 척박한 환경에서 살아남아 후손을 보존하고 나아가 대륙을 석권했다니 경이롭고도 강인한 인간들, 그들이 중국인의 선조였다.

핑량(平涼)이란 도시는 인구 50여만 명이 사는 황토 지대의 고원도시였다. 산시성, 간쑤성, 닝회(寧回)성 3개성이 교차하는 교통 요지다. 고대 실크로드의 동쪽 끝 지점으로 이름이 있었다. 그러나 우리에게 보인 핑량은 황사가 날리는 황량한 고원의 변방 도시였다. 번화가를 찾아봐도 실크로드에 관련된 흔적을 찾기는 어려웠다. 그나마 제법 큰 빌딩 몇 개가 이제 변화를 준비하는 것처럼 단장을 하고 있다.

어두워지기 전에 노천시장을 서둘러 가 보았다. 거의 철시가 다 된 시간에 회족 부부가 젊은 사람을 상대로 음식을 만들어 팔고 있다. 비교적 젊은 사람들이 들러서 가볍게 식사를 하고 있다. 역시 시장은 장소를 불문하고 활력이 있다.

이제 중국에도 마이카 붐이 거세게 불고 있었다. 이 변방 도시에도 자가용이 넘쳐 주차를 못하고 인도에 주차를 하는 게 다반사다. 중국인들은 외식으로 세끼를 해결한다. 이곳에도 매운 사천요리가 주종이다. 대도시의 음식은 가까이 할 수 있으나, 지방 음식은 향과 맛이 너무 강해 조심하지 않으면 즉시 배탈이 난다.

외국여행에서 배탈은 여행의 포기를 의미한다. 물과 음식을 특히 조심해야 한다.

다음날 아침 일찍 서둘러 란저우를 향해 출발했다. 비가 내리는 아침인데 노동

핑량의 신시가지, 땅 값이 오르고 차가
넘친다. 개발 패턴은 어디나 유사하다.

빗속에서 묵묵히 일하는 중국인.
중국인은 세계 어느 곳에서도 거지로 살지 않는다.

자들이 도로 공사 현장에서 삽만 가지고 묵묵히 작업한다. 투박하고 서툴러 보이나 이것은 중국식 토목 공사 방식이다, 인건비가 저렴하니까 가능한 것이다. 여성도 예외 없이 일한다. 펄 벅의 소설 '대지'에서 주인공 왕룽 같은 강인한 중국인을 본 착각이 든다.

건조 지대에서 비를 만나 반갑기는 했지만 도로가 비포장이라 차량이 흙탕물을 완전히 뒤집어썼다. 닝샤회족(寧夏回族) 자치구의 경계인 3천 미터급 산악에는 진눈깨비가 쏟아지고 있었다. 조심조심 산을 넘어 구위안(固原)을 거쳐 실크로드의 길목 란저우에 해가 질 무렵 도착했다. 넓고도 넓은 중국의 3개 성(省)을 넘나드는 강행군이었다.

란저우(蘭州)는 중국 서북부의 길목 도시로 사막과 초원지대로 나가는 요충이다. 제국의 권력이 행사되는 마지막 군사도시였다. 지금은 간쑤성의 성도이며 인구가 360여만 명이나 되는 굴지의 공업도시로 더욱 번창하다. 도시 가운데를 황허(黃河)강이 관통하며 강을 중심으로 양쪽 강안에 도시가 발달되어 있다. 중국인의 삶, 황허강의 큰 물결을 직접 내려서 만져 볼 수 있는 도시인지라 관광객이 끊이지 않는다.

중국인에게 황허(黃河)는 어머니 같은 강이다. 칭하이(靑海)성 쿤룬산맥에서 발원해, 뱀처럼 구불구불 중국 대륙을 서에서 동으로 횡단해 황해의 발해만으로 내

황허강 연안의 보트 계류장과 강 건너 종교 사원들.
강인한 삶과 깊은 신앙이 황허에 공존한다.

황허의 물결이 란저우 시내를 관통한다.
황허는 중국인의 슬픔이며 생명이었다.

닫는다. 길이 5,465킬로미터의 대하이다. 대홍수로 일거에 10만여 명을 사망케 하는 슬픔과 혹심한 가뭄으로 고통을 주는가 하면, 물과 비옥한 토양을 곳곳에 뿌려 생산의 기쁨을 주는 두 얼굴의 강이다.

황허도 발원지인 칭하이 성에서는 푸른 강이다. 이곳 중류에 오면서 황토지대의 흙을 품에 안고 황색의 강으로 변한다.

황허에는 여행객을 위한 각종 유흥시설과 보트 계류장이 설치되어 있다. 파리 센 강의 풍경과는 전혀 다른, 투박하면서도 거친 회색의 강 문화가 있다.

'황허 모친상(黃河母親像)'이 란저우시의 상징이다. 황허 강변 남쪽에 화강암으로 조성해 놓았다. 어머니 황허가 품은 어린아이가 중국 민족이다. 기반에는 황허 강의 고대문화 유적인 채색 토기 무늬를 조각해 넣었다. 중국 역사와 생명의 모태가 황허에 있음을 상징한 조각이다. 거칠고 험한 국경지역에 이런 예술작품이 있다니 중국인들의 새로운 면을 보는 듯하다. 중화의 꿈을 말한다.

2012년 시진핑이 집권할 때 '중화민족의 위대한 부흥'과 '중국의 꿈'을 발표한다. 중원에서의 새로운 변화는 언제나 동아시아 역사에 큰 영향을 미친다. 남중국해 영유권 문제, 사드 배치 논란 등은 중화민족의 위대한 부흥인가 아니면 중국의 꿈인가?

황허를 건너는 다리가 몇 개 건설되어 있다. 이곳에선 황하를 걸어서 건너면 큰 복과 행운이 따른다 한다. 남녀노소 수많은 사람이 다리를 건너 남북을 오

란저우 강변의 황허 모친상(黃河母親像).
중화민족의 꿈과 발전을 상징한다.

황허강을 건너는 철교가 놓여있다.
다리를 건너는 것만으로 중국인은 행복을 만끽한다.

간다. 우리도 따라 건넜다. 길이가 한강 다리의 절반 정도 될까, 걸어 건너기에 적당한 거리다. 마치 압록강 철교를 건너는 느낌이었다.

양(羊)의 내장을 말려 만든 황하를 건너는 뗏목이다. 지금은 관광용으로 전락했지만 예전에는 배를 대신할 수 있는 대단히 유용한 도하용 기구였다. 양은 원래 유목 민족 북방민족의 가축이다. 이 양이 이런 용도로 쓰였다면 역시 이곳도 유목민족의 땅이었던 셈이다.

강 북쪽은 주로 공원과 종교시설 등으로 개발이 정지하고 있었다. 북에서 남쪽을 보면 남쪽은 별천지다. 원래 황사 먼지가 많은 곳에 공장 매연까지 더해져 공해가 심각하다. 황허가 없었다면 과연 이 도시가 존속했을 수 있었을까?

여행 중 만난 중국 젊은 청춘들이 반갑게 맞아주며 손을 흔든다. 순박한 청년들의 미소가 중국인의 이미지를 밝게 해준다. 지방에서 올라와 케이블카를 타

유목민의 가축 양으로 만든 뗏목이다.
황허는 유목민의 땅이었다.

강을 사이에 두고 양안이 대조적이다. 도교, 불교, 이슬람 사원과 빌딩 숲이 서로 힘자랑을 한다.

고 황허를 건너간다는 기쁨이 얼굴에 가득하다. 황허는 소수의 중국인만이 접할
수 있는 꿈의 강이다.

황토의 색깔이 강해 물속은 전혀 보이지 않지만, 냄새도 없고 기름띠도 없어
황허의 물은 그다지 오염된 것은 아니었다. 칭하이(靑海)의 맑은 강도 황토고원을
만나면 황허(黃河)가 될 수밖에 없다.

호객꾼에 이끌려 황허를 보트로 유람해 보았다. 수많은 사연을 품고 있는 황허
를 유람하듯 달린다는 게 유쾌하지만은 않다. 중국의 기쁨이며 슬픔, 황허는 실크
로드의 길목 란저우를 유유히 흘러 대륙으로 향한다.

청년은 세계 어디에서나 밝고 명랑하다.
작고 소박하지만 행복이 동행한다.

황허강은 다시 북서쪽 사막으로 향한다.
황허처럼 유유하고 강인한 민족을 길러낸다.

하서회랑 우웨이(武威), 영걸(英傑)들의 꿈

간쑤(甘肅)성 성도 란저우에서 우웨이(武威, 옛 명칭 涼州) 가는 길은 매우 험난하다. 고산을 넘고 고개를 넘어 설산 사이로 고원지대를 걸어야 한다. 란저우에서 서북쪽으로 거리는 240킬로미터이다. 중간에 천제산 불교유적지를 답사하고 우웨이로 들어갈 예정이다.

이곳은 원래 흉노족의 땅이다. 한(漢)무제가 빼앗아 우웨이(武威)군을 설치함으로써 중국의 영토로 편입된다. 중원에서 서역과 중앙아시아로 나가는 유일한 통로다. 13세기에 마르코 폴로가 지은 '동방견문록'에서 '에르기올'이라 이름 붙인 바로 그 오아시스 도시다.

남쪽으로는 치렌산맥, 북쪽으로는 황토고원과 몽골고원이 버티고 서있는 그 유명한 '하서 회랑(回廊, 하서주랑이라고도 함)'의 길이다. 치렌산맥은 이곳부터 둔황까지 약 2,500킬로미터 이어지는 폭 200~400킬로미터의 대 산맥이다. 만년설과

3월의 천제산 산상 호수. 고산과 구름이 연가를 제창한다.

오아시스 도시가 180만의 대도시로 발전한다.
치렌산맥의 눈과 얼음이 메마른 땅을 변화시킨다.

중국인의 산악 사상은 삶의 일부다.
황제는 태산에, 백성은 명산에 미래를
기원한다.

빙하로 덮인 하서회랑의 남쪽 산맥으로 난산(南山)이라고도 한다. 중국 내 실크로드는 이 산맥을 계속 옆에 두고 눈만 뜨면 보이는 이정표가 되는 산맥이다.

요즈음은 고속도로가 놓여 교통 여건이 많이 좋아졌다. 그러나 고산을 관통한 긴 터널을 몇 개 통과하고도 군데군데 사태로 인해 고속도로가 차단되어 국도와 지방도로 내려서야 했다. 도로에서 가까운 산에 신과 자연을 연호하는 붉은 깃발이 휘날린다.

여기서 2시간여 떨어진 북쪽의 산악에 위치한 철제산 석굴을 찾아 들어갔다. 외국 관광객은 고속도로에서 벗어나 2시간여를 산길로 찾아가야 하니 방문하기가 매우 어려운 곳이다. 대중 교통수단도 없다. 방문객도 지역 사람 외에는 거의 없었다.

'천제산 석굴'은 불교가 번성하던 북조와 당나라 초기 시대에 조성된 사찰이다. 실크로드를 통해 서방 문화가 도입된 1천5백 년 전의 유적이다.

석굴 앞쪽으로 엄청난 크기의 산상 호수가 펼쳐져 있다. 호수는 얼음과 눈으로 덮여 은백색으로 빛나고 있다. 둘러싼 고산의 능선에는 눈이 쌓여 마치 신의 세계로 들어온 듯하다. 하늘에서는 삼월의 태양이 따사롭게 쏟아지고 있었다.

호수의 남쪽은 햇빛으로 얼음과 눈이 녹아 평화로운 정경을 더욱 운치 있게 펼쳐준다. 설봉과 산상의 눈, 얼어붙은 호수, 치렌산맥의 구름과 초봄의 나뭇가지가

하늘과 땅, 산과 호수. 은백색의 세계는 신(神)만이 만들 수 있다.

이방인의 마음을 더욱 설레게 한다. 실크로드는 고난의 길이지만, 구석구석 사람의 눈길을 기다리는 장관(壯觀)이 숨어 있는 곳이다.

설산에 둘러싸인 신비로운 곳, 호수의 끝자락에 대형 석가모니 불상이 온화한 미소로 기다리고 있었다. 누가 어떻게 이런 신비로운 곳에 부처님을 모실 생각을 했을까?

형언키 어려운 경이로움에 모두들 손을 앞으로 여미고, 고개를 숙여 이 석굴을 만든 이들과 지켜온 수도자들에게 경의를 표할 수밖에 없다.

어느 종교인이 말했다. 믿음만 크다고 이런 절이 만들어지는 게 아니다. 돈이 많다고 만들 수 있는 게 아니다. 권력이 크다고 만들 수 있는가? 스님이라고 모두

부처님이 이방인에게 자애로운 미소를 짓는다. 실크로드 여행길은 고난과 역경의 길.

천정과 부처님의 발 부분 훼손이 심하다.
문화재 관리 보수는 국력이다.

큰 절을 만들 수 있는가? 그것은 부처님의 뜻이 있어야 가능하다

지상에서 30미터 이상을 지하로 내려간다. 황토와 석회석 같은 것을 섞어서 조성한 거대한 황토불의 모습이다. 부처님 손바닥만 해도 길이가 5미터는 넘어 보인다. 비를 가리는 천정이 세월의 무게에 훼손되고, 발 부분에 누수가 있어 시급히 보완할 부분이 많다.

불상이 너무 커서 바로 근처에서는 전신을 사진에 담을 수도 없다. 부처님의 온화한 미소와 사천왕의 의미심장한 미소가 죄 많은 자들을 모두 용서하신다.

최근에 보수한 듯한 난간과 계단이 석굴의 운치를 더 한다.

실크로드에는 서역의 진기한 재화뿐만 아니라, 사람과 신앙이 상호 교류되는 동서 문화의 꽃이 핀다.

고산의 기후는 변화무쌍하다. 잠시 들른 이방인에게 많은 시간을 주지 않는다. 시커먼 먹구름이 몰려들기 시작한다. 지체하면 하산이 불가하다. 위험을 감지하면 즉시 철수해야 신의 노여움을 사지 않는다.

우웨이(武威)로 자동차를 급히 돌려 나갔다. 고구려 출신 당의 장군 고선지가 자란 곳이다. 강력한 북방 국가 고구려는 결국 당나라에 의해 AD 668년 멸망되고 만다. 전승국 당은 고구려의 지배층과 백성 3만여 명을 포로로 잡아 이곳 사막 지역 우웨이로 강제 이주시켜 버린다. 1937년에 소련이 연해주에 살던 고려인 20만 명을 중앙아시아로 강제 이주시킨 것과 동일하다. 약소민족이 겪는 참상이었다.

우웨이는 상무의 기상이 넘치는 군사도시였다. 창과 칼, 말과 마차를 책처럼 가까이한다.

어려서부터 사막 지역에서 자란 고선지는 당 나라에서 사막전과 고산 전투의 최고 전략가가 된다. 일찍이 서역을 경략하고 지금의 우즈베키스탄과 아프가니스탄까지 두 번씩이나 진출한 바 있는 당나라의 중앙아시아 최고사령관이다.

레이타이의 한나라 장군 묘지.
병마용갱이 출토된 경위와 유사하다.

그러나 명장 고선지도 동서 세력이 최초로 격돌하는 키르기스스탄의 '탈라스 강 전투'에서 이슬람 연합군에 대패한다. 3만의 군사를 잃고 5천 명이 간신히 살아 파미르 고원을 넘어온다.

중국은 더 이상 중앙아시아로 진출하지 못하고 중앙아시아는 이슬람의 땅이 된다. 이 전투에서 포로가 된 중국인들이 가르친 제지술과 나침반이 페르시아를 통해 유럽으로 전파된다. 전쟁은 문명이 격렬히 충돌하며 서로 파괴하며 재생산하는 소용돌이 공간이며 시간이다.

말(馬)은 이곳 역사와 문화의 중심에 있다.

흉노족의 위협을 피하기 위해 장건을 대월지로 파견하는 한(漢) 제국, 한족에게 패배해 유라시아 대륙으로 쫓겨난 흉노족, 세계제국을 30년 만에 완성한 몽골족.

그들 뒤에는 최고의 운송 무기, 명마(名馬)를 향한 뜨거운 집념이 있었다. 그들은 모두 기마민족이었다. 후한(後漢) 제국의 땅 무위의 북쪽 레이타이(雷臺) 지역의 묘에서 1969년 공사를 하던 중 쏟아져 나온 유물이다.

나는 제비를 밟고 달리는 말(馬踏飛燕).
군사와 예술 감각이 상상을 초월한다.

복원이 잘 된 백탑사(百塔寺)의 이정표와 입구.
티베트의 역사를 중국에 접목시키려는 의도가 보인다.

부처와 백탑, 티베트의 토속신앙이 공존하고 있다. 종교는 민족을 구분하는 중요한 요소였다.

청동 마상이 서역을 향해 출전 태세를 갖추고 있다. 선두의 말이 그 빠른 제비를 뒷발로 밟고 나르는 말, 마답비연(馬踏飛燕)상이다. 이 비마(飛馬)가 현대 중국의 상징이 된다. 실크로드의 역사는 이렇듯 현대 속에 살아 숨 쉬고 있다.

우리 조상은 부족을 통합해 고구려, 백제, 신라가 잉태되던 시기이다. 한(漢)제국은 기마부대를 운용해 서역 공략에 나선다. 문명은 시차를 두고 발전할 수밖에 없다. 역사를 인정해야 미래로 갈 수 있다.

우웨이의 역사유물은 헤아릴 수 없이 많다. 문묘, 사당, 사찰, 귀족 묘지, 군사시설이 고대부터 현대까지 이어진다. 우웨이는 한족과 흉노족, 토번(吐蕃, 티베트), 몽골족이 쟁패하는 전략 요충이었다. 이 길목을 장악하는 민족이 서역과 실크로드의 주도권을 장악하게 된다. 전쟁 후에는 승자의 문화와 종교가 펼쳐진다.

백 개의 티베트 불탑으로 조성된 백탑사(百塔寺)를 방문한다.

당나라 말기 이후 이곳을 지배한 토번(吐蕃)의 문화적 유산이다. 티베트 불교의 영향을 받아 탑의 모양과 흰색의 색채가 우리가 아는 불탑과는 매우 다르다.

주탑의 크기는 어마어마하다. 약 40미터의 높이로 마치 현대식 타워를 보는 듯하다. 복원된 건축물이겠지만 10세기에 이런 탑을 건조하였다면, 그 문화적 수준은 당과 송나라와 대등했다고 봐야 한다.

실크로드의 쟁패를 다툴 수 있는 강국이 토번(吐蕃)이었다.

백탑사의 싸반링쿠타 탑과 양주 회담 기념관. 기념관은 박물관 형태로 역사자료와 유물이 엄청나다.

　　우웨이 시내에는 역사 문화유산이 산재한다. 하루 일정으로는 부족하다. 가이드의 설명 없이 소화해 내기에는 힘들다. 다시 도교사원을 찾아갔다. 입구의 나무와 돌계단에서부터 고색이 창연하다.

　　서방 문화와 북방문화, 중화와 혼합되어 실크로드 문화를 역사적으로 잘 보전하고 있는 곳이 우웨이 지역이다. 고선지와 레이타이의 비마, 천제산 석굴과 백탑사의 티베트 탑림이 치렌산맥 사이로 살아 움직인다. 그렇게 고대와 중세를 헤매다가 다시 네온사인이 화려한 도심의 호텔을 찾아들었다.

우웨이 시내의 도교 사원이다.
토템, 도교, 불교, 이슬람교가 각각의 영역으로 병존한다.

황사를 뒤집어쓴 향로형 철탑이다.
대륙의 역사향기가 묻어난다.

장성의 밖과 안, 바단지린 사막—장예(張掖)의 삶

　　간쑤성 우웨이를 지나면 하서회랑은 장예(張掖) 주취안(酒泉) 지아위관(嘉峪關)으로 이어진다. 좌측으로는 치롄산, 우측으로는 만리장성과 황토고원이 나란히 달린다. 하서회랑은 그 가운데 평지에 비옥한 이 도시들을 품고 있다. 기후는 매우 건조하며, 1,500미터에서 2,500미터의 고원 지대이다.

　　우리는 진창(金昌)을 지나 산단에서 내몽골의 바단지린(巴丹吉林) 사막 쪽으로 자동차의 방향을 돌렸다. 만리장성 밖으로 나가는 것이다. 무너져 내리고 있는 장성에도 중간 중간 출입문 겸 군사 주둔지였던 높은 초소가 보인다.

　　마치 긴 기차 같은 장성이 하서회랑을 따라 끝없이 이어진다. 저 대 토목공사

우주에서도 보인다는 만리의 장성(萬里長城). 이천여 년의 세월이 서서히 녹아내리고 있다.

자연은 평화로운 삶을 보장하고 있었다. 인간은 장성(長城)을 만들어 전쟁의 씨앗을 뿌린다.

황토고원은 메말라 간다. 길가에 빈집이 늘어난다. 궁핍했던 그 시절보다 현재가 더 황량하다.

를 위해 얼마나 많은 백성의 피와 땀이 흘려졌을까? 노역으로 끌려간 남편을 찾아온 여인들의 눈물로 장성의 반은 무너져 내렸다. 그리고 진시황의 제국은 망해 버린다.

황량한 건조 지대를 1시간 남짓 약 100킬로미터 정도 들어가는 내몽골의 바단지린(巴丹吉林) 사막으로 가는 길이다. 황량한 황토 건조 지대가 끝없이 이어진다. 이곳이 투르크의 일족인 흉노족이 살던 땅이었다니 그들의 척박한 삶에 동정이 안 갈 수 없다. 식량과 생필품을 하서회랑 내의 비옥한 땅에 의존해야 한다. 결국 흉노족은 생존을 위해 만리장성을 넘어 한족과의 숙명적 전쟁을 할 수밖에 없었다.

지금도 이곳은 극한의 가뭄으로 남아있는 주택마저 빈 집이 되고, 풀이 마른 산악에는 양 떼를 몰고 다니는 늙은 목동만 드문드문 보인다.

누가 과연 이런 곳에 살고 있을까 하니 물음은 곧 풀렸다. 이 사막에 광산과 우주과학 기지가 있다는 것이다. 물은 수백 미터 지하에서 끌어올리고 작은 신도시를 형성했다. 몽골인의 도시 '아라산우치'다.

흉노족, 거란과 몽고, 여진족의 땅이었던 내몽고는 그 크기가 한반도의 5배나 되며 국경선만 4,200킬로미터에 달하는 방대한 땅이다. 몽고족 400만 명을 포함해 49개 민족 2천4백만의 인구가 흩어져 살고 있다.

바단지린 사막은 비교적 접근성이 좋아 실크로드에서 빠져나와 네이멍구(內蒙

사막의 도시 외형이 그럴싸하다.
사상누각(沙上樓閣)이 아니기를 바랄 뿐이다.

내몽고의 주인은 흉노, 몽고족이었다.
중국, 투르크, 티베트와 러시아풍이
혼합된 국제문화다.

古) 문화와 사막 문명을 동시에 느낄 수 있는 곳이다.

처음 보면 전망과 시야가 좋아 로맨틱한 기분으로 걸어보지만, 막상 10분만 있으면 목이 타고 이글거리는 태양과, 눈을 뜰 수 없는 모래바람으로부터 도망칠 곳을 찾게 되는 곳, 그곳이 사막이다. 내몽고의 몽고족도 소수민족으로 독자 언어와 종교 문화가 있지만, 중국화의 딜레마로부터 벗어나지 못하고 있다. 중국인과 공존하기에는 너무 두터운 벽, 독자생존은 불가능에 가까운 현실이다. 강대국 중국의 주변 약소민족이 겪는 공통의 아픔이다.

다시 왔던 길을 돌아 나와 꿀과 젖이 흐르는 곳 장성(長城) 안으로 가야 한다. 장성 밖의 민족에게는 장성 안은 하늘의 혜택을 받은 선민의 땅이다.

장예(張掖), 시안에서는 1천7백 킬로미터, 간쑤성 성도 란저우에서도 1천 킬로

세계 4번째 크기의 사막, 바단지린의 웅대한 지평선이다. 구름과 모래 바람이 태양의 친구이다.

몽고인은 사막에 돌을 모아 하늘에 기도　대불사의 현판이 중요문화재라는 표지석과 함께 서 있다.
한다. 하늘에 전하는 사연이 색색의 천에　중국인에게 불교는 유교, 도교와 함께 생활철학이다.
포장된다.

미터 이상 떨어진 곳, 하서회랑의 중간이 되는 도시이다.

마르코 폴로가 '칸피츄'라 명명한 이곳은 서역을 찾아들던 승려와 군인, 페르시아 상인들이 머물러 가던 곳이다. 간쑤(甘肅)성의 감(甘) 자는 이곳이 감초의 명산지라는 뜻에서 유래한 것이다. 농산물이 풍족한 이곳을 두고 흉노족, 몽골족, 거란족 등 북방 유목민족과 한(漢), 당(唐)나라 등의 한족(漢族)이 쟁패를 하던 요지다.

도시 곳곳에 불교 유적과 역사가 잘 보전되어 있어, 한국과 일본의 불교신자들이 많이 방문한다.

시내 중심가에 위치한 대불사(大佛寺)는 10세기 서하(西夏) 왕조에서 창건되고 보존되어온 사찰이다. 대불사란 이름의 유명 사찰이 중국에는 저장, 교하, 선양 등 여러 곳에 있다. 좋은 이름은 언제나 빛나게 되어 있다.

우리가 방문했을 때 사찰은

일개 도시 사찰도 한국의 조계사 대웅전보다 더 크다.
석양 속의 대웅전, 실크로드의 번영이 가져온 결과인 것이다.

누워 계신 목조 부처님 상이다. 앉아 있어도, 서 있어도, 누워 계셔도 그 손길은 인자하다.

문을 닫는 시간으로, 한가한 가운데 석양의 적막감이 흘렀다. 주변이 청결하고 도심과 매우 잘 어울리는 구조이며, 한국어와 영어 안내판이 있어 비교적 편리했다.

워낙 사찰이 웅장하고 신비해서 '마르코 폴로'도 이곳에서 일 년을 머물러 갔다고 전해진다. 생각대로 머물며 숙식이 해결되는 여행자 '마르코 폴로'는 행복한 자유여행가였다. 이층 전각이 파란 하늘 아래 사방으로 뻗어 오른다. 건축기법 상 매우 어려운 각도에 지붕과 처마를 펼치고 있어 마치 하늘을 받치고 있는 듯 전각의 기세가 대단하다.

중국 최대의 목조 와불(臥佛)이 보존된 곳이다. 밖에서 들어가니, 어둠 속에 너무 엄숙해 발걸음조차 떼기 어렵다. 기운을 내서 부처님 앞으로 간다. 기다릴 가족과 실크로드 장도를 빌며 삼배의 예를 하니 그제야 눈길을 주신다. 이곳을 지나친 이 모두들 그랬을 것이다.

높이 30여 미터의 토탑(土塔)이 봄의 석양 아래 하늘을 보고 우뚝 서 있다. 중앙아시아의 모스크 탑인 듯 티베트의 탑인 듯 여러 나라의 문화적 영향을 입은 게 분명하다. 원래 명칭은 미타천불탑이나 일명 라마교식 토탑이다. 11세기에서 13세기에 티베트의 일족이 세운 서하(西夏)는 이 지역을 지배한다. 서하국의 문화적 유산이다.

대불사 장경각에는 명나라 황제 영종이 만들어 보낸 6천여 권의 귀중한 불경이 보관되어 있다. 금과 은가루로 쓴 불경이다. 대불사는 황실 사찰이었다. 황제는 권력의 화신이며 동시에 문화의 창달자가 될 수 있는 하늘이 낸 자리다. 권력

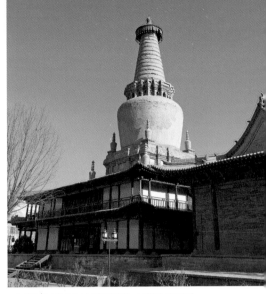

은 흔적 없이 사라지고, 불경 속에 이름만 남아있도다.

사찰 외곽은 단순한 경계 담장이 아니라 불교 관련 용품을 취급하는 수준 높은 상점들이 들어서 있다. 사찰의 일부인 듯 건축양식이 사찰과 같다. 불상, 옥제품, 차, 인장, 서화, 문방구류, 기념품 등 사찰에서 필요한 물건을 교양이 있는 상인들이 취급하고 있다. 이런 것은 한국의 사찰에서도 배워 도입해야 한다. 수준 높은 종교용 물품을, 교양 있는 점원

티베트의 라마교식 불탑이다. 신앙과 종교의 집산인 사찰은 동양문화의 보고다.

이 명찰의 입구에서 거래하는 것이다. 모처럼 실크로드의 역사 향기를 맡게 된다.

시내에는 살수차가 수시로 물을 뿌리고, 황사 먼지를 쓸어내는 청소원이 거리에 많다. 환경에 관심을 가지고 배려하는 도시였다. 우리가 투숙한 호텔에서도 영어가 통하는 곳이다.

우웨이시와는 전혀 다른 신선함과 청결함이 있어 국제 관광객이 많음을 알 수

장경각으로 기억된다. 역광으로 정면은 촬영이 불가했다. 귀중한 불경이라 경계와 보안이 삼엄하다.

입구 상점이 마치 사찰의 일부인 듯 어울린다. 건물은 오래되었지만 남루하지 않다

있다. 실크로드 도시도 지역에 따라 차이가 많이 난다. 주변 지역을 합쳐 인구가
백만을 초과할 정도로 발전되었다

　　실크로드. 비단길의 하루가 이렇게 지고 있었다. 내일은 주치엔(酒泉)과 지아위
관(嘉峪關)으로 가는 날이다.

잘 단장된 호텔 뒤 광장에서 전통 체조를 즐긴다. 중국인의 체조, 무도와 무술은 하루의 시작이며 성찰이다.

영겁의 파노라마, 칠채산의 길

　　하서회랑 오아시스 도시 장예 부근에는 단하 국가 지질공원이 있다. 일명 칠채산으로 7가지 무지개 색의 산이다. 유네스코가 지정한 세계 자연유산이다.

　　아침 일찍 칠채산을 찾아 떠났다. 장예에서 30분 정도 국도를 달려 도착하니 사막 황무지 속에 우뚝 펼쳐진 광대한 산이 파노라마처럼 펼쳐진다. 인간으로서는 상상키 어려운 현란한 색상과 기이한 모양의 다양한 산이 압도하며 눈에 들어온다.

　　약 2억 년 전 중생대 퇴적암층이 습곡작용으로 굴곡 융기되었다가 건조한 기후와 비바람으로 풍화 침식된 것이다. 주로 붉은 색의 황토와 철분, 소금성분이 머리를 곱게 빗은 것처럼 가지런히 흘러내리는 것이다.

　　칠채산의 원류는 치롄산맥으로 간쑤성 성도인 란저우를 떠나면서 보이기 시작한다. 치롄산맥은 간쑤성과 칭하이성의 경계를 따라 길이가 2,500킬로미터이며,

위용 Majesty

아침 칠채산은 단아한 모습이다. 석양에는 화장한 여인처럼 화려하다.

신이 만들고 인간이 출연한 자연 곳곳에 인간이 살고 있는 착각을 준다.

뒤로 보이는 설산은 치렌산맥의 만년설.
대 산맥은 걸출한 칠채산을 만든다.

햇빛을 받으면 무지개가 되는 산.
태양이 응시하면 산은 부끄러워 홍조를 띤다.

해발 4,000~5,000 미터의 고도에 만년설과 빙하로 덮인 대 산맥이다. 하서회랑
(하서주랑 이라고도 함)의 남서쪽 장벽으로 실크로드 중국 구간에서는 운명처럼 여
행자를 따라 다닌다.

칠채산은 석양이나 비가 온 후에 그 색이 진해지고 더욱 강렬해진다. 그래서
사진작가는 석양을 기다려 찾는 곳이다. 그러나 우리 실크로드 탐사대는 그런 시
간대에 구애 받을 필요도 여유도 없다.

아침의 모습은 아침대로의 빛과 모습이 있다

깎아지른 단애가 열 지어 간다.
바다가 산이 되고 산이 바다가 된다.

어머니 품에 안겨 있는 애기 산 나무와 풀 없이도 명산이
존재한다.

식막한 사막의 산에도 길이 있다. 운명적 삶이 있었나보다.

구도승과 카라반은 자연의 신비를 글로 기록하고, 화폭에 담아, 이야기를 만들어, 제왕과 신도와 백성에게 전했을 것이다.

"꿈속의 산이 대륙 깊은 곳에 존재한다."

이 산은 워낙 넓고 커서 제2 제3의 칠채산이 깊은 곳에 존재할 것이다. 신의 솜씨를 가진 조각가 수백 명이 오케스트라처럼 각자의 기술로 혼을 담아 연주하면 이리 될 수 있었을까. 척박한 사막에도 길은 있었다. 사막과 산은 인간의 삶이 동물들과 공생하는 길이었다.

4군데에 전망대가 설치되어 인간의 눈으로 감상하도록 만들어 놓았다. 여유 있는 전문 사진작가를 제외하면 시간마다 운영되는 셔틀버스를 놓치지 말고 타야만 4곳의 포인트를 찾을 수 있다.

관광과 이동을 위해 만든 보행로는 사막의 해와 바람에 그대로 노출된다. 큰 모자와 비상 음료, 식량을 배낭에 필히 가지고 다녀야 한다. 화장실도 드물어 출

위대한 자연 앞에 전망대가 놓여 있다. 천상으로 향하는 길이다.

발지와 하차지에서 무조건 용변을 보지 않으면 명산에 실례하는 실수를 한다.

　오전 햇빛이 황색 사암에 그대로 꽂힌다. 빛은 산을 잘 그을린 백인의 피부처럼 희고 누렇게 만든다.

　빛을 바라보고 역광으로 본다. 흑갈색의 산이 우뚝 서 있다. 어떤 시간에 어떤 방향으로 보느냐에 따라 흑과 백이 갈라진다.

계곡은 말랐지만 흔적은 뚜렷하다.
칠채산의 생성을 말해준다.

산과 산 사이로 계곡의 흔적이 있다.
일 년에 한번 오는 비, 2억년에 2억 번 비가 산을 깎아 내렸다.

개벽 The beginning

신께 맹서하다 In gods name

대자연의 신비는 끝이 없다. 지금도 끊임없이 변화하며 생성되고 있는 영원한 변화의 진행이다. 치렌산맥은 아직도 조산운동이 계속되며 지진 다발 지역이다.

이곳은 접근성이 비교적 좋다. 중국 시안까지 인천에서 직항 비행기가 있다. 그곳에서부터 몇 일간 버스로 실크로드를 보며 장예 칠채산으로 가는 코스다. 일반 여행자는 물론 출사 사진애호가에게 천국과 같은 곳이다. 소재를 찾을 필요가 없다. 포커스를 들이대면 모두 작품이 된다.

형언키 어려운 신비감에 휩싸여 태초의 역사를 다시 보았다. 우리는 영겁의 산과 땅, 칠채산을 이렇게 조우하고 뒤를 보며 다시 길을 나섰다.

사랑의 그림자 Shadow of love

탐미하는 인간 An esthetic man

조화 The harmonious

개척자 The pioneer

운명의 힘 La forza del destino

실크 로드 The silk road

만리장성의 서쪽 끝, 중국의 꿈

주취안(酒泉)과 자위관(嘉峪關)은 하서회랑의 끝, 곧 만리장성의 서쪽 끝 도시다. 란저우에서 약 1,000킬로미터, 시안에서 약 1,600킬로미터의 거리에 있다. 장예에서 출발 후 칠채산의 경관에 취해 다시 사막 길을 300킬로미터 이상 달려야 한다.

주취안과 자위관은 예전에는 동일 행정구역에 속하였으나 1970년대에 자위관이 독립 시가 된다. 자위관이 중국 2대 철강공업단지로 급속히 발전한 때문이다. 우리는 주취안의 숙소에 머무르며 옛 국경의 밤을 보내게 된다.

주취안 중심부의 성문과 누각이 역사를 밝힌다. 한(漢) 제국부터 2천 년 된 도시이다.

주취안 유적 입구 안내판에는 '서한주천승적'이라 써놓았다. 중국은 2,200년 전에 중앙아시아로 진출한다.

주취안은 한 무제가 흉노로부터 빼앗아 만든 도시로, 옛 명칭은 숙주(肅州)라 한다. 간쑤(甘肅)성의 숙(肅) 자가 이 도시에서 유래한다. 토지가 비옥하며 치렌산 맥의 물이 흘러 농산물이 풍족하다. 또한 국경 방어 상의 요충이며 교통의 요지로 서역으로 가는 길목이었다.

주천 시내에 위치한 '서한 유적지' 기념공원 안에 '주천 샘'이 실존하고 있다. 이 곳은 한(漢), 당(唐) 제국이 서역으로 출정하거나, 돌아온 군사들이 머무는 중국 영토의 마지막 보루였다. 시인 묵객들은 이곳을 미화하여 영웅의 이별지로 노래 하곤 한다.

로마제국의 장군들의 승전보를 알프스산맥에서부터 들려주는 것과 같다. 도시의 뜻도 '술의 샘(酒泉)'이어서 인지, 술과 관련한 고사가 많다. 고래로 이별과 만남에는 술이 필수다. 이곳에서 군인들은 이별의 회포를 술로 풀고 전쟁터로 향한다. 상인들도 고난의 길에 장도를 빌며 잔을 기울인다.

현판이 '커주어(可酌, 가작)'이다.
잔을 드시오! 술을 드시오! 이제 가면 언제 만나리!

장건의 사절단 백 명이 서역으로 출발한다.
콜럼버스보다 1,700년 앞서, 미지의 길에 도전했다.

주천의 충신, 용장이 제국을 강대하게
만든다. 외교관 장건, 장군 곽거병이 이
샘물로 보국을 맹서한다.

한(漢)제국 장건 사절단의 출정 모습이 이곳 연못 위에 조각되어 있다. 한 무제가 흉노족에 대항하기 위해, 대월지(우즈베키스탄 부근)에 파견한 외교 군사 사절단이다.

BC 139년에 떠나 13년 만에 우여곡절 끝에 장건이 귀환한다. 그의 귀국으로 인해 최초로 서역의 정세가 파악되고, 교역로가 열린다. 그들이 고통 속에 다진 여정이 실크로드가 되고, 동서 문명의 교류처가 된 것이다. 장건은 위대한 탐험가이며 개척자이다. 이들을 파견한 한 무제의 의지는 중국을 세계제국으로 이끈다.

주천의 유래는 설이 많다. 한나라 장군 곽거병을 거론하는 것이 이 도시의 분위기에 어울린다. 흉노 정벌의 용장 곽거병이 한 무제로부터 하사받은 술 한 동이를 이 샘에 붓는다. 그리고 군사들과 함께 마시며 황제에게 충성을 맹서하며 서역으로 출정한 것이다. 24세에 요절한 장군 곽거병을 못 잊어 한 무제는 자기의 묘 옆에 묻고 '신과 같은 용맹한 장군(神勇將軍)'으로 추서한다.

주취안은 서역으로 출발하는 거점 도시로 도전과 야망의 도시였다. 황제의 명을 받드는 사절, 충절의 군인, 페르시아 상인, 구도승들도 이곳에서 마음을 가다듬고 타클라마칸 사막의 고통 속으로 떠나간다.

치렌산의 능선을 길잡이 삼아 정든 땅 고향을 떠나는 것이다.

20여 킬로미터 떨어진 자위관 시내는 철강공단이 들어서 연기가 자욱하다. 먼

자위관시. 치렌산과 근교의 풍경. 산야는 메말랐지만 영웅들의 가슴은 부풀어 오른다.

발치로 보며 자위관성을 찾아간다. 성 근처에 이르니, 사막에서는 드물게 강이 흐르고 호수가 있다. 물이 귀한 줄 모르던 우리도 이곳 사막지대에 와서 물이 생명과 인간의 근본임을 다시금 깨닫게 된다. 물이 있는 곳은 반드시 문명이 꽃 핀다.

만 리를 달려온 장성이 마지막 용트림을 한다. 동쪽 끝의 '천하제일관(天下第一關) 산해관'부터, 이제 서쪽 끝 '천하웅관(天下雄關) 자위관'의 성루가 나타난다.

약 2천5백 킬로미터에 달하는 장성은 지선을 합치면 6천 킬로미터 이상이 된다. 역대 중국 왕조는 북방민족의 침략에 대비해 제국의 제일 역점사업으로 장성을 구축한다.

장성의 서쪽 끝은 웅대하였다. 2천5백여 킬로미터 대륙을 건너온 장성은 이제 서역의 앞에서 최후의 권위를 뽐내는 것이다. 장성 6천 킬로미터 중에 보존과 관리가 가장 잘 된 곳이다. 사막의 먼지를 백발처럼 뒤집어쓴 비각 속에 다시 한 번 천하웅관(天下雄關)임을 시위하고 있다.

자위관성은 몽고의 침입에 대

자위관성 주변에 흐르는 사막의 하천.
치렌산맥에서 발원한 생명의 강이다.

장성 안은 농경문화, 정착 민족, 중화문화의 땅이다. 장성 밖은 북방문화, 유목민족, 호족(오랑캐)의 땅이었다.

비해 견고하게 지어진 명나라 초기의 건축물이다. 황토와 찹쌀가루를 섞어 벽돌을 만들고 내외의 성벽을 쌓는다. 외성은 물론 내성에도 전쟁을 대비해 군막사와 각종 무기 방어선이 2중 3중으로 만들어져 있다.

성벽의 높이 15미터, 폭이 8미터로 견고하다. 성벽 위로 말과 마차가 올라와 움직이며 전투를 할 수 있는 시설을 만든다. 그들은 흉노, 토번, 몽골, 돌궐족과의 쟁패를 통해 전쟁을 어떻게 준비해야 하는지 알 수 있었다.

우리는 내성의 한 방실에서 익숙한 문양을 만난다. 태극문양의 천정이다. 신기했지만 곧 알게 된다. 태극(太極)은 동양철학의 근본으로 만물의 근원이었다. 중국인에게도 한국인에게도 똑같은 원리였다. 태극과 같은 위치에 있다는 자부심의 표현이었다.

'천하웅관(天下雄關)'으로도 부족한지 다시 '천하제일웅관(天下第一雄關)'이라고 성루에 써 붙인다.

중국인들의 자긍심은 평가해 주어야

중국인의 용어 선택(워딩)은 참으로 절묘하다.
천하웅관(天下雄關)으로 칭해 스스로 권위를 만든다.

내성이 사막의 먼지를 쓴 채 적요하다.
평화는 전쟁을 대비함에서 얻어진
결과일 뿐이다.

사방의 망루, 동서의 성루, 남북의 장성.
거대한 군사 기지이며 교역 터였다.

한다. 그들은 스스로 중화민족이라고 칭하며, 문화적 선진국임을 자랑한다.

동문과 서문은 사람과 물자의 출입문이다. 동문은 장성 내에서, 서문은 서역에서 장성 안으로 출입하는 관문이다. 현대의 출입국 사무소가 되는 게이트다. 성문 속은 밤처럼 어둡고 문 밖은 대낮처럼 밝다. 카라반들은 그들의 여정이 어둠에서 밝아지기를 기원하며 숙명처럼 이 성문을 지난다.

사막을 건너온 카라반은 출입국 수속이 끝날 때까지 지나온 길을 안도하며 회상한다. 떠나는 자는 두렵지만 미지의 세계를 만날 꿈에 마음을 굳게 다진다. 낙타들은 주인의 고통을 아는 듯 모르는 듯 지평선을 주시한다.

자위관의 남북은 장성으로 이어진다. 진시황제부터 현대 중국에 이르기까지 무수히 많은 인력이 동원되어 피와 땀으로 만든 인류 최대의 토목공사다. 생존 가능성이 없어진 흉노족은 유럽 쪽으로 이동해, 국방으로서 효용은 없어지고 역사와 관광의 가치만 남았다.

태극에서 만물이 나온다.
심오한 우리 태극기의 뜻을 천하웅관에서 배운다.

천하제일웅관(天下第一雄關). 보고 말하는 순간 상대를 인정하게 만든다.

자위관을 보호하기 위해 북쪽의 헤이산(黑山) 능선에 장성을 쌓는다. 중국인에게 불가능은 죄악이다. 45도를 깎아지른 능선 위로 성벽을 쌓는 일은 다반사다. 남지나해 암초에 모래를 붓고 하루아침에 육지로 바꾸어 비행장을 만들 수 있는 민족이다.

걷기도 힘든 이 성벽을 어린아이가 부모 손을 잡고 오른다. 따라 오르는 아이나, 데리고 오르는 부모나 모두 한족(漢族)이다. 우리는 현벽장성(懸壁長城) 정상에 올라 검은 구릉 위로 펼쳐진 감당하기 어려운 중국의 꿈을 보고 놀란 가슴을 쓸어내렸다. 중국의 역사와 교육은 이렇게 이루어진다.

고대나 중세에도 중국은 세계의 공장이었다. 비단과 도자기, 차와 옥의 대량생산으로 세계의 상인을 불러들였다. 카라반은 줄을 이어 사막을 건너 이곳으로 모여 든다. 이것이 조각으로 재현된 낙타의 행렬, 자위관의 서문 밖 풍경이다. 앞으

낙타 몇 마리를 전시용으로 대기시킨다.
용도는 달라도 감정은 유사하다.

자위관의 외곽 헤이산(黑山)의 능선이다.
능선으로도 부족해 다사 장성을 쌓는다.

아이의 손을 잡고 일상의 복장으로 장성에 오른다. 어린아이는 중국의 꿈을 품고 성장한다.

카라반이 낙타를 몰고 관문에 입성한다. 실크로드의 번영이 중국의 또 다른 꿈이다.

로도 중국인은 어떤 물건이든 값싸게 대량으로 생산하여 세계무역을 주도할 것이다. 실크로드의 번영 속에 세계 최강국이었던 역사를 그들은 기억한다.

이제 만리장성은 어느 곳에선가 끝을 내려야 한다. 장성은 강(江)을 만나 절벽을 이루고 강에게 국방의 임무를 인계한다. 대충 끝내지 않는 것이 중국인의 강점이다. 이런 끈질김과 강인함으로 대륙을 지켜내고 제국이 된다.

헤이산에서 흘러내린 장성이 마지막 손짓을 한다. 임무를 마치고 절벽과 함께 강으로 향한다. 만리장성의 마지막, 장성 제1돈(長城 第1墩)이다.

둔황(敦煌)의 약탈자들, 새벽이 열리다

　자위관(가욕관)에서 둔황(敦煌)까지는 약 350킬로미터이다. 중간에 옥문(玉門)시와 과저우(瓜州)를 통과하여야 하는 길이다. 고속국도가 뚫려있어 길은 평탄하나 고대의 길을 생각하면 아득하다. 고비사막의 남쪽 끝 지역이어서 사막 속의 길이다. 이 도시들은 과거 물이 있어 생존했던 오아시스에 해당하는 도시들이다.

　가욕관 옆의 옥문시와 둔황의 옥문관은 명칭은 같으나 위치는 다르다. 전자는 독립된 도시이고 후자는 둔팡의 유적지이다. 이것이 실크로드 여행자에겐 항상

최근 보완해 놓은 막고굴 출입문이다. 중국의 유적 보전과 활용 기술은 독보적이다.

명사산 모래가 막고굴 전면을 덮는다. 건조
한 기후는 유적 보존에 결정적 기여를 한다.

막고굴은 이제 생명을 되찾았다.
발굴 과정은 부도덕하나 결과는 생산적이다

혼동되는 것이다.

특히 과저우(瓜州)시는 안서(安西)에서 과저우로 2006년 지명이 바뀐다. 과거
책이나 글, 지도에는 안서로 기재되어 있어 혼동이 일어나는 곳이다. 이곳은 실크
로드 천산남로와 북로의 교차점으로 서역이나 중앙아시아로 가려면 반드시 통과
해야 하는 중요한 교차점이다. 한 무제의 특사 장건, 후한의 충신 장군 반초, 당나
라의 현장법사, 신라 법사 혜초 스님, 이태리의 상인 마르코 폴로 모두 이곳을 거
쳐서 장안으로 가거나 서역으로 출발하게 된다.

주취안에서 달려온 우리는 고대 도시 둔황으로 들어간다. 사막에 둘러싸인 둔
황(敦煌)은 전형적인 오아시스 도시로 현재 인구는 10만 명 정도이다. 이곳 역시
본래 흉노의 땅이었다. BC 2세기경 한(漢)나라가 강성해지며 중국의 세력권으로
편입되나, 장안(시안)으로부터 2천여 킬로미터나 떨어진 탓에 통제력이 약해, 주
변 민족이 항상 격돌하는 곳이었다.

그에 따라 둔황도 부침하며 번성하거나 폐허가 되기도 했다. 특히 천산남로의
통과지로 실크로드의 번영과 같이하는 운명이다. 10세기 송나라 이후 해상무역이
발전하면서 이곳은 폐허화 되어 몽고족의 유목지대화 한다.

그러나 이 도시는 20세기 초 기적적으로 다시 역사의 전면에 등장한다. 다름
아닌 이 도시의 남쪽 20여 킬로미터 지점에서 발견된 둔황석굴 막고굴(둔황 천불
동)과 그 속에 보존된 유물들 때문이었다.

창문처럼 보이는 곳이 모두 석굴이다.
492곳의 석굴이 빛을 찾았다.

35미터 높이의 9층 북대불.
전 막고굴의 상징이 된다.

    19세기 말 청과 조선은 서양과 일본의 제국주의 침탈로 풍전등화(風前燈火)였던 시기다. 영국, 프랑스, 러시아, 일본의 탐험가 학자들이 수시로 실크로드 탐사의 일환으로 쇠퇴해버린 둔황 지역을 드나들고 있었다. 그들은 둔황에서 동남쪽으로 20여 킬로미터 떨어진 신비한 모래산 명사산의 남쪽 기슭 사암 절벽에서 발견한 불교유적에 놀랐다.

    탐험대가 방문할 당시 막고굴(莫高窟)은 모래에 파묻힌 폐허였다. 관리인 두서너 명이 막고굴의 역사도 중요성도 모르는 채 사원의 명맥만 유지하였다.

    고서적, 불상, 벽화 등을 닥치는 대로 뜯거나 훔쳐 가고, 때로는 관리인을 매수해 파리, 런던, 모스크바, 도쿄의 박물관으로 대량 약탈해 갔다. 이들 중 대표적 탐험가는 영국의 인도 총독부 학자 A. 스타인이다. 세 차례에 걸쳐 2만여 점의 고서와 불상을 약탈해가서 학회를 열고 소장된 곳이 영국의 대영박물관이다.

    불란서 지리학자 펠리오도 뒤질세라 약탈해간 문서 속에서 놀라운 책이 발견된다. 신라 스님 '혜초'의 인도 여행기 '왕오천축국전(Journey to India)'이다.

    일본의 고고학자 '오타니(大谷)'백작도 가세해 5천여 점을 탈취해, 도쿄와 심지어 서울 경성 박물관(중앙박물관)에까지 둔황의 서화와 책이 반출되는 것이다.

    청나라는 제국주의 세력의 침탈과 왕조의 부패로 이에 대처할 역량이나 힘도 관심도 없었다.

    이들의 약탈 덕분에 막고굴(莫高窟, 千佛洞)과 둔황이 다시 탄생하는 생명을 얻

공개되지 않는 석굴의 이 모습이 원래 모습이다. 계단과 난간과 지붕으로 붕괴를 막고 있다.

었다니 아이러니가 아닐 수 없다. 우리의 해외 문화재도 유사한 운명 속에서 반출된 것으로 볼 수 있다면 누구를 탓할 것인가!

막고굴은 AD 366년부터 전진의 승려 낙준이 창건을 시작한다. 그 후 수(隋), 당(唐), 송(宋), 원(元) 대에 이르기까지 약 천년에 걸쳐 축조된 불교예술의 극치이다. 그 속에는 불교뿐만 아니라 당시의 문화와 사상, 역사, 동서교류의 자료를 총체적으로 포함하고 있다.

막고굴은 길이가 약 1,600미터에 달하며, 사암 절벽에 492개의 석굴이 조성되어 있다. 석굴은 인도와 서역에서 성행하던 사원 양식에서 유래한다. 불상만 해도 약 2,415존이 있다. 벽화도 중국 고대 양식과 중앙아시아 양식이 혼합된다. 이런 것은 동서 문명이 실크로드에서 활발히 교류되고 있는 증거였다.

석굴의 정면, 벽화 일부 및 잠긴 석굴문.
석굴마다 고유번호를 부여했다.

석굴 입구의 비천상은 모처럼 촬영이 가
능했다. 이 비천상(飛天像)이 동아시아
전체로 확산된다.

2차 대전 이후 뒤늦게나마 중국 당국의 보수와 수리 등 보전조치가 이루어
졌다. 최근에는 입장 사전 예약제를 실시하고, 석굴 입구마다 보존 문과 잠금장치
를 설치했다. 지붕과 관람계단 난간을 만들었다. 관람시간을 제한하고 사진촬영
도 일체 금지한다. '소 잃고 외양간 고친다'라는 씁쓸한 속담이 생각난다.

몇 달 전에 현지 여행사를 통해 예약했는데도 입장이 매우 까다롭다. 특별히
한국어 전문 가이드의 인도를 따라 몇 개의 제한된 석굴을 보는 것으로 발길을 돌
려야 했다. 가이드는 한국어를 어디서 배웠는지 도저히 알아듣지 못 할 정도다.
내부 사진촬영도 금지당하고, 설명도 알아듣지도 못했다. 최고의 여행지에서 최
악의 코스였다. '빛 좋은 개살구'라는 게 이런 걸 말한다.

더구나 7~8월 피크타임은 인파로 인해 관람이 곤란하다. 피하는 게 상책이다.
유럽의 유적처럼 보전과 관람에 완벽한 조화가 있으려면 얼마나 시간이 소요되는
지 답답하다.

막고굴 관람은 사전 준비를 철저히 해야 한다. 유능한 전문 가이드의 도움 없
이는 이해가 불가능하다. 보전을 이유로 중요한 곳은 모두 잠가놓았다. 워낙 넓어
선별적인 관람이 아니면 다녀왔다는 인증 샷으로 끝나게 되어있다.

둔황시의 상징인 이 비천상(飛天像)의 출처가 막고굴이다. 페르시아 문화의 영
향을 받은 것으로 이곳 석굴 내의 벽화와 조각에서 비롯된 것이다. 문 닫은 막고

부처의 소리를 전하는 선녀.
비천상(飛天像) 막고굴에서 전래된
인도 페르시아 문화다.

인종 구성이나 음식도 매우 다양하다.
위구르족, 몽고족, 카자흐족, 티베트족이 공존하는
국제도시다.

굴보다는 차라리 시가지의 밤이 더욱 실크로드답다.

둔황 시내는 국제 관광지로 번창하고 있었다. 서양인에 의해 발견되어서인지,
서양인 관광객이 비행기로 많이 오고 있었다. 란저우 시안에서 국내선 여객기가
왕래한다. 한국, 일본 스님들도 눈에 많이 띈다.

둔황의 야시장 사저우(沙州) 시장은 매우 번화하고 활력이 있다. 시가지 중앙에
위치해 여행객이 많이 몰린다. 국제도시의 성격에 맞게 화려하며 사막 속의 고도
임을 느낄 수 있는 이질적 문화가 펼쳐진다.

둔황의 부흥은 막고굴에서 출
발했지만, 명사산, 실크로드의
역사유적 그리고 사막의 지질공
원을 연계시킨 역사와 자연의 절
묘한 조화였다. 도로망이 거미줄
처럼 연결되어 200킬로미터 이
상의 공간을 하나로 묶어버린 것
이다. 소륵허에서 뽑아낸 수로도
시내를 관통해 이곳이 과연 사막
이었던지 의심할 정도다.

중국은 대운하로 대륙을 연결했다.
사막도 필요하면 운하로 연결하는 뚝심의 나라다.

옥문관과 양관, 부활의 드라마

오늘은 간쑤성의 최서단 옥문관(玉門關)과 양관(陽關) 으로 향하는 날이다.

중국의 실크로드는 과저우–둔황–옥문관을 거쳐 서역으로 가는 '천산남·북로 (天山南·北路)'와 과저우–둔황–양관에서 타클라마칸 사막 남쪽으로 통하는 '오아 시스 남로'로 구분할 수 있다.

천산남로의 경우 천산산맥 남쪽으로 내려가 타클라마칸 사막의 북쪽 오아시스 도시들을 따라 움직이기 때문에 '오아시스 북로'라고도 부른다.

이곳의 지배자도 역사적으로 대월지에서 흉노, 한(漢)과 당(唐), 토번, 서하로 빈번히 교체된다. 서역과의 경계 지점이고 중원으로부터 원거리에 있기 때문에 항상 힘의 대결이 벌어지는 곳이다.

한(漢) 제국은 장건의 서역 사절 파견이후, 장군 곽거병을 보내 이곳을 장악

치렌산맥이 끝나는 곳. 둔황의 입구 사막이다.

사막 속의 옥문관 유적과 안내판.
모래 속에 묻힌 이천년, 새 생명을 얻은 백 년.

신차들의 시험장이 된 실크로드. 새로운
모습의 신 실크로드가 형성되고 있다.

한다. 둔황 서쪽에 두 개의 관문을 설치하고 서역으로 가는 길을 통제했다. 하나는 서북쪽 100킬로미터 사막에 옥문관(玉門關)이요, 또 하나는 서남쪽 70킬로미터 사막에 양관(陽關), 지도상으로는 난후 근처이다.

가욕관의 만리장성을 떠나면, 카라반은 사막에서 길을 찾아 오아시스 도시들을 연결해서 이동한다.

하서회랑을 남쪽에서 끈질기게 따라오던 치렌산맥도 2,500여 킬로미터의 여정을 마치고 마침내 타클라마칸 사막의 품 안에 안겨 버린다. 시야에는 오직 모래 사막과 작렬하는 태양뿐이다. 지금은 도로공사가 사막 사이로 한창 진행 중에 있다지만, 2천 년 전의 카라반과 중국의 군사들은 어떻게 이 길을 찾아갔을까!

이들을 안내하고 통제하기 위해, 한 제국은 BC 2C 경부터 이곳에 봉수대를 만들고 군사를 주둔시킨다. 사막의 봉수대에서 피워 올린 봉화는 500미터 높이로 올라가 45킬로미터 거리에서도 식별할 수 있다. 가장 확실한 사막의 안내판이며 통신수단이었다.

그러나 옥문관은 폐허화돼 역사에서 사라졌다. 20세기 초에 막고굴의 약탈자 영국의 스타인이 탐사 중 한나라의 죽간(竹簡)을 발견한다. 여기에서 옥문관의 치소(治所)임이 확인된다.

기원전부터 이곳은 중원의 제왕과 귀족들이 가장 선호하는 쿤룬산맥의 옥(玉)이 들어오는 통로이다. 그리하여 이곳의 전초기지는 지명이 옥문관이 된다. 중국

사막의 모래바람에 우뚝 선 옥문관. 실크로드의 부활을 기다리며 천년을 인내했다.

인은 옥문관을 나서면 이제 서역이라고 여긴다.

이 길은 현대 중국인들에게도 미지의 길로, 세계적인 자동차 회사들이 차량에 가림막을 한 채 신차의 로드테스트를 하고 있었다. 20여 대의 시험용 자동차가 줄을 지어 달린다. 마치 카라반이 낙타를 몰고 사막을 가는 착각이 들었다. 실크로드는 새로운 도전의 길이 되고 있었다.

사각형 모양의 황토 덩어리, 그것이 이제 남은 옥문관의 유일한 유물이다. 가로 세로가 각각 27미터 24미터 높이가 9미터의 황토로 조성된 문이다. 작은 성의 형태를 갖춘 소방반성(小方盤城)의 출입문이며 군사와 관리가 주둔했다. 지금의 유적은 당나라 때 만들어진 것이다. 이 관문이 고대와 중세에 실크로드의 가장 중요한 교통의 요지였다.

이 길을 따라 카라반과 구도승과 군인들이 서역으로 가는 상상을 해 본다.

"비단과 옥, 유리그릇과 보석이 옥문관 앞에 산더미처럼 쌓여 통관을 기다

아단지모 출입문 앞, 실크로드 답사 차량 지질공원 셔틀과 사막탐험 지프를 운영하고 있다.
에 큰 호기심을 보인다. 중국인들은 자부 실크로드에 새로운 변화가 생겨난다.
심으로 실크로드를 지키고 있다.

린다. 낙타의 방울소리가 끊이지 않는다. 군인들은 중원의 가족이 걱정되어 눈물
을 흘린다.”

당 나라 시인 이백은 ‘관산의 달(關山月)’을 보며 노래한다.

“長風幾萬里 긴 바람은 몇 만 리

吹度玉門關 옥문관(玉門關)을 지나며 불어오누나”

상상도 잠시, 순간 세찬 사막 바람이 모래를 날려 온다. 번영과 폐허가 세월의
무상함에 날아가 버린다.

옥문관 하나만으로는 관광지로서 상업성이 없다. 중국인은 이곳에서 30여 킬
로 더 들어간 사막 속에서, 기괴한 돌더미를 찾아내서 이곳을 ‘아단지모 지질공원’
이라 명하고 개발하고 있다. 옥문관 방문객은 모두 이곳에 온다. 일명 ‘마귀성’,
‘둔황 아단지모 지질공원’이다.

실크로드가 사라진 사막에서 그들은 무엇을 먹고 사는가? 그것은 둔황의 역사
와 사막의 자연을 연결한 사막 관광이다. 더 이상 사회주의 국가의 배급에 의존했
던 중국인이 아니다. 최고의 상업주의자, 실크로드 상인의 후손 중국인들이 도처
에서 활약한다.

세월을 버틴 암석들이 풍화되고 침식되어 기이한 모습으로 사막을 지키고
있다. 70만 년 전의 호수가 말라버려 바닥에 있던 암석과 흙더미가 풍화된 것

고비사막의 스핑크스

지구의 연륜

거북의 행진

함선의 새벽

이다. 중국인들은 일명 '마귀성'으로 부른다. 길을 분간하기 어렵고 사막의 강풍이
항상 불어 바람소리에 공포스러운 곳이다.

　아직은 개발 단계에 있어 인프라가 부족하나 몇 년 만 경과되면 대단한 관광지
로 변화될 것이다. 셔틀버스로 약 2시간 이상을 순회하며 관광하는 코스다. 경이
로운 모양의 암석 군이 다채로운 모양으로 펼쳐진 자연 암석공원이다. 마치 쥐라
기 공원을 거니는 착각이 든다.

　별도의 이름이 있는 것과, 이름 없는 것이 섞여 있으나 몇 개만 추려 소개를
한다. 마귀성은 '영웅', '손오공'등 중국 영화와 드라마가 촬영된 사막의 명소이다.

　중국 대륙은 넓고 세상의 모든 경치를 가지고 있다. 실크로드의 카라반도 이
모습을 서양으로 전파했을 것이다.

외교 사절 장건이 서역으로 출정한다.
실크로드를 개척하고 서역의 정세를
파악한 선각자다.

사막 언덕 위의 양관 봉수대 유적.
실크로드의 등대이며 횃불로 길을 밝혔다.

'아단지모 지질공원'은 개청한지 오래지 않아 식사할 곳도 쉴 곳도 마땅치 않다. 둔황시에서 사막길로 3시간여 차를 달려와야 하니 물품이 적시에 공급이 안 된다. 관광객은 물과 식사를 철저히 준비해야 한다. 일행에서 떨어지면 실종되기 쉽다. 우리도 주차장에서 차량 옆에 간이의자를 놓고 가져간 라면으로 점심을 해결했다.

오후에는 다시 200여 킬로를 돌려나가 양관(陽關)으로 이동해 갔다.

사막의 여행은 체력전이다. 쏟아지는 졸음을 참고 지루한 사막 길을 찾아다니는 것이다. 이곳에서는 내비게이션도 구글 지도도 통하지 않는다. 중국의 종이 지도를 찾아보고 다니거나, 물어서 다녀야 한다. 다행히도 가이드가 이곳 경험이 있어 큰 어려움은 없었지만, 새 길은 교통사고의 위험도 곳곳에 있다.

양관과 옥문관은 둔황을 가운데 두고 삼각지대를 형성한다. 양관은 오아시스 남로, 타클라마칸 사막 남쪽의 서역 길과 통하는 관문이다. 이곳을 장악해야 타클라마칸 사막의 오아시스 도시를 지배할 수 있다.

한(漢)나라는 옥문관을 설치하는 같은 시기에 작은 성을 만들고, 군사와 관리들을 주둔시켰다. 서역 특사 장건이 흉노를 피해 귀환하는 코스다. 현장법사도 이곳을 통과하여 장안으로 돌아온다.

양관은 현재 지도에는 보이지 않으나 난호(南湖) 지역에서 5킬로미터 정도 거리이다. 이곳도 한과 당의 부흥과 쇠퇴에 따라 명운을 같이 한다. 중앙의 지원이

복원된 양관의 성곽과 성이다. 공성(攻城) 장비를 진열해 성곽 전투를 상기시킨다.

없으면 유지될 수 없고, 주변 강국에 의해 점령되어 버린다.

　10세기 이후 해상 교통의 발전으로 육상 교역인 실크로드는 타격을 받는다. 양관은 명나라의 국경 철수 방침에 따라 폐허화되어 몽고족의 유목지대화 된다.

　다행히 이곳에는 옛 성을 복원하고 양관 박물관을 설치하여 볼거리를 제공하고 있다. 양관이 번영할 당시처럼 성을 쌓고 유물을 정비하여 근사하게 만들었다. 고증을 거친 복원이었으면 매우 가치가 있다. 양관의 유적도 남은 건 봉수대 하나뿐인데, 복원은 당시로 돌아가 보는 매우 유용한 방법이다.

　양관 박물관을 만들고 성의 모형을 복원하는 작업은 옥문관에 비해 매우 적극적이었다. 그러니 박물관에는 중요한 유물은 정작 보관된 것이 없었다. 시간이 경과되면 발전될 것을 기대하고 실망 속에 떠났다. 영화 촬영장의 세트처럼 복원해서는 감동을 줄 수 없다.

명사산의 모래 바람, 영겁의 샘 월아천

　　서역으로 출발하기 전 마지막 답사지는 둔황 명사산(鳴沙山)과 월아천(月牙泉)
이다. 명사산이란 명칭의 유명한 산이 중국에만 4군데나 있다. 그중 으뜸은 바로
이곳 둔황의 남쪽 5킬로미터에 있는 명사산이다. 둔황의 명사산은 고대 실크로드
역사 속에 막고굴(둔황 천불동)과 월아천이 품 안에 있기 때문이다.

　　치렌산맥이 끝나는 곳은 어디일까? 하서회랑 란저우를 떠날 때부터 관심을 가
지고 관찰해 봤다. 치렌산맥은 바단지린 사막(우리는 흔히 고비사막의 일부로 알고 있
음)과 타클라마칸 사막의 중간지대인 이곳 명사산 앞에서 2,500여 킬로미터의 여
정을 마친다. 한반도 삼천리강산의 두 배나 되는 거리를 끈질기게 달리며 실크로
드에 생명의 뿌리를 만든다. 이어서 모래사막에서 명사산이 이어진다. 이 산은 높
이 1,715미터이고, 동서로 40킬로미터 남북으로 20킬로미터의 고운 모래로 이루
어진 산이다.

명사산은 매일 능선의 모습이 바뀐다. 바람과 모래는 자연의 의지로 움직일 뿐이다.

사막에 대로와 관문을 설치한다. 길과 문은 중국인의 유전자 속에 파묻혀 있다.

　　모래가 사막 바람에 굴러다닌다. 이때 나는 소리가 동물이 우는 듯, 북과 징의 악기가 울리는 듯 항상 들린다 하여 명사산(鳴沙山)이다. 이런 것은 자연만이 가능한 신비한 신의 노랫소리이다. 인간은 '빈 오케스트라'라 해도 이런 소리를 만들 수가 없다.

　　명사산의 관광지화 작업은 매우 발전되어 있었다. 넓은 접근도로는 기본이다. 주차장과 편의시설이 완비되어 있다. 등산을 위한 편의시설 패러글라이딩, 사막 모터 바이크 장까지 설치되어 있다. 조만간 수소를 이용한 열기구까지 등장할 것이다. 일자리는 무수하다.

　　세계의 관광객이 쏟아져 들어온다. 실크로드의 번영을 재현하고 있다. 중국인들은 모래 속에서 보물을 캐고 있다. 명사산에 오르려는 행렬이 새벽부터 진을 치고

파노라마 촬영 테크닉을 응용해 봤다. 대 평원이나 대 산맥의 전체 모습을 연결해 볼수 있다.

능선으로 가는 길에 나무 계단과 줄을 이어 놓는다. 계단은 모래에 덮여, 아침마다 길을 찾아야 한다.

있다. 모래를 막아주는 임대용 주황색 부츠가 마치 극지를 탐험하는 탐험대인양 여행객을 변화시킨다. 새벽 일찍 갔으나 벌써 여행객이 관광버스로 밀려들어온다.

　외로운 모래 능선에 여행객이 숙명을 진 듯 걸음을 딛고 있다. 특별히 만들지 않아도 자연이 연출하는 명사산 만이 만들 수 있는 사막의 행로다. 발자취는 강풍에 의해 씻은 듯 사라진다. 위험하고 고독한 길, 실크로드 옛 카라반의 냄새를 맡을 수 있다.

　여행자를 위한 여러 가지 코스가 개발되어 있다. 모래가 날리기 때문에 선글라스와 모자, 바람막이 재킷은 필수다. 물과 약간의 과일과 빵을 준비해야 한다. 오르는 이는 모두가 젊은 청춘이다. 이런 사막은 신이 준 선물이다.

　그 거친 명사산도 신비의 천년 샘, 월아천(月牙泉)을 만나면 언제 그랬냐는 듯 고개를 푹 숙인다. 사막의 장군이 아름다운 여인을 만나 정신이 혼미해진 듯하다.

초승달. 월아천에 아침이 온다. 바람의 울림에 맞춰 사원과 나무가 인사를 한다.

수백 킬로 떨어진 쿤룬산맥의 한줄기 탕허난산과 치렌산맥의 만년설이 녹아, 지하를 통해 이곳에서 분출하는 것이다. 이 사막 한가운데 모래 산에 오아시스라니 믿기지 않는다. 신이 만든 비밀 도수로가 지하를 통해 관통한다고 해야 믿어질까?

혹자는 중국인의 속임수가 워낙 수준이 높으니 혹시 매일 물을 가져다 붓는 게 아닌가 하고 의심한다. 신성한 신의 작품을 전혀 모르고 하는 소리다. 월아천은 천년 이상을 버텨온 오아시스다.

월아천은 천년을 두고도 마르지 않았다. 모래바람도 이곳에선 더 이상 모래를 쌓지 않

바람과 모래, 연못을 관찰한다.
크기는 작지만 큰 정성이 들어있다.

아침의 사원은 고요했다. 어제의 기도가 평온을 가져왔다.

는다. 인간이 만든 수로나 연못은 일이 년도 견디기 어렵다. 이 모두 자연의 조화, 신의 섭리라고 말할 수밖에 없다. 길이 2백여 미터, 폭 30여 미터, 최저 수심 5미터의 초승달 모양의 연못이다. 모래 산중의 월아천은 하루에 세 번씩 천년을 두고 연못의 색깔이 바뀌었다. 아침 햇빛에는 생명을 외치기 위해 붉은 옷을 입는다. 대낮의 뜨거운 볕을 피해서 에메랄드 녹색으로 색깔이 변한다.

석양에는 사랑하는 님을 맞기 위해 잿빛의 모래 언덕 색의 옷으로 다시 갈아입는다.

궁금한 나머지 연못을 돌아 수심 계측기를 보니 연못가의 수심이 약 70센티이다. 갈수기에는 물이 약간 줄어든다. 물이 많을 때도 1미터 20센티 이상은 넘지 않는다. 물속까지 맑고 깨끗하다.

많을 때 넘치고 부족할 때 말라버리면 평범한 연못이다. 신비의 샘 월아천은 항상 이 깊이에서 영원한 자연을 노래하고 있다.

중국 당국의 노력도 치밀

떠오르는 태양을 맞기 위해 에메랄드 옷을 입는다.
하루에 세 번, 천년에 백만 번 옷을 바꿔 입었다.

하다. 풍향계와 CCTV를 설치하고 태양열 기판에 연결해 자동 체크하고 있다. 혹시 물속에 물고기가 살고 있는지 살펴봤으나 발견할 수 없었다. 국가에서 직접 관장하는 지하수 관측소가 운영되고 있다. 관리들은 동서양을 막론하고 드라이하다. 이 호수를 지하수라고 표기하다니. 그러나 이 호수가 가진 자연적, 역사적, 문화적 가치를 그들은 안다. 아마도 중화인민공화국과 중국인보다 더 영원할 수 있는 신의 작품이 있다는 것을 말이다.

월아천 입구 쪽에서 본 모습과 안쪽에서 촬영한 모습은 또 다르다. 훌륭한 사진은 부지런하고 힘이 있어야 탄생한다. 거기에 끈기와 시간이 있어야 한다. 이런 신의 작품은 구도를 잡을 필요도 없다. 초점을 잡아 누르면 된다. 사진작가는 살아서 꼭 와야 하는 곳, 월아천이다.

월아천 내에는 도교사원이 존재한다. 이 신성한 곳에 중국인들은 사원을 짓고 하늘에 기도하며 내세를 기원한다. 둔황의 토호와 부상들은 둔황의 번영을 바라며 기꺼이 재산을 출연했다. 그들의 염원 덕분인지 둔황은 천년 만에 부활하며 사막의 빛이 된다.

부처님도 정원에 앉아 만인에게 자비를 부여한다. 둔황의 옛 부자가 지역의 평화를 기원하며 세운 것이다. 이곳에는 작은 찻집이 운영되고 있다. 갈 길이 바쁘지 않은 여행자는 필히 이곳에 들러 자연의 신비를 찬미해야 한다,

연약한 모래 위에서 어떻게 견디고 있을까? 인간의 욕심이 신비의 샘을 다치지 않을까 우려스럽다.

사층 누각이 모래 먼지를 뒤집어쓰고 세월을 말해준다. 이곳에서는 매일 몇 번씩 긴 빗자루로 모래를 쓸어내야 건물이 보전된다. 저 연못 월아천도 매일 모래가 쌓일 텐데, 변함없이 저 모양과 깊이를 유지한다니 오로지 '신의 조화'라고 해야 한다.

수백 년을 생존해온 기적의 고목도 여행객들에게 깊은 감동을 준다. 아마도 그 뿌리는 명사산 바닥의 지하수에 접해 있거나, 월아천의 한구석에 닿아 있을 것이다. 인간은 오늘의 일도 감당을 못하는데, 사막의 나무는 묵묵히 제 할 일을 다 하며 끈질긴 생명을 이어가고 있다.

저들은 왜 이곳이 번영했는지를 알고 있다. 실크로드의 도전자 이슬람 상인, 진리를 찾아 떠난 구도승 법현, 현장과 혜초 스님의 그림자를 보고 있다. 모험의 실천가 사신 장건, 운명을 딛고 나간 장군 곽거병, 반초, 고선지가 만든 길에 둔황의 새벽이 열린다.

명사산 능선 위로 해가 오른다. 찬란한 태양은 신의 산과 샘에 '영원하리라'는 강렬한 메시지를 주고 오늘도 자기 길을 간다. 인생은 짧고 자연은 위대하다. 내일은 서역으로 간다.

나무의 질긴 생명력이 월아천을 감싼다. 높이는 낮게, 줄기는 굵게, 뿌리는 깊게

명사산 월아천 오아시스와 도교사원,
서역으로 가는 길목에서 구도승과 카라반의 장도를 기원한다.

03

서역의 땅

전 경찰청장 이태순의 실크로드 도전기

미지의 땅, 신장 위구르(新疆維吾爾) 가는 길

둔황에서 신장 위구르의 하미시까지는 530킬로미터로 사막이 끝없이 펼쳐져 있다. 누가 이 대지를 이토록 거대한 산맥과 광활한 사막, 그리고 초원의 땅으로 만들어 놓은 것인가?

구도승들과 페르시아 상인들은 왜 이리 험한 길, 실크로드에 생명을 걸고 고난을 안고 오갔을까? 어떻게 길을 찾아 낙타를 끌고 넘어올 수 있었는가?

현대 중국은 이 땅을 어찌 생각하며 이곳의 원주민인 위구르인과 소수 민족들은 어떤 상황에 처해 있는가? 시속 120km를 넘나들며 운전하던 머릿속에서 상념이 떠나지 않는다.

신장에 건설한 사막과 산악의 도로. 새로운 역사의 시작인가, 질곡의 지속인가?

톈산은 신장 위구르의 심장이다. 강과 초원, 대지가 이곳에서 시작한다.

당초 일정은 우루무치에서 카자흐스탄으로 빠져나가는 톈산북로(天山北路) 길이었다. 그러나 우리는 미답의 코스인 톈산산맥을 횡단하여 카슈가르(什喀), 파미르의 톈산남로(天山南路) 길로 코스를 변경했다. 위구르인의 정신적 고향인 카슈카르를 여행함으로써 역사적 궁금증과 호기심을 충족시키고 싶었다.

이 지역에는 톈산산맥, 알타이산맥, 파미르고원, 쿤룬산맥과 타클라마칸사막, 타림분지, 중가리아 분지가 자리 잡고 있기 때문이다. 일생에 한번 접해보기도 쉽지 않은 신비의 대 자연, 우리 민족의 탄생과 역사가 시작되는 곳이다

신장 위구르 자치구는 중국 영토의 1/6을 차지하며 한반도 전체보다 8배나 넓은 광활한 땅이다. 러시아, 인도 등 8개국과 국경선이 맞닿아 있고 인구는 2,200만 여명이다. 그 중 대다수(900만 명)는 흉노 투르크의 일족인 위구르족이며, 일부

텐산의 강풍은 대형화물차도 쓰러트린다.
이런 자연에 도전하는 인간의 의지도 불굴이다.

는 몽골족, 카자흐족, 키르기즈족, 회족, 슬라브족 등으로 전형적인 다민족지역이다. 성도(수도)는 우루무치(烏魯木齊)이며, 서울에서 관광성수기인 5월부터 10월까지는 직항이 다니는 멀지 않은 땅이다.

20세기에 들어와 중국정부는 위구르를 중국화 하기 위해 한(漢)족을 대거 전입시키는 사민정책을 추진한다. 이로 인해 원주민인 위구르족과 한족간의 경제, 토지, 문화, 종교 갈등이 폭력적 사태를 촉발시키고 있다.

신강 위구르지역을 중국 역사에서는 서역(西域)이라고 불렀다. 이 땅으로 로마와 페르시아로 연결되는 무역로 실크로드가 통과한다. 역사적으로 한족과 흉노족, 돌궐족, 몽골족, 토번족 심지어 페르시아와 러시아까지 쟁패를 끊임없이 해온 분쟁의 땅이었다.

그러나 이 땅의 원주민은 기원전 3세기에 몽골고원에서 이동해온 투르크계 위구르족이다. AD 751년 탈라스강 전투에서 당나라가 이슬람제국에 패한 이후 위구르 제국이 번창하였다. 10세기경부터 이슬람화 되어 대륙속의 서방이다.

간쑤성 란저우에서 신장 위구르 수도 우루무치로 가는 고속도로는 현대 중국의 국력을 상징한다. 만리장성, 대운하 등 대토목공사는 중국역사에서 패권을 강화하는 지름길이다. 엄청난 화물을 싣고 화물트럭과 자동차가 서쪽을 향해 24시간 달린다.

일대일로(一帶一路)는 육상 해상에 신 실크로드를 유럽까지 개통해, 신중화 경제권을 만들려는 시진핑주석의 야망이다.

옆으로 삐져나온 화물로 인해 트럭 운전자는 백미러로 후면을 볼 수가 없다. 추월차선에서 주행하는 차들은 화물차 그룹을 만나면 특별히 주의해야 한다. 이들은 장애물이 나타나면 무조건 차선을 바꿔 진입한다.

화물차에는 보통 6명의 운전기사가 동승해서 교대로 24시간 운전한다. 시속 80킬로미터의 속도로 하루에 1500킬로미터를 달린다. 3~4일이면 대륙 어느 곳이나 도착할 수 있다. 인구대국에서 인해전술형 물류 혁명이다.

화물운전자들이 애용하는 간이 휴게소와 차량 정비업소. 중국의 현실을 적나라(赤裸裸) 하게 보여준다.

13세기에 세계제국 몽골은 파발마(擺撥馬)를 백 리(40킬로)마다 각 역참(驛站)에 배치했다. 역참에서 지친 말을 바꿔가며 하루에 400km 달린다. 제국의 경계인 남러시아 우크라이나까지 일주일이면 우편물과 왕실 물품을 도착시킨다. 잠자는 유럽인들을 놀라게 한 속도혁명이다.

고속도로라 해도 반듯한 휴게소가 없다. 국도와 연결되는 곳에 차량 정비업소와 간이식당이 있다. 식당 주인에게 화장실을 물으면 옆으로 가라 한다. 용변은 근처 사막 모래밭이나 황무지로 나가 편안히 보라는 의미인 줄 나중에야 알았다.

정통 동북식 가정요리집(老東北家常菜)이라는 간판이 붙어있는 투박한 간이식당으로 들어갔다. 먼지와 추위를 막기 위해 문 입구에는 기름때가 덕지덕지 묻은 간이 커튼이 쳐져 있다.

주인 부부가 차린 음식도 독한 향과 짠 소금기로 도저히 먹을 수가 없다. 도시를 벗어나면 음식이 너무 차이가 난다. 가지고 간

알타이산맥은 신강성 북쪽 멀리 있었다. 우리 조상이 저 먼 곳에서 한반도까지 이동해왔다.

알타이 산맥의 파노라마. 한민족의 고향.
눈 덮인 아시아대륙의 고산지대였다.

한국 라면으로 대용하는 게 최선의 식사다.

하미 시궈(西瓜, 멜론)로 유명한 신강성 서쪽의 첫째 도시 하미(哈密)로 가는 길은 5시간 내내 사막과 건조한 산맥의 연속이다.

하미 시가 가까워 오자 오른쪽으로 설산 연봉이 나타나는데 이곳이 알타이 산맥이다. 우리 한민족은 말이 '우랄 알타이어'이며, 종족도 '우랄 알타이족'이라 부른다. 바이칼호와 이곳으로부터 우리 조상이 출발한 것이다. 백두산은 한민족이 5천 년 전부터 산 곳이라면, 알타이 산맥은 100만 년 전부터 살던 곳이다.

민족이동의 근본 요인은 생존을 위한 식량의 확보다. 한민족(韓民族)도 식량 문제 해결을 위해 이곳에서 온화한 한반도까지 이동해서 정착했다. 서양에서는 종교의 자유를 찾아 아메리카 대륙으로 이동한 청교도 백인도 있지만 그것은 2차적 이동이다. 21세기에도 식량과 자유를 찾아 수백만의 난민들이 아프리카와 중동에서 서유럽으로 끊임없이 이동하는 것이다.

신강성에서 처음으로 들른 도시 하미(哈密), 위구르어로는 쿠물)는 톈산산맥 동쪽 기슭에 위치한 오아시스 도시이다. 인구는 57만 명으로 실크로드 톈산 남북로의 요충이다. 현재는 외국인 출입이 철저히 통제된 곳이다.

도시 진입부터 몹시 까다롭다. 도로를 완전히 봉쇄하고 공안(경찰)이 차를 세우고 여권과 각종 서류를 엄격하게 확인한다. 외부인의 출입을 원칙적으로 금지하는 것이다. 중국측 안내요원이 없었다면 몇 시간을 낭비했을 절차였다. 무엇 때문에 이렇게 엄격하게 출입을 통제할까?

결국 위구르인들의 테러와 독립 요구에 대한 불안감 때문이다.

소련은 18세기부터 식민지화 했던 중앙아시아와 동유럽 16개국을 결국 1990

엄중한 경비 속의 적막한 하미 열차역.
철의 장막 속에서도 사람은 이동하며
생존한다.

시장에 걸려있는 오성기(五星旗)가 이채롭다.
상인들의 관심은 오성기보다는 손님이다.

년대에 독립시킨다. 전쟁 없이 무너진 세계사의 혁명적 사건이었다. 그러나 위구르 지역은 중국의 지배를 받았기 때문에 현 상태가 지속될 수밖에 없다. 독립한 이웃 이슬람 국가를 부러워하며 위구르인들은 그들의 땅에 그들의 국가를 원하는 것이다. 중국의 현재 문제이며 미래의 과제이기도 하다.

새벽에 하미역으로 나가 보았다. 열차에서 내리는 손님을 기다리는 택시 영업은 세계 어디서나 비슷하다. 택시 운전자들은 특별한 눈과 감각으로 손님을 구분하며 도시의 인간 레이더 같은 기능을 한다.

일상용품을 파는 시장이 새벽부터 물건을 쌓아놓고 손님을 기다리는 풍경도 여느 도시와 다를 바 없다. 시장을 통제하는 것은 전쟁 중에도 불가능하다. 그곳은 인간이 존재하면 필연적으로 따라다니는 물과 공기와 같은 곳이기 때문이다.

신장 위구르의 첫 번째 도시 하미는 뿌연 사막 연기와, 물 샐 틈 없는 중국 공안의 통제 속에 이방인을 맞았다. 우리는 저녁 늦게 도착해 숨막힐 것 같은 답답함을 느끼며 다음날 아침 일찍 투루판을 향해 떠났다.

작렬하는 태양의 땅, 투루판(吐魯蕃)

　　고립된 도시 하미(哈密)와 작별하고 다시 둔황 우루무치 간 고속도로로 올라
섰다. 한민족의 발원지 알타이 산맥을 가볼 기회가 없어서 조금이라도 가까이 가
서 산을 바라본다. 만년설과 흰 눈으로 덮인 알타이는 의연하게 남쪽을 바라보며
거대한 몸짓으로 신강지역을 굽어본다.

　　하미에서 투루판(吐魯蕃)은 약 500킬로미터 거리다. 신장 위구르 지역은 오아
시스 도시 간의 거리가 보통 100~200킬로미터나 떨어져 있다.

사막의 모래와 황무지의 연속이다. 이 도로를 따라 1,800미터 고원지대에서, 해저 150미터의 땅 투루판으
로 서서히 내려가는 것이다.

협곡의 모습이 불타는 화염으로 보인다.
뜨거운 기후와 협곡의 합작품이다.

포도밭의 농부는 전부 위구르인이다.
그들의 포도농사는 타고난 운명이었다.

낙타와 카라반의 행렬은 하루 30~40킬로미터씩 강행군해도 5일은 소요된다. 오아시스를 떠나 다음 오아시스로 가는데 5일이 소요 되고, 하미에서 투루판까지는 20일 정도가 걸린다. 현대인으로서는 상상도 못할 고난의 행군이다. 먹을 물이며 빵, 잠자리, 입을 옷, 낙타들의 먹이, 맹수들과의 싸움, 도적떼의 습격 모두 어떤 방식으로 해결했을까?

사막의 모래와 황무지의 연속이다. 도로 북쪽 편으로는 알타이산맥이 평행하게 달리며 자동차도 전복시킬 기세로 강한 옆바람(橫風)을 때린다. 이 도로를 따라 1,800미터 고원지대에서, 해저 150미터의 땅 투루판으로 서서히 내려가는 것이다.

투루판은 현장법사가 지옥 같은 뜨거운 바람이 부는 곳이라고 했다. 산은 전체가 붉은색으로 보이며 이런 산이 90킬로미터나 이어진다. 사람과 낙타가 낮에는 퍽퍽 쓰러져 해질녘이나 해뜨기 전에 다녀야 한다고 했다. 실크로드에서도 난코스의 하나로 사망자가 속출하는 곳이다.

3월 말 기온이 벌써 30도를 넘는다. 한 여름에는 섭씨 50도에 육박한다. 뜨거운 태양은 이곳의 대지를 포도밭과 포도 건조장으로 만들었다. 세계적인 건포도 산지이다. 포도밭 옆에는 최근에 발견된 석유를 캐는 작은 유전들이 펌프질을 하며 작업을 하고 있다. 마치 캘리포니아의 주택가 유전 풍경을 옮겨온 듯하다.

곳곳이 포도 건조장이다. 마치 군 막사나 공동주택처럼 구릉지와 언덕에 엄청

사막의 포도밭이 가능할까?
위구르인은 유목민족으로는 드물게 농업에 전문적이다.

황토 흙으로 빚은 건조장 외부와 내부 및
천장. 황토와 나무, 바람과 그늘이
조화롭다.

난 수의 건조장이 포진하고 있다. 바람이 잘 통하도록 벽돌 사이에 빈 구멍을 만들고 그늘을 만들어 수확한 포도를 건조한다.

포도는 청포도가 주종이다. 이 포도가 실크로드 천산 북로를 통해 중국과 중앙아시아로 교역되는 것이다. 건조장 내부에는 나무로 만든 거치대가 있어 포도가 송이채로 달려 있다. 뜨거운 사막의 바람도 이 사이를 통과하면 서늘한 바람으로 변한다. 처절한 생존의 과정에서 인간의 지혜가 빛난다.

위구르인은 외모를 보면 거의 서양 사람이다. 키가 훌쩍 크며, 코도 뾰족하다. 얼굴엔 털이 많으며 눈동자는 푸른색과 검은색이 섞여있다. 피부도 백색에 가깝다. 이들은 중앙아시아계의 투르쿠족 일파이다. 흉노(匈奴), 돌궐('突厥), 훈(Hun), 투르크, 터키 모두 동일 조상에서 나온 일족이다. 우리 역사에서는 색목인

거리에서 담소하는 위구르인과 주택사막지대에 적응한 나무와 황토 흙집이다.

투루판의 도시외곽 위구르인 거주지.
낡고 허름한 건물이 저들이 처한 상황이다.

위구르인 거주지에서 흔히 발견되는 문양이다.
후에 중앙아시아와 터키에서도 보게 된다.

(色目人)이라 했다. 인종 간 혼혈과 언어, 문화, 습관이 약간씩 다르나 모두 이슬람을 믿는다.

위구르인들은 소외되어 있다. 경제적 불평등은 그들을 가난으로 몰고 있다. 낡은 집과 시가지, 먼지 날리는 길까지 궁핍의 그림자가 들어가 있다. 그러나 그들은 선한 표정의 포도 농민들이었다. 투루판은 동서 문명의 교차 지점으로 인종적으로 많은 혼혈이 되어 있었다. 60만 명의 인구 중에 70%는 위구르인이며, 한족과 북방 민족이 섞여 살고 있다.

사막 지역인 투루판의 근본 문제는 물의 확보다. 이곳에서 번성하던 고창국도 결국 물이 마르며 멸망했다. 멀리 알타이산맥과 톈산산맥의 물을 끌어오기 위해, 지하 10미터에 터널을 뚫고 2천 킬로미터의 지하수로를 판다. 일명 강아정(坎兒井) 지하 구덩이 우물이다.

물 한 방울이 지하 2천 킬로미터를 달려와 인간에게 생명을 준다. 경이로운 과정이며 존경스러운 물의 문화다. 우리는 이런 생명과 같은 물의 가치를 알지 못해 돈을 낭비하는 것을 '물 쓰듯' 쓴다고 한다.

현재도 이 수로는 살아 움직이고 있다.
자연은 혹독하지만 인간은 현명하다.

혹독한 자연에서 살아남는 인간의 지혜로움이 살아 움직이고 있었다. 물은 차고 상쾌하였다. 우리가 생수를 지하에서 끌어 올려 먹는 것과 무엇이 다를까? 시련을 먼저 겪은 민족은 선각자가 된다. 건조한 황

알타이 산맥의 만년설이 이곳까지 온다.
푸른색 신비의 생명수다.

토에도 수로를 내고 물을 끌어들인다. 이런 점은 끈질긴 중국인으로부터 전래 받은 것이다.

한족 출신의 제후들이 위구르인 일반 백성들과 도시국가를 구성했다. 투루판의 옛 지명은 고창(高昌)이다. 당나라 이후 몇 백 년 동안 고창국이란 이름으로 왕조가 번성한 데서 유래한다. 톈산산맥의 동쪽이며 실크로드의 교통요지다. 이곳도 한족과 흉노족 사이에 지배권을 놓고 쟁패하던 곳이다. 주변 모두가 황토라 석

최근에 복원한 고창성 건물이다. 황토의 한계는 있지만 볼거리가 된다

고창국의 이성인 교하 고성의 폐허지. 성은 사라지고 삶의 터전 포도 건조장이 들어선다.

조건물은 지을 수도 없고, 황토 성과 건물도 뜨거운 기후와 몽고군의 침입 때 훼손되어 버린 것이다.

고창성은 물이 부족해 점차 쇠퇴하기 시작한다. 하천이 있어 물이 풍부한 인근 교하지역에 또 다른 성이 지어진다. 이곳이 교하고성이다. 그러나 이마저 이민족에게 부서지고 세월에 흘러내린다.

"성은 허물어져 빈터인데 방초만 푸르러, 세상이 허무한 것을 말하여 주노라"

투루판은 작열하는 태양, 화염산 불꽃의 땅이다. 그리고 알타이, 텐샨 산맥의 물과 끝없는 포도밭이 생명을 일구는 땅이다. 그 위에 현명한 인간, 위구르인이 묵묵히 흙집을 짓고 살아가고 있었다. 그 곳으로 지나는 실크로드를 구도승과 페르시아 상인, 국경을 지키는 군인들이 큰 꿈을 꾸며 낙타를 끌고 오갔다.

유목민의 땅, 톈산산맥 천지(天池)

중국에는 천지(天池)라는 이름의 유명한 호수가 두 곳에 있다. 한 곳은 장백산 맥의 주봉 백두산(2,750미터)이고, 또 한 곳은 우루무치 인근의 톈산산맥 줄기의 보거다산(5,445미터)의 천지다. 백두산 천지(2,194미터)만 알고 있던 한국인에게 톈 산산맥의 천지(1,980미터)는 놀랄 일이다.

신장 위구르 자치구 성도 우루무치에서 100여 킬로미터 고속국도를 동북쪽으로 달리면 톈산 산맥의 줄기 '보거다 산' 아래에 닿는다,

톈산 천지는 1,980미터 높이에 있다. 정상인 보거다산은 여기서 2,500미터를 더 오른다. 경이로움이 고봉에 걸린 구름에 동반한다.

天池, 유목민이 붙인 이름은 아닌 것
같다. 그들의 고유문자와 말은 중국어와
다르다

중국 공안 검문소다. 신장지역은 공안이 통치한다 해도
과언이 아니다. 치안유지에 이해는 가지만, '명백 현존의
위험 원칙(clear n present danger)'과는 괴리가 크다.

　　신장 위구르 자치구 전 지역이 중국 공안과 인민 해방군의 이중 삼중 경비와
검문으로 숨이 막힐 지경이다. 하지만 톈산 천지 지역은 유명 관광지여서 그런지
긴장이 많이 완화되어 있다. 특별한 케이스다.

　　3월의 주차장은 텅 비어있어 다행히도 관광객이 별로 보이지 않는다. 중국의
유명 관광지에 갈 때마다 극성스러운 인파와 새치기와 소란에 시달리던 우리는
안도의 한숨을 쉬었다. 이곳도 성수기인 5월부터 10월까지는 인산인해로 몸살을
앓는다고 한다.

　　주차장에서 매표소로, 매표소에서 셔틀버스를 타고 다시 리프트로 바꿔 탄다.
마지막 내리면 다시 선택해야 한다. 보행을 할 것인지 또 다른 순환열차를 탈 것
인지. 전 과정 모두가 티켓을 별도로 구매해야 한다.

　　승하차장에는 대형 쇼핑센터와 음식점, 토산품점이 즐비하다. 조금만 눈을 돌
리면 판매원들의 극성스러운 호객행위에 발을 떼기도 힘들다. 조악한 상품, 들쭉
날쭉한 가격에 신뢰도는 찾기 어렵다. 중국 관광지의 전형적인 동선이다.

　　중국식 자본주의가 사회주의와 묘하게 절충되어 저급한 형태로 가고 있다. 동
양 최고의 문화대국 모습은 아니다.

　　'보거다산' 천지로 가는 중턱부터는 침엽수림이 빼곡하게 들어서 있다. 사막 건
조지역에서 황사와 모래바람에 시달린 중국인들은 이곳을 '중국의 스위스'라 부르

텐산산맥의 북쪽에는 침엽수림이 광활하다. 산맥 남쪽의 건조한 암석지대와 대조된다.

며 위안을 삼고 있다.

　그렇다면 스위스와 하와이는 인간이 살고 싶은 살아있는 마지막 파라다이스일까? 천하제일 중국이라면서 스위스를 인용하는 게 아이러니다.

　산정호수 주변에는 원주민인 카자흐족, 몽골족의 이동식 가옥 '게르(Ger, 중국어로는 파오)'가 눈에 띈다. 유목민이 고대로부터 현재에 이르기까지 살아오고

목동들의 통신수단도 휴대폰으로 바뀌었다.
시차는 있지만 문명을 비켜나갈 수는 없다.

정착 민족은 이런 '게르'에 살지 않는다.
유목 민족만 '게르'에 산다.

양고기 찜과 구이가 차오판(볶음밥)과
함께 나왔다. 빵 대신 밥을 주문했다.

천정에는 환기와 채광을 위한 창이 설치된다.
별과 달을 보며 밤하늘을 날아다닌다.

있다는 증거다. 이 땅은 유목민들의 땅이었다.

조사에 따르면 유목민들은 초원의 풀을 따라 한 해 최소 5백 킬로미터에서 최대 2~3천 킬로미터씩 이동한다고 한다. 한반도 전체의 두 배 되는 거리를 양 떼를 몰며 움직이는 민족이다. 국경이란 개념은 그들의 머릿속에는 있을 수가 없다. 주로 초원을 따라 동서로 움직인다.

그들에게도 현대의 문명과 변화는 삶의 방식을 송두리째 바꾸어 놓는다. 말을 타고 마차로 움직이던 고산 부락에도 늘씬한 승용차가 들어와 있다. 이때부터 성장과 소비의 고통이 따라다닌다는 것을 알게 된다.

위구르 지역에서 우리는 특이한 현상을 목격했다. 관공서, 호텔, 백화점, 세관, 식당 등 모든 조직의 상층 관리자는 거의 중국 한족이다. 위구르인 등 소수민족들은 시장에서 물건이나 팔며 육체노동과 농업에 종사하는 것이다.

그들은 경제 사회적으로 소외되어 있었다. '실력이나 능력에 따른 사회가 아니라, 민족 차별이 만든 사회'라고 소수 민족들은 느낀다. 복잡한 민족문제 해법은 미래 중국의 핵심 과제다.

카자흐족이 운영하는 게르에서 식사를 했다. 지금까지 만난 중국식 전통 요리와 전혀 다르다. 삶은 양고기와 구워낸 빵이 주 메뉴다. 짜고 기름지며 향이 강한 중국요리가 아니라 우리네 쇠고기 찜이나 곰탕 같은 음식이다.

내부의 장식이나 문양도 칼라나 형식이 중국 전통의 것과 전혀 다르다. 페르시

5천4백 미터의 설상 고봉은 만년설이었다.
그의 벗은 구름과 눈, 강풍이다.

3~4천 미터 급 낮은 봉은 선명하게 가
깝다. 그러나 높은 봉은 인간과 멀리 있
어야 한다.

아와 이슬람의 감각이 섞여 있는 듯 현란하다. 인종과 언어가 다르다. 종교와 신
앙도 다르다. 주거형태와 음식도 차이가 난다. 이러한 이민족을 포용하고 인정하
며 배려하는 사회가 다민족국가이다. 그런 국가만이 세계제국을 이뤘고 강대국이
될 수 있다고 역사는 말한다.

'보거다산' 정상은 몇 시간이 지나도 모습을 드러내지 않았다. 거봉은 항상 구
름을 몰고 다니며 신비 속에 서 있다. 때로는 귀찮은 듯 방문객을 바람과 비로 쫓
아낸다. 우리는 중간 정도의 손님으로 보고되었는지 모습을 보여주지도 않았지만
그렇다고 쫓아내지도 않았다.

도교사원에 사람과 세월이 모인다.
삶은 무위고 자연으로 회귀한다.

눈을 돌려 낮은 산을 보니 구
름 아래 청아하게 모습을 보
인다. 자주 보면 익숙해진다. 보
이지도 않는 고봉에서 눈길을 돌
리기로 했다.

호수 건너편에는 도교 사원이
세워져 있었다. '서왕모(西王母)'
라는 도교의 여신과 주나라 천자
가 만난 곳이라고 한다.

그 눈물을 달래듯 고산 초목이 호수를 본다. 슬픈 짝사랑은 영원하리라!

'남녀가 만나면 그것이 사랑 아닌가'라는 표현이 중화적이고 유교적이다. 주 천자는 떠나 버리고 절세 미녀 서왕모(西王母)가 흘린 연모의 눈물이 모여 천지가 되었다는 민간 설화가 있다.

우루무치에서 '백두산 천지'와 같은 이름을 가진, 유목민족의 '천산 천지'를 만나 톈산산맥의 품에 안겨 보았다. 실크로드는 산맥과 사막과 초원을 달리는 길이다.

우루무치, 빛과 그늘

텐산산맥 보고다산 천지(天池)를 답사한 후 우리는 신장 위구르의 성도(省都) 우루무치로 이동한다. 천지와 우루무치의 거리는 약 120킬로미터이다. 중국정부의 우루무치 집중 개발로 인해 고속도로에는 화물차와 승용차가 넘쳐 혼잡할 지경이었다. 도로에는 차량 매연과 황사로 인해 대낮인데도 어둡다. 천지의 파란 하늘이 꿈만 같다.

신장 위구르 지역을 다니며 나는 두 가지 힘의 충돌을 본다. 중국 정부의 신장 지역에 대한 집중, 견인력과 다른 하나는 위구르족의 독립의지와 원심력이다.

우루무치는 중국 수도 베이징에서 비행기로 4시간, 상해에서 5시간 소요되는 한족에게는 머나먼 그러나 너무나 매력적인 놓칠 수 없는 땅이다. 이 땅의 원주민인 위구르족 입장에서 보면 분리 독립해서 민족자존의 국가를 만들고 싶은 간절

보고다산 천지는 우루무치의 최고 명승이다. 우루무치는 텐산의 기를 받은 제일의 도시다.

한 소망이 어린 곳이다.

'평화스러운 목장'이라는 뜻인 몽골어, 우루무치의 역사도 현재의 상황만큼 헝클어져 있다. 기원전부터 투르크의 일족인 흉노와 몽골족이 유목으로 살아가는 초원과 사막의 땅이었다. 국력이 강해진 중국이 당 태종 때 이곳을 지배하고 북정도호부를 설치한다. 이곳을 지나 천산북로로 가는 실크로드의 교역권을 장악할 목적이었다.

번화한 우루무치 시가에 저녁 늦게 도착한다.
거리는 급속한 도시화로 복잡했다.

그 후 중국 한족(漢族)의 힘이 약화되면서 다시 이곳은 돌궐족, 위구르족, 몽골족, 티베트족의 각축장이었다. 그러나 17~18세기 들어 힘을 회복한 청나라 강희제, 건륭제가 이곳의 중가르국을 멸망시키고 다시 중국의 세력권으로 편입한다. 이후 큰 관심을 두지 않던 청나라는 러시아가 이곳으로 남하하자 이곳을 새 영토 신강(新疆)으로 명명하고, 우루무치를 디화(迪化)로 부르게 된다. 디화는 순화(順化)한다는 뜻이다. 새로운 땅에서 우매한 몽골, 위구르족을 깨우치겠다는 뜻이다.

신장 위구르지역은 중국 영토의 1/6을 차지하는 광활한 면적과, 이곳에서 석유와 석탄 철광이 발견되고 중국의 동서 전략상 매우 중요한 요지가 되었다.

한족(漢族)을 이주시켜 최근에는 260만 명의 도시인구 중 70%가 한족이고 나머지가 위구르인이다. 막대한 예산을 들여 북경-우루무치 간 세계 최장의 고속도로 2,600킬로미터를 개설하였다. 국제공항과 고속철도를 개통시키고 내륙의 심장부로 만들어 고층 빌딩이 들어선다. 중국 서부개발과 내지화 정책, 중동 유럽 대륙까지 연결하는 '일대일로(一帶一路)' 신 실크로드 정책의 핵심지역이 되었다.

그러나 토착민은 발전의 혜택에서 소외되고 오히려 토지를 빼앗기거나 소유지

검게 그을린 위구르인 거주 지역. 경제 교육 문화의 격차가
심하다.

고층 빌딩 숲으로 변한 우루무치 도심.
평화로운 목장의 도시에 짙은 그늘이
있다.

에서 떠나야 했다. 이슬람을 믿고, 위구르어만 배운 그들에게는 좋은 일자리가 제
공될 수도 없다.

한 민족이 타 민족을 지배하는 형태는 여러 가지이다. 중국 같은 다민족국가의
경우, 만주족과 거란족처럼 문화적으로 우월한 한족에게 완전히 동화되는 형태도
있지만, 위구르, 티베트, 내몽골 족처럼 낮은 형태의 자치를 인정하는 경우가
있다. 가장 많은 경우가 영국, 불란서, 일본의 인도, 한국, 알제리 식민지배처럼
식민지화하여 점령자가 강압 통치하다가 독립국이 되는 경우다. 2차 대전 이후
신생국이 거의 대부분 이런 경우다.

다른 경우는 자치권을 보장하며 일국 연방국가의 형태로 가는 소련과 일부 유
럽 국가의 형식이 있다. 다민족국가의 경우 민족 간의 화합이 이루어지지 않으면
항상 갈등에 직면해 독립 요구와 폭력 충돌의 요인이 있어 전쟁과 테러의 주요한
원인이 된다.

실제로 위구르인들은 2차 대전 말기에 동투르키스탄 공화국을 출범시키고 러
시아의 승인을 받는 독립 단계에까지 이른다. 그러나 러시아의 철수와 중국 공산

당의 장악으로 다시 중국의 영
토가 된다. 도시 이름을 '평화
로운 목장'의 의미인 원래의 우
루무치(烏魯木齊)로 개칭하고
낮은 수준의 자치지역이 된다.

우리가 도착하는 날, 스텝
기후인 우루무치에는 보기 드
문 봄비가 내렸다. 현지인들은
비에 익숙하지 못한지 우산을
받치거나 우의를 입은 사람은
찾아볼 수도 없다. 모두 머리와
옷에 비를 맞고 그대로 다니는

무장경찰이 도시 곳곳을 지킨다.
무장경찰은 천안문시위를 진압한 최정예 부대다.

데, 우산을 들고 식당을 찾아다니는 우리 모습이 그들에게는 낯설게만 보이는 것
같다.

어두운 거리는 중국 공안의 철통같은 경비로 더욱 을씨년스러웠다. 공공청사,
거리 곳곳, 호텔 입구, 백화점, 쇼핑몰, 버스정류장, 시장, 지하도 입구에도 출입
을 통제하는 펜스와 바리케이드를 설치하고 신분증 검사와 소지품 검사를 한다.
1970년대 계엄이 선포된 서울이 생각났다.

이동하는 것 자체가 불편하다. 한 블록 지나면 검문 또 검문이다. 우리가 상상
한 것 이상의 상황이다. 호텔에 투숙한 후 또 다른 여행지로 관광버스로 떠나는
여행자는 이런 상황을 경험하기가 쉽지 않다. 일반 여행자는 매우 조심해야만 곤
경에 직면하지 않는다.

소지하고 있던 식당 리스트도 맞지 않는다. 이사를 가거나 문을 닫았거나 전화
가 불통이다. 잔뜩 기대했던 한식집 탐방은 물 건너가고, 제 시간에 식사하는 게
문제였다. 식당을 찾는 둥 마는 둥 심한 검문을 통과하고 어느 쇼핑몰의 지하 식
당으로 가서 식사를 해결했다. 자유가 수반되지 않는 철조망 속의 평화는 무언가

위구르 청년 경비원들이 반갑게 인사한다.
유목민의 특성은 친절함과 포용력이다.

어색하다는 느낌을 지울 수 없다. 편치 않은 마음에 빨리 호텔로 돌아와 네온사인 찬란한 도시 야경을 보며 그렇게 우루무치의 밤을 맞았다.

다음날 아침 주차장에서 만난 호텔 경비원은 위구르족 청년들이었다. 감독자, 사무실 근무자, 책임자는 모두 한족(漢族)이고, 허드레 일을 하는 사람은 모두 위구르인이었다. 심지어 호텔에 손님으로 출입하는 사람도 모두 한족 뿐이었다. 일행 중 한 사람이 일제 강점기의 일본인과 조선인의 상하관계를 보는듯하다고 말한다. 피상적인 관찰이 길 바랐지만 실상은 불평등과 경제적 소외가 넓게 퍼져 있는 것이다.

도시 구석구석이 공안의 검문소와 초소, 순찰차량으로 꼼짝 달싹 못하게 묶여 있다. 테러에 대비하는 신강 위구르 자치구 정부의 조바심을 보니 시민과 정부 모두 피해자라는 생각을 지울 수가 없다. 이때 공자와 같은 현인이 계셨다면 어떤 처방을 내릴 것인가.

2009년에도 한족과 위구르족의 대규모 충돌로 200여 명이 사망하고 2,000명이 부상하는 사태가 있었다. 매년 계속되는 테러와 폭력적 충돌이 있으며, 2015년에는 위구르인의 습격으로 탄광에서 경찰 5명이 사망하는 폭력사태가 계속되고 있었다. 원래 중국은 다민족국가의 전통이 축적되어 매우 노련하게 다루어 왔는데 안타까운 일이다.

생각을 많이 하는 도심을 벗어났다. 톈산으로 가는 우루무치 외곽은 공장지대와 연기로 급속하게 오염되고 있었다. 공장 옆에 양과 염소가 사육되고 있다. 공업화로 인해 주변 농촌의 환경이 파괴되고 있는 경우다. 환경파괴는 톈산의 입구

톈산의 입구에서 바라본 7천 미터 신비한 고봉. 만년설과 빙하로 덮여있다.

에서도 광범위하게 진행되고 있다.

　톈산산맥을 횡단하여 톈산남로의 오아시스 도시 쿠얼러로 가는 날이다. 어제 온 비가 톈산에는 눈으로 변해 있었다. 지나친 호기심과 모험심이 화를 부르지나 않을까 걱정된다. 우루무치 지역 사람도 숙달된 운전자 일부 외에는 누구도 가지 않으려는 길이다.

　멀리 톈산의 북사면이 보이기 시작한다. 눈덮인 연봉들이 신비롭기만 하다. 산록에 걸쳐 있는 산촌의 주택도 평화로운 목장의 도시답게 고요하다. 톈산산맥의 중심으로 서서히 파고들었다.

　신이여, 약한 인간에게 힘을 주소서!

신이 만든 산, 톈산(天山)의 길

　　톈산(天山) 산맥은 중국 내륙 신장 위구르 지역 깊숙이 들어가 아프가니스탄, 키르기스탄, 우즈베키스탄, 카자흐스탄 등 6개국에 걸쳐 있다. 평범한 여행자에게는 접근이 쉽지 않다.

　　동서 길이가 2,500여 킬로미터, 남북 폭이 300~400여 킬로미터, 최고봉이 7,439미터(포베다 봉), 평균 고도가 4,500미터나 되는 대 산맥이다. 중국 쪽의 타림강, 카이두강, 중앙아시아의 사르 다리야, 이리 강, 추강 등 5개의 대 하천이 이

톈산은 눈과 구름에 묻혀 위용을 뽐낸다. 그 앞에 서면 칭기즈칸도 겸손해 질 것이다.

정상은 항상 험한 고봉과 준령 사이에서
나타난다. 대제국도 큰 싸움을 승리해야
패권을 잡는다.

울창한 침엽수림이 톈산의 북사면을 덮는다.
잘 뻗은 능선은 말 등처럼 인간을 기다린다.

산맥에서 발원한다.

　만년설과 고봉, 협곡과 빙하, 순백의 설원과 산지 평원, 강과 호수 그리고 파미르고원 중앙아시아 초원과 타클라마칸 사막에 접해 있다.

　신이라도 무엇을 어떻게 더 첨가할 수 있을까?

　실크로드는 이 산맥의 동쪽 신장 위구르 지역의 남쪽 사면과 북쪽 사면에서 각각 톈산남로 와 톈산북로로 갈라진다. 다시 한 가닥은 북쪽으로 뻗어 초원의 길을 만든다. 남쪽 사면은 사막과 암석의 건조 지대, 북쪽 사면은 울창한 침엽수림의 대조적인 경관으로 극한과 열사의 대칭을 보인다.

　우리는 우루무치에서 톈산남로의 오아시스 도시 쿠얼러로 이동하기 위해 톈산을 종단하기로 했다. 여기서는 우회하여 투루판에서 고속국도를 이용할 수도 있었으나 톈산을 가장 가까이 볼 수 있는 종단로를 택한 것이다.

　산간에는 드문드문 산마을과 채석장, 작은 공장이 보이고 지도상 거리는 351킬로미터다. 산악 길인 점을 고려하여 태양이 떠 있을 때 넘어야 한다. 어둠이 내려온 산악 길은 최악의 선택이다. 가장 중요한 것은 차량의 안전사고가 없어야 예정 시간에 넘을 수 있다.

　중간지점에는 주유소가 없을 것으로 예상되어 산맥 입구에서 주유를 했다. 운전자 외에는 주유소에 들어갈 수 없다는 입간판과 쇠줄이 입구를 막고 있다. 신장

온형제시(溫馨提示)란 뜻이 무엇을 의미할까.
'이 지시에 따르시오'란 뜻이다.

출구도 봉쇄되어 있고 도주시 추적을 위
해 오토바이까지 준비되어 있다.
담장은 지키지 않으면 무너진다.

위구르 지역에는 거의 예외가 없다. 영하의 날씨에 주유소 입구 밖에서 20여 분
간 떨어야 하는 고통을 현지인들은 묵묵히 받아들이고 있다. 도주에 대비해서 출
구도 봉쇄한다.

　신장위구르의 상황을 우리는 일찌감치 받아들였다. 실크로드 답사 목적을 달
성키 위해서는 가급적 당국과 대립해서는 안 된다. 주유소마저 중요시설로 간주

정상과 정상 사이로 길이 생긴다. 물은 산을 넘을 수 없고 길은 그 물가에 있다.

뛰어난 조각가도 이런 산을 만들 수는 없다. 조물주만이 창조할 수 있다.

파란 하늘과 순백의 고봉이 처연하다. 청색과 백색의 조화는 태초의 색깔이다.

해 엄격한 통제를 가할 만큼 이곳의 상황은 악화된 것이다.

신이 만든 산에 오르는데, 인간은 이 정도의 불편은 감수해야 하지 않을까! 입구에서 본 톈산의 심장은 우리를 바라보고 인내를 가르친다.

깊이 들어가니 실제로 북쪽 사면에도 암석과 산림이 뒤섞여 나타난다. 어젯밤에 내린 비가 산악에서는 전부 눈으로 변해 온 천지를 순백색으로 칠해 놨다. 산의 모양은 입구부터 그림 같은데 미끄러운 눈길로 걱정이 앞선다.

3천 미터 산악에서는 실종되었던 푸른 하늘이 나타나 황사와 매연에 찌든 눈

깊은 산에도 인간이 만든 길이 있다. 타클라마칸과 톈산을 잇는 실크로드였다.

잘 다듬어진 말의 목을 연상시키듯 부드럽다. 거친 산도 산사나이들에겐 집처럼 편하다.

여정을 암시하듯 길에 눈이 넘친다.　　고산 초원과 연봉이 파란 하늘을 내려
영리한 자는 도전할 수 없는 길이다.　　온다. 텐산의 하늘은 꿈속의 세계다 .

을 환하게 한다. 인간의 무지도 고봉 앞에 서면 다 용서가 되는 것일까? 푸른 하늘과 깨끗한 공기와 물, 이것은 인간 생존의 기본권이다. 그러나 대부분의 국가는 이를 지키지 못하고 미래세대에게 멍에를 지운다.

중국은 사막도 많고 세계의 공장이니까 그렇다 치고, 서울의 공기와 하늘이 미세먼지로 뒤덮여 창문을 열지 못한다니 이게 웬일인가?

남사면은 햇빛을 받아 눈이 녹아내려 또 다른 모습으로 우리를 만난다. 캐슈미어 담요처럼 부드러워 보인다. 햇볕 없는 북사면은 만년설이고, 햇볕 받은 남사면은 초원이 나타난다. 텐산은 천의 얼굴을 가진 산이다.

이 길은 국도라 하지만 비포장 길로 드문 드문 포장길이 나타난다. 교행하는 차라도 만나면 큰일이다. 간간이 산간 마을과 학교, 광산이 나타나는 전형적인 산악도로이다.

골이 너무 깊고 험해 연결도로의 가치는 없어 보이는데 상인들과 수도자는 왜 이 길을 만들어 걸어갔을까? 빵과 젖을 얻기 위해 유목민이 들어오고 신앙을 전파하는 포교승이 나타난다. 그리고 상인이 오고 군인과 관리들이 내 땅이라고 주장한다.

그렇게 인간은 길을 만들고 끈질기게 텐산을 헤맨다. 고산으로 갈수록 자연은 더욱 신비로워진다. 인간만 저 낮은 곳에서 아귀다툼 치열하게 다툴 뿐이다.

이제 정상의 허리가 보이기 시작한다. 출발한지 4시간 정도 되었을 것이다. 고

흑백의 톈산은 근육이 튀어나와 젊다.　　산 정상 터널이 눈앞에 들어온다.
고산도 나이가 들면 원숙해진다.　　　　인생의 정상도 약간 떨어져 보는 게 더 좋다.

산 연봉은 꼭 미인대회에 출전한 미녀들 같다. 어느 곳 하나 흠잡을 데가 없다.

그래도 심사는 엄격히 해야 하지 않는가! 진선미 급으로. 이리저리 살펴봐도 능선에 걸친 눈이 절경이고 선이 굵고 윤곽이 뚜렷하다. 빙하가 쓸고 간 듯 눈 자락이 이리저리 흩어져 있는 고원 평원이다. 만리장성을 쌓아 북방민족의 침략을 막으려는 것인가? 성의 위용이 하늘을 찌르는 듯하다.

인간거주 한계지역인 듯 중국 정부의 관측소가 외로이 서 있다. 사람의 기척이 없는 것으로 보아 상주하기보다 임시 대피소와 원격장치로 운영되는 듯하다.

톈산은 산악에 평원을 만들었다. 인간은 이렇게 할 수 없다. 인간이 만든다면 산악 평원은 빈 집처럼 머지않아 사라질 것이다. 정상의 눈이 폭포처럼 걸려있다. 눈과 얼음이 시간을 만나면 빙하가 되는 것이다. 톈산은 빙하를 만들고 있었다.

길에서 굴러 떨어진 화물차의 잔해가 그대로 톈산의 절벽에 붙어 있다. 차량을 꺼내는 건 더 큰 피해를 가져올 수 있다. 차라리 그대로 두어 톈산의 위용을 보여 오만한 인간에게 경고하는 게 더 나을 것이다.

이제 4천 미터 고지를 넘어선다. 정상까지 가는 길은 죽음의 공포와 상상할 수 없는 순백의 아름다움이 공존하는 길이었다.

다시 돌아가는 건 불가능하다. 길은 외길이다.

인생도 그렇다. 돌아갈 길을 찾지 말라.

정상까지 약 1킬로미터, 해발고도는 4,200미터. 눈앞에 정상이 보인다. 고산

서 있기도 어려운 길이 텐산을 향한다.
고산에서는 풀도 눕고 길도 누워야 산다.

남사면에서 본 텐산 역시 경이롭다.
명산은 어디서 봐도 명산이다.

의 거리는 평지의 10배에 해당한다.

자동차도 숨이 차긴 마찬가지다. 잠깐 쉬어주면 좋겠지만 눈길 비탈길에서 서면 출발이 어렵다. 미끄러진 승용차가 앞에 보이나 구조해줄 수가 없다.

그렇게 텐산(天山)의 종단도로 정상에 도착했다.

자동차가 갈 수 있는 정상 '셩리다판(해발 4,280미터)' 도로 표지판이 눈 속에 파묻혀 운전자들에게 속히 내려갈 것을 경고하고 있다. 강풍에 찌그러진 표지판이 덩그러니 정상을 지키려 하나 바람 센 고봉에서 얼마나 견뎌낼까!

걸어서 고도에 적응하며 올라온 등산객보다 차량으로 급히 올라온 운전자가 심장에 무리가 더 간다.

타클라마칸에서 올라오는 화물차를 만났다. 화물차 용사들은 무모하다. 정상의 길이 사막처럼 따뜻한 걸로 착각한 것일까? 도저히 이해가 안 되는 운행이다. 중국인들의 무자비한 상업주의가 우매해 보인다.

고도가 낮아지고 기온이 조금씩 오르니 긴장도 서서히 풀어진다. 눈가에 주름도 펴지고 다시 보기 어려운 텐산산맥을 뒤로 바라본다. 사막이 가까워진 듯 암릉과 부서진 바위와 먼지가 앞을 가로막는다.

조심조심 내려와 2,500미터 지점에서 산촌에 들어섰다. 점심도 거른 채 6시간 정도를 넘었다. 위구르인이 모여 사는 작은 마을이다. 그들은 중국 한족을 제외한 모든 외부인에게 친절하며 사교적이다.

위구르인은 그 뿌리가 흉노의 일족인 투르크인이다. 친절, 소박은 가난한 사람의 큰 재산이다.

위구르 청년들이 요리를 준비한다. 가슴이 아픈 건 구김살이 없는 표정이었다.

텐산산맥을 종단해서 실크로드 텐산남로로 가는 길은 우리를 받아주었지만 마지막까지 겸손하라는 경고를 한다. 영국제 레인지로버 자동차 앞바퀴가 펑크나고 휠이 깨어져 버린 것이다. 국산차 산타페는 짐을 싣고도 멀쩡한데 수입차는 고장이 나버린 것이다. 준비해 간 예비 타이어로 간신히 교체하고 나가니 텐산의 산신보다 더 무서운 중국 공안 검문소에서 제동이 걸렸다.

하차 후 검문소 앞에 대기하라는 명령이다. 모든 통행인이 신분증을 들고 등록과 확인을 거친 후에야 이동할 수 있다. 위구르 주민들의 동향을 파악하는 목적인 것이다. 그동안 위구르에선 외국인 관광객은 한 번도 만난 적이 없다. 출입국이 쉽지 않다.

테러 방지를 위한 적법한 조치이기는 하지만 매우 불편하다. 이러한 통제 속에서 살아가는 위구르인의 삶은 희망일까 체념일까?

타클라마칸, 사막의 신비(쿠얼러~쿠처 오아시스 길)

   톈산산맥은 길이가 한반도 삼천리강산의 2배를 넘어서는 2,500킬로미터에 달하고 그 폭만 300킬로미터의 거대한 산맥이다. 거대한 산맥의 남쪽 기슭은 암석이 많고 건조하며 타클라마칸 사막과 닿아있다.

   타클라마칸은 위구르어로 '돌아올 수 없다'는 죽음의 땅이란 의미다. 길이 나도 사막의 바람에 바로 사라져 버린다. 길 잃어 죽은 사람과 낙타의 유골로 길을 더듬어 간다고 되어있다.

돌아올 수 없는 사막, 타클라마칸. 말라버린 풀이 주검의 잔재처럼 황량하다.

타클라마칸은 북으로 톈산산맥, 남으로 쿤룬산맥, 서쪽에는 파미르고원, 동쪽으로는 중국의 고원대지가 둘러 싼 한가운데 자리 잡고 있다. 이 황량한 사막지대를 타림분지라고 부른다.

실크로드 톈산남로는 반드시 이 구간을 통과해야 한다. 희미하게 보이는 톈산산맥을 오른쪽에 두고 서쪽으로 계속 타클라마칸을 통과해야 한다.

서역남로(오아시스 남로)도 이 사막의 남쪽에서 쿤룬산맥의 북쪽으로 가는 길이다.

거대 산맥과 죽음의 사막이

키질 가하 봉수대는 실크로드의 등대 역할을 했다. 거대한 토탑도 세월의 무게에 주름이 진다.

만나는 곳에 인구 6만여 명이 사는 오아시스 도시 쿠처(庫車)가 위치한다. 실크로드 교역로의 요지로서 동서 문명의 교류지로서 번영했다.

때로는 독립왕국으로, 통일 중국의 힘이 강할 때는 직접 통치도 받았던 위구르인들의 국가였다. 주변에는 왕국의 고성과 봉수대가 사막지대에 옛 자취를 남기며 남아있다.

쿠처에서 100여 킬로미터 떨어진 곳에 다시 대 산맥과 사막이 만나 '톈산 신비 대협곡'이란 작품을 만든다. 중국인들은 과장이 심한 편이라 별 기대 없이 들렀다. 사막의 뿌연 먼지 속에서 또 하나 값진 진주를 건지게 된다.

톈산산맥으로부터 불어오는 강풍이 타클라마칸의 사막비와 열풍을 만나 수억 만 년 모래 바위(砂岩)를 강타하며 만들어낸 작품이다.

신비의 대협곡 뒤로 펼쳐진 웅장한 능선.
홍갈색의 산은 마치 태초의 풍경 같았다.

산과 산이 겹쳐지고 하늘을 만든다.
이리 보면 자연이고 저리 보면 조각이다.

사막에도 비가 가끔 온다. 그 작은 비가 지하에 모여 오랜 세월 모래 바위를 침식한 결과가 나타난 것이다.

대자연은 언뜻 보면 무심한 듯 보인다.

'어제가 오늘 같고, 오늘이 내일 같아' 변화가 없어 보인다. 그러나 여기에 세월이라는 예술가가 서서히 손을 대면 이러한 작품이 만들어진다.

간쑤성 장예의 칠채산에서 느낀 감흥이 다시 끓어오른다. 산이 깊어야 호랑이가 살 수 있듯 땅덩어리가 워낙 넓으니 중국이란 곳에는 별의별 경관이 다 펼쳐진다. 스스로 '천하의 중국'이라 칭할만 하다. 중국은 유네스코 지정 자연 문화유산을 47개나 가지고 있다.

아쉬운 마음에 뒤돌아보며 다시 한 커트 눌러보니 사막의 빛이 바위틈을 뚫고 섬을 만든다. 제주 섬일까? 대마도일까?

빛은 동굴을 향해 구애를 한다.
깊은 동굴은 수억 년간 묵묵부답이다.

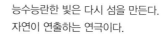
능수능란한 빛은 다시 섬을 만든다.
자연이 연출하는 연극이다.

간쑤성의 칠채산을 '여행자에게만 열려진 산'이라 한다면, 신비의 계곡은 '구도자에게만 허락하는 사막'이라고나 할까 바위와 바람 그리고 비가 만들어낸 사막의 향연에 다시금 벌어진 입을 다물 수가 없다.

사물은 어떤 각도로 보느냐가 중요하다. 보수의 눈으로는 '사문난적'으로 보인다. 진보적 시각에서는 '구태의연'일 수 있다.

그러나 너무 어둡다고 상대를 탓하지 않고, 너무 밝다고 피하지 않는다. 세월은 이들을 모두 끌어안고 사막 속에 산맥의 그림자를 만들었다.

얽히고 설킨 감정도 세월 지나면 다 잊히거나 사라지고 만다. 기억하려고 '와신상담'하려 할수록 세월은 더 무심하게 만든다. 이곳의 계곡과 바위들에서 그런 감정이 들었다면 보헤미안의 감상일까.

사막 한가운데에 물이 어떻게 있을까? 빗물은 이렇게 깊은 곳에 모여 바위를 쓸어내리고 바위 속에 얼음으로 영생하고 있었다. 편견은 무지에서 나온다. 사막에도 물과 얼음이 분명히 존재한다.

한 몸인 그들을 사막의 비가 갈라놓았다.
그들은 모레 바위 부처님이다.

다른 길을 고집해 장구한 세월이 흘렀다.
세월이 비슷한 형상으로 만든다.

사막의 한가운데서 만난 얼음이다. 서늘한 냉기가 온몸을 맑게 만든다. 타클라마칸 사막도 깊은 계곡에서는 이렇게 변한다. 낙타를 타고 가는 카라반도 이 사실을 알고 있었는지 궁금하다.

서로 다른 바위가 바람에 의해 비슷해졌다.
그 사이에 빛이 들어와 우매함을 말한다.

거대한 조개처럼 바위에 무늬가 있다.
강한 바위도 물을 만나 부드러운 천이
된다.

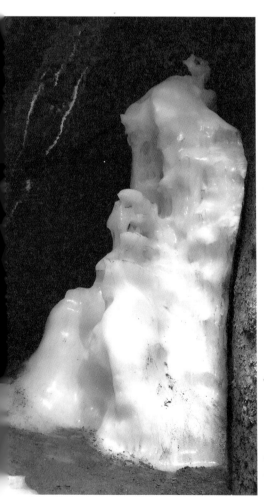

얼음은 수줍은 듯 손을 오므리고 있다.
열풍도 그 앞에 서면 소년처럼 벌벌 떤다.

계곡 입구에서 최소 한 시간 정도 총총 걸음으로 들어가야 하기 때문에, 뜨내기 여행자는 접근할 수가 없다. 위구르 지역 사진작가가 한 명이 한참 뒤에 보일뿐 적막에 쌓여 있었다. 특히 신장 위구르 지역은 너무 넓어 중국인조차 접근하지 못한다.

이 계곡 끝에 놀랍게도 사찰의 문이 나타난다. 도대체 이 구석에 어떻게, 왜, 누가 만들었을까?

가장 깊은 곳에서 멀리서 온 나그네를 환대해주시는 지극한 분이 계셨다. 이슬람 문화권의 타클라마칸 사막에도 부처님이 계신 것은 어떤 의미일까? 불교 전

일주문의 형태를 갖추고 있다.
예부터 자연도 세월도 신앙이었다.

정좌하신 부처님은 이 계곡의 주인이셨다.
이슬람도 사회주의자도 모두 경배한다.

혼돈 chaos

래의 역사일까, 포용일까? 아니면 피난의 끝 일까? 불교는 인도에서 이곳을 지나 실크로드를 따라 중국 본토로 갔다

주제넘게 표현하는 것도 한계가 있다. 여기에 이런 경관이 수억 년 단장을 하고 기다린다.

누구나 상상력이 있다면 그 이름을 불러 줄 수 있다.

동굴밖에는 누렇게 말라붙어 가는 사막의 풀이 끈질긴 생명을 이어가며 '톈산 신비동굴'의 수문장 역할을 하고 있었다.

오늘도 사막의 열풍이 마른 갈대 사이를 가르며 동굴로 들어간다. 실크로드는 이렇게 만들어진 것이다.

심연 gulf

탐구 discovery

축배 toast

성취 arrival

생명 life

바람과 갈대 wind & reed

오아시스 길, 톈산남로 타모아 대협곡

톈산남로의 오아시스 도시 쿠처(庫車)에서 아커쑤(阿克蘇)로 가는 길은 뿌연 사막의 먼지 속에 여정을 시작하였다. 사막의 모래와 먼지는 우리의 생각마저 뿌옇게 만든다. 강풍과 열사의 대지인 사막에서 먼지 없는 날을 꿈꾸는 것은 부질없는 생각이다.

오늘은 280킬로미터의 여정이다. 내비게이션을 들여다보고 지도를 찾아본다. 다시 자동차의 창을 통해 눈으로 재확인하면서 목적지를 찾아다니는 하루 여정

물과 비가 귀하듯 식물도 귀하다. 나무와 풀은 사막의 큰 손님이다.

어미 낙타가 새끼 두 마리를 이끌고 다닌다.
식량은 부족해도 자유를 만끽한다.

어린 협곡이 눈이 들어온다. 어린 협곡도
세월이 지나면 대협곡이 된다.

이다.

낙타를 타고 이동하는 카라반(대상, 隊商)들은 하루 최대 이동거리가 30~40킬로미터이다. 시간당 4킬로미터씩 8시간, 식사와 휴식을 감안해도 강행군이다. 오늘 우리가 이동하는 거리 280킬로미터는 카라반들에게는 최소 일주일 이동거리다.

카라반들의 물과 식량, 옷과 잠자리는 어떠했을까? 일확천금의 신기루 같은 꿈만 가지고 가능했을까?

탐험과 구도의 자세가 아니라면 이런 여정은 불가능하다. 선인들의 의지와 모험심에 허리 굽혀 절하지 않을 수 없다.

오아시스 도시가 연결되어 있어서 일까, 의외로 사막 나무(백양목 종류)가 가로수로 서 있는 것이 이채롭다. 사막의 모래바람으로부터 부락을 보호하기 위해 식목을 하고, 애지중지 키워 방사림 역할을 한다.

나무 밑에는 흰색 페인트 같은 것으로 표시를 해 놓는데, 병충해 예방 목적인지 보호 목적인지는 알 수가 없으나 귀한 나무를 극진히 대접하는 모양이다.

오아시스를 벗어나면 경관은 풀 한 포기 없는 암석과 모래사막으로 바뀐다. 이런 경관은 처음에는 사람을 호기심으로 끌지만 시간이 지나면 지루해지고 곧 눈을 감게 만든다. 직선 길은 굽은 길보다 졸음을 빨리 불러와 위험이 항상 도사리고 있다.

휴게소도 쉴 곳도 없다. 졸음을 막기 위해 도로변에서 용변을 보는 게 허용되는 곳 그곳이 사막의 길이다. 페르시아 상인들과 구도승들은 어떻게 용변을 해결했을까.

중국정부는 타클라마칸을 관통하는 고속국도를 개통시켰다. 이 도로에 관해서도 원주민과 한족의 견해가 갈라진다. 원주민들은 이 지역의 석유와 철, 석탄 등의 원자재를 수탈하기 위해 설치한 도로라 생각한다. 중국 정부는 낙후된 신장위구르 지구를 발전시키기 위해 인프라를 획기적으로 투자한 것이라 한다.

위구르 지구에서는 승용차는 도로 이용료(톨게이트 비용)가 면제다. 그러나 위구르인들은 승용차를 가진 사람이 드물고 검문 없이 고속도로를 마음대로 이동할 수도 없다. 그렇게 느끼는 것도 무리는 아니다. 그들의 경제 사회적 소외와 차별이 해소되면 인식은 바뀔 수도 있을 것 같다.

야생 낙타가 목격된다. 낙타는 이런 극한의 사막보다는 풀이 덮인 스텝사막지대에 많이 서식한다. 이 지역에서도 드물게 보이는 풍경인지 지나는 자동차에서 여행자들이 모두 내려 사진을 찍는다.

메마른 산의 경사지에서는 사람이 살던 석굴이 많이 목격된다. 각박한 환경에서 석굴은 바람과 추위를 막아주고 야생동물로부터 습격당하지 않는 천혜의 대피소다. 불교 사찰로 조성된 것이 대부분이다. 유명 관광지도 아니어서 접근로도 인적도 없다. 속절없이 흘러가는 세월과 스러져가는 부처님이 대화하는 곳이다. 이슬람화 되기 전에는 부처님의 법국이 번성한 곳이다.

협곡(canyon)이 군데군데 이어진다. 메마른 땅에 바람과 비가 만든 풍화와 침식이 계속될 때 생성되는 것이다. 타클라마칸 사막과 톈산산맥이 곳곳에서 대접전을 벌이며 파노라마를 연출한다.

특이하게도 사막을 흘러가는 하천이 보인다. 톈산의 만년설과 얼음이 녹아 사막을 적시고 오아시스를 만드는 것이다. 이 물줄기는 세월 따라 바뀌며 국가와 민족들의 번영과 쇠퇴를 반복시켰다. 물을 따라 식량을 따라 민족이동은 계속될 것이다. 중동과 북아프리카 난민 사태도 길게 보면 생존을 갈구하는 인류의 대 이동

척박한 사막에 텐산의 물이 흐른다.
텐산은 사막의 어머니처럼 젖을 준다.

바이청현 키질 천불동 명승지이다.
부처님 천 분만 모시면 그곳이 극락이
었다.

일 뿐이다.

우리는 오아시스 도시 아카수를 찾아가면서 중간에 인도불교의 동방 전파경로
에서 중요한 역할을 하는 바이청현의 '키질(克孜, kizil) 천불동'을 만나게 된다.

5~7세기 불교유적인 '키질 천불동(키질석굴)'은 서방과 인도 페르시아의 영향
을 받은 남방불교 유적이다. 100여 개의 굴로 만들어진 사막 속의 불교 성지다.
둔황의 막고굴에 버금가는 유적인데, 시간이 촉박해 외곽에서 관람하고 발길을
돌려야 하는 게 많이 아쉬웠다

탑의 모습이 인도 페르시아 풍이다. 불교도 기독교도 신앙은 지역과 사람의 모
습을 닮을 수밖에 없다. 남방불교의 흔적이 많다.

신앙과 종교는 척박한 곳에서 더욱 깊이가 깊어진다는 게 나의 발견이다. 고통
받는 역경 속에서 내세를 믿고 희망을 갈구하는 건 연약한 인간의 마지막 보루다.

사막의 강은 이곳에서 마르지 않고 천년을 흘렀다. 사막의 백양목이 물가를 따
라 줄을 서 있다. 그리고 그 물과 나무 사이로 구도하는 인간과 이를 찬양하는 여
행객이 실크로드를 따라 흘러간다. 또 다른 구도자를 기다리는 듯 천불동을 보호
하려는 듯 거대한 사암 병풍이 우람하게 서 있다.

포장이 안 된 길은 자동차에겐 치명적 약점이다. 사람과 짐을 가득 실은 자동차
는 견디기 어려우면 펑크를 낸다. 마치 당나귀가 힘이 들면 꾀를 부리는 것과 같다.

최근에 복원된 사찰 담장이다. 복원은 정밀하게 과거를 회생시키는 또 하나의 창조 작업이다.

오늘도 역시 차량 1대에 또 펑크가 났다. 신형 타이어라 해도 펑크가 나면 1시간 이상 주행은 무리다. 신속히 자동차 수리점을 찾아야 한다. 1시간 정도 지나 작은 도시 '바이청' 외곽에서 수리점을 발견했다. 바퀴를 수리 중에 호기심 많은 현지인들이 우리의 여행에 관심을 보이며 새로운 명소 하나를 알려준다.

이럴 때 자동차 여행의 진가가 나타난다. 과감히 찾아가 보기로 했다. 사막

키질석굴을 지키는 수호신, 암벽 병풍이다. 그 정상에도 구도자의 손길이 있다.

'온숙탁목얼 대협곡 유객중심(원쑤 타모아 대협곡 여행자 센터)' 현판이 설치되고 있다.
한자로 현지어를 번역하는 게 어색하다.

겉은 멀쩡한데 엔진은 폐기 직전이다.
거친 사막에서 연륜이 흘렀다.

길 두세 시간을 헤맨 끝에 다시 한 번 사막의 신비와 조우하게 된다.

개발이 진행되고 있는 '원쑤현 타모아 대협곡'이었다. 이곳에서 백여 킬로미터 떨어진 곳에 톈산의 제2봉 타모아(7,435미터)가 타클라마칸 사막과 재회하며 벌어진 대접전의 결과가 이렇게 된 것이다.

개장이 안 된 안내센터에는 근무 중인 젊은 직원 두서너 명만 보였다. 그중 한 명에게 우리의 여행 목적을 설명하고 협곡에 입장할 수 있도록 안내를 부탁했다.

30년은 됐을 도요타 지프를 임대하고 협곡으로 들어갔다. 시동이 꺼질 듯 질식할 것 같은 낡은 지프는 디젤 연기를 차 안으로 뿜어대며 협곡 속으로 30분 이상을 들어갔다. 안내 없이는 길을 잃어 실종되기 십상이다.

기대 반 실망 반으로 좀 더 들어가니 범상치 않은 사막의 경관이 펼쳐진다.

말라 들어가는 사막의 고목과 홍색으로 빛나는 전형적인 사막 사암이다.

안내자는 우리의 인내력을 시험하려는 듯 눈치를 봐가며 움직이는 게 영락없는 중국인이다. 시간에 쫓기는 여행자의 심리를 잘 파악하고 있다. 그는 이곳의 포인트를 정확히 알고 있었다.

황량한 사막 대지 위에 사암이 끝없이 나타난다. 아무리 좋은 경관도 가이드 없이 움직이면 코끼리 다리 만지기와 같다. 로컬 전문가의 도움은 항상 효율적인 이동을 보장해준다. 대협곡 입구로 우리를 데려간다. 이제야 본격적으로 물건을

과거에는 물이 꽤 있었다는 증거이다. 물이 사라지면 큰 나무부터 사라진다.

풀어 보인다. 톈산산맥과 타클라마칸 사막은 또다시 만나 대 접전을 벌인다.

쿠얼러의 '톈산 신비 대협곡'과 난형난제다. '신비 대협곡'은 여성다운 아기자기
한 깊은 아름다움이라면 '타모아 대협곡'은 남성적이고 힘이 넘치고 탁 트인 시야
가 늠름하다. 협곡 사이에 작은 바위가 오도 가도 못하고 끼어 있어 마치 작은 부
처님의 모습이다.

대 산맥과 대 사막은 마지노선을 만든다. 협곡 사이로 말라버린 사막의 강줄기가 있다.
더 이상 서로의 영역에 침범을 금한다. 비가 오면 다시 흐르는 사막의 강(무수천)이다.

입구의 단애가 거대한 병풍처럼 펼쳐진다.
영원한 창조자는 자연뿐이다.

거대한 사암 가운데 부처처럼 서있다.
평화의 합창은 작아도 크게 들린다.

협곡이 속살을 드러내기 시작한다. 사막의 더위는 사라지고 시원한 바람이 협곡 사이로 분다. 두 바위도 한 몸이었을 때가 있었는데, 바람과 비가 사이를 갈라 놓았다. 협곡은 하늘을 만나 세계지도를 그리려는 듯 점점 깊어져 간다. 협곡은 이제 신의 손길이 닿아있음을 인간에게 가르친다.

암벽은 어두워지며 대륙을 창조한다. 조명도 커튼도 필요 없다. 오직 신의 뜻에 따라 움직이면 된다. 암벽 사이로 작은 바위 하나가 다시 나타나 거대 바위의 이질감을 메꾸려는 듯 러시아의 변방 캄차카반도를 그린다.

앵글에 따라 협곡은 모양을 전혀 달리한다. 마치 능숙한 모델이 변신하듯 순식간에 얼굴을 바꾼다.

바위는 수백만 년간 하늘을 향해 자기 모습을 만들고 있는데, 수명도 100년 남짓한 인간만 호들갑을 떤다. 다시 빛이 있는 곳으로 이동해 본다. 하늘의 명장이

거대한 협곡 속에 널따란 사이 길이 있다.
그 길에 영겁의 세월이 있었다.

협곡 사이로 파란 하늘이 들어온다. 밝음과 어두움이 신의 손에 따라 춤을 춘다.

순례자의 고뇌

영광의 빛

아담

이브

사막의 길 운명의 길

빚어낸 남성의 상징인 듯 아담이 생명을 용틀임한다.

수직의 암벽이 나타난다. 생명의 기쁨을 축원하며 경을 읽는 수도자가 묵상하는 듯하다. 세기의 감독 스필버그가 나타난 것일까?

협곡은 여러 갈래다. 아쉬운 마음에 다시 깊은 협곡의 중심으로 이동해 갔다. 사진은 작가의 생각이 빛을 만나고 앵글을 잡아나가는 결과물이다.

협곡은 너무 거대하여 어느 곳으로 향해도 끝이 없다. 실종될까 두려움에 몸을 부르르 떨며 돌아 나올 수 밖에 없다. 관람객이 아무도 없다. 일행들도 지쳤는지 입구에서 기다릴 뿐이다. 홀로 보기에는 두려움이 갈 정도다. 언제 또 만날 수 있을까. 상봉 후 이별하는 이산가족처럼 붙잡고 놓을 수가 없다.

석양이 들어오는 시간에 다시 한 번 이동해 갔다. 호기심과 탐구심은 종종 미로를 헤매다가 실종될 정도로 빠져나오기 쉽지 않다. 일몰 직전까지 부지런히 움직여야 사진도 감흥도 식지 않는다. 이럴 때면 이곳에 아예 숙박을 하고 여명까지

타모아 협곡의 석양.
중후하고 힘이 넘치며 남성스럽다.

물이 만든 길은 모래 위로 나아가고 있었다.
이곳도 세월이 흐르면 대협곡이 된다.

보고 싶다.

인간이 만든 장성은 2천 년도 버티지 못하고 부서져 내리지만, 자연이 만든 장성은 2백만 년을 지나도 그 모습이다. '인생은 짧고 예술은 길다'면 '예술은 길고 자연은 영원하다'로 불러야 한다.

메마른 장성 사이에도 길은 있다. 짧은 인간이 대를 이어 가면 그 길은 길어지고 실크로드가 된다. 톈산산맥과 타클라마칸 사막의 재회는 마지막 용틀임을 한다. 인간적인 자연이랄까 생각하는 갈대일까, 묘한 암석상을 만들어 낸다. 자연은 그대로 있는 데 인간은 백가지로 상상한다.

이곳에도 끈질긴 생명의 뿌리가 있고 산양인 듯 한 동물의 발자국이 나 있다. 실제로 암벽 사이에서 나타난 산양을 잠시 보고 촬영하려 했으나 아메리카 인디언처럼 바위 사이로 재빨리 사라지는 것을 보았다.

사막의 협곡에도 물이 스쳐가는 길이 모래 위로 나타난다. 우리가 상상할 수 없는 그 옛날에는 이곳에도 비가 내리고 톈산의 만년설이 녹아 흘러내린 것이다.

'타모아 대협곡'은 신장 위구르 톈산남로의 원쑤현에 위치하며 실크로드의 순례자 모두를 환영할 준비를 하고 있었다. 머지않아 그 모습을 공개할 것이다.

위구르인의 고향, 카슈카르(喀什)

　　중국 영토의 1/6을 차지하고, 한반도 넓이의 8배나 되는 광활한 땅 신장 위구르 자치구에 들어오면서 떠나지 않는 물음이 있었다.

　　과연 이 땅의 주인은 누구인가? 그들은 어떤 역사를 살았으며 어떤 미래를 그리는가, 중국은 그들을 어떻게 지배하고 있는가.

　　마침 우리는 중앙아시아로 가기 전에 이곳 카슈카르에서 보급과 정비를 위해 3일을 체류하는 휴식일정을 잡았다. 국제 바자르 시장과 카슈대학, 박물관, 역사유

파미르고원은 카슈카르(喀什)의 역사였다. 위구르인은 이곳에서 실크로드를 지배했다.

현대 위구르인의 전형적 모습이다.
소외와 불평등을 응시하는가.

카스 박물관의 위구르인 남녀상.
외모와 피부가 서양인과 흡사하다.

적을 볼 수 있는 일정을 갖는다.

신장 위구르지역은 중국 한족에게는 신강(새 영토)이었으나, 이곳의 원주민은 위구르족이다. 인구는 2,100만여 명에 불과하다. 위구르인 인구는 840만 명으로 지역 인구의 45%를 차지한다. 그리고 전 세계 위구르인의 90%가 이 지역에 살고 있다.

위구르인은 흉노계 투르크 민족으로 기원전부터 몽골고원과 바이칼호 남쪽에서 거주하였다. 3~4세기에 중앙아시아와 톈산산맥 남쪽으로 이동해 정착한 민족이다. 유목생활을 기본으로 하고 일부는 정착농업도 하고 있다.

이들은 대당제국과 이슬람 압바스왕조가 접전한 역사적인 '탈라스 전투(751년)'에서 이슬람이 승리한 후, 파미르 서쪽과 동쪽 타림분지(타클라마칸 사막)의 지배권을 확립하고 서서히 이슬람화 한다. 이후 중세까지 실크로드의 주도권을 장악하고 동서무역을 매개하며 힘을 축적한다.

그러나 1759년에 청나라의 건륭제가 우루무치를 넘어 이곳 카슈카르까지 지배하며 1884년에는 신강(新疆)이라 명명하게 된다.

청의 건륭제가 위구르를 복속시킨 후 위구르인 통치자는 절세미녀인 딸을 건륭제의 후비로 보냈다. 그 이름이 '향비'이다. 정략혼이며 인질혼의 성격이다. 이를 두고 해석이 엇갈린다. "밤마다 칼을 품고 자며 황제를 죽이고 고향으로 가는 꿈을 꾸었노라"고.

19세기 중반에도 40여 차례의 독립운동이 일어나지만 모두 실패하고 만다. 20

건륭제의 후비 향비의 이슬람식 묘실이다.
여인은 슬픈 역사 속에서 죽어서야 돌아온다.

카슈카르의 미래를 상징하는 카스대학
건물. 시위도 경계도 없는 정적이 감돈다.

세기 들어와 청의 멸망과 국공내전 중에는 동투루키스탄 공화국이라 자칭하기도
할 만큼 독립의지가 강력하다.

다시 1990년대에 러시아의 연방해체로 이슬람 이웃 투루크계 민족이 독립하
면서 이곳에도 동투루키스탄 독립운동(ETIM)단체가 생겨난다. 이때부터 상황이
매우 예민해져 테러와 시위 등이 빈번해진다.

우루무치가 중국인들이 만든 자치구 수도라 한다면 카슈카르(카스)는 위구르인
의 정신적 수도라고들 말한다. 카슈카르는 타림분지 서쪽의 오아시스 도시로 인
구 50만 명의 '난장(南疆)' 제1의 도시다. 실크로드 텐산북로와 남로의 요충지이
며, 경제 문화 교통의 요지이다. 현장법사도 마르코폴로도 이곳을 거쳐 중원으로
가거나 서역으로 가게 된다.

이런 지정학적 위치 때문에 이곳을 두고 중국, 티베트, 중앙아시아제국, 토족
세력과 심지어 러시아, 영국까지 개입하는 분쟁의 터가 된다.

카슈카르에는 소륵이라는 고대 오아시스 도시국가가 건국되는 등 오랜 역사가
있다. 곳곳에 소륵국의 유적이 남아있어 위구르인들의 정신 속에 살아있음이 확
인된다.

카슈카르 박물관은 택시운전자도 잘 모르는 낙후된 지역에 소박하게 자리 잡
고 있었다. 방문자도 별로 없고 입장료도 받지 않았다.

위구르인은 투르크계 후손이며 알타이계통의 언어와 말, 이슬람교와 문화를

카슈카르 박물관은 소박하였다.　　　　전통복장과 색상이 페르시아 풍이다.
어디에든 박물관은 역사의 고향이다.　　조선이 백의민족이듯 위구르는 투루크족이다.

유지하는 민족이다. 현란한 색상과 화려한 문양이 투르크 민족의 전통적 칼라감
이다. 중앙아시아 각국과 아제르바이잔, 터키 등에서 무수히 목격되는 문양과 색
이다.

　이곳에서 전통 칼의 거래는 위법이다. 테러에 이용될 위험성이 있어서 금지하
였다. 그러나 시장구석에서 비밀리에 보여주는 전통 칼까지 없앨 수는 없었다.

　재래식 시장 '통 바자르'는 규모도 영세하고 시설도 낙후되어 있지만 위구르인
들은 특유의 사교성과 상술로 시장을 이끌고 있다.

　손자들을 데리고 시장을 지키는 위구르 노인의 표정이 순박하다. 이 노인도 그
의 할아버지로부터 이런 살림을 받았을 것이다. 위구르인들은 어린이들에게 역사
를 계승시킨다.

　우루무치에서 카슈카르(카스)까
지는 1,600킬로미터에 달하며 고
속버스가 운행된다. 마침 우리는
이동 중에 우루무치에서 카스를
왕복하는 고속버스를 보게 되

이슬람 사원이 시장 입구를 지킨다.
시장은 사람이 만나는 곳, 자유가 넘친다.

손자를 안은 노인의 평안한 표정이다.
현실의 각박함을 가족의 화합으로 이겨낸다.

2층 고속버스가 고속도로에 정차 중이었다.
위구르어와 한자로 쓰인 황금색 노선표.
칼라 느낌이 우리와 매우 다르다.

었다. 하루 800킬로씩 달려 이틀 걸리는데, 운전사가 2명이며 실내는 전부 침대 칸이다. 비행기보다 가격이 싸기 때문에 서민층과 젊은 층이 선호한다.

문제는 경제적 사회적 불평등이 심화되고 있다는 점이다. 도심지 재개발로 변두리로 밀려나는 위구르인들은 도시 외곽 개발로 주택과 농토를 잃고 전락하는 현실이 더욱 두려운 것이다. 농업과 목축에 의존하는 위구르인들의 흙으로 만든 전통가옥과 재래식 부락은 점차 사라지고 있었다. 현대화는 이곳에서도 무자비하다.

1990년 소련의 해체는 세계 역사에 큰 충격을 준다. 중앙아시아 투르크민족의 이슬람국가들이 독립된 후부터, 위구르인들은 독립국가의 꿈에 부풀어 오르고 있었다. 게다가 위구르족과 한족간의 경제 사회적 불평등의 확대에 대한 반감 등이 어우러져 신장 전 지역이 소리 없이 저항하는 모습이다.

현대 중국은 식민 지배를 벗어나 세계 제2의 강대국으로 굴기했고, 다민족국가 통치의 노하우가 오랜 기간 축적되어 있다. 그럼에도 '신장의 안정이 없이는 중국의 안정이 없다'고 엄정하게 천명하고 있다.

어쨌든 언어 종교 인종이 다른 이민족을 포용하는 정책은 정말로 난제다. 중국의 고민이다.

아름다운 실크로드 도시 카슈카르에 석양이 비친다.

좌측은 위구르인 전통부락, 우측은 번화한 도심의 야경. 소수민족과 한족의 현실이다.

낮게 짓고 나무를 심어 모래를 막는다. 주택도 전부 대규모 아파트로 바뀌고 있었다.

위구르인의 고향, 카슈카르(喀什)　**219**

태양의 땅, 파미르의 봄

　세계의 지붕이라 불리는 파미르고원은 북쪽으로 톈산산맥, 동쪽으로 쿤룬산맥과 접하고. 동남쪽으로 카라코룸 산맥과 히말라야 산맥, 남쪽으로 힌두쿠시 대산맥이 뻗어 나간다.

　평균 고도가 6,000미터인 고원 대지이며, 중국 신장 위구르 지구와 아프가니스탄, 파키스탄, 타지키스탄, 키르기스스탄 등 5개국에 경계를 접하고 있는 광대한 고원이다. 한편 파미르를 분기점으로 동아시아와 중앙아시아가 갈라져 고대로부터 동서교류의 요충지가 된다. 실크로드 톈산남로와 오아시스남로는 필히 이 구간을 통과해야 한다.

　오늘 출발 지점인 신장 위구르지구 카슈카르(카스)에서 파미르 고원까지는 산악길 약 250킬로미터 거리로 자동차로는 하루 만에 주파가 가능하다.

구름이 감싸고 있는 파미르 고원의 고봉. 동파미르 콩쿠르봉은 고도 7,719미터이다.

해발 3,914미터에 위치한 카라쿨 호수. 대 산맥은 항상 명승절경을 배출한다.

그러나 1,300년 전 이 길을 넘었던 현장법사나 혜초스님, 대당(唐)제국의 고선지 장군과 5만 군사들은 어느 정도 걸렸을까? 평지에서 강행군을 한다 해도 하루에 30킬로미터 정도 갈 수 있었을 것이다. 험준한 산악길을 고려한다면 하루에 10킬로씩 꼬박 25일이 소요된다.

당초의 목적지는 파미르 고원을 넘어 신장위구르 서쪽 국경도시 해발 4,000미터의 타스쿠얼칸(塔什庫尔干)에서 숙박할 계획이었다. 그러나 우리는 파미르 고원 정상에서 타스쿠얼칸을 밟고 카슈카르로 복귀하기로 했다.

톈산산맥 종단과 톈산남로의 강행군으로 피로와 긴장이 쌓여 고산지대에서 숙박시 탐사대의 건강이 심히 우려되는 상황이었다.

파미르로 가는 길에는 봄이 찾아들고 있었다. 4월 초의 온화한 날씨가 백양목의 새싹을 움트게 하여 사막의 삭막함을 잠시나마 잊게 만들었다. 순박한 위구르

일가족이 마차를 타고 도로를 횡보한다.
가족의 외출은 이슬람 여인도 설레게 한다.

파미르에서 발원한 이 강은 사막의 젖줄이다.
물이 있는 곳에 문명이 발달할 수밖에 없다.

인들은 아직도 말이 끄는 마차를 타고 다니며 씽씽 달리는 자동차를 바라보고 빙긋이 웃는다.

고원의 입구에는 파미르의 눈과 얼음이 녹아 강물을 이루고 사막으로 흘러내리고 있다. 계절은 고산도 피해 갈 수 없는 모양이다. 오랜만에 보는 강과 파미르의 물이라는 생각에 손을 담그고 얼굴에 뿌려 세수를 한다. 얼음처럼 시리나 몸은 날아갈 듯 하다.

출발한지 1시간 만에 해발 2,500미터의 국경검문소를 통과한다. 깎아지른 협곡 사이로 비포장 길이 먼지를 일으키며 맞는다. 수명을 다한 아스팔트와 파헤쳐진 도로가 앞길을 막는다. 좌우는 풀 한 포기 나무 한 그루 자랄 수없는 건조한 암사면이다.

까마득한 높이로 고가도로 교각이 세워지고 있다. 재래식 장비와 사람의 힘으로 진행하는 게 중국식이다. 중국이 아니라면 몇 십 년 걸릴 공사다. 카라코룸하이웨이는 파헤쳐지고 도로는 거의 사라졌다. 새 도로가 완성될

낙타의 길을 자동차 길로 바꾼다.
파미르의 산도 온통 몸살을 앓는다.

공기의 오염도를 비교해 보기로 했다. 좌측은 2,000미터 지점에서 촬영한 파미르다.
우측은 설산이 나타나는 3,000미터에서 찍은 하늘이다.

때까지 승용차 통행은 불가능할 것 같다.

교각 사이로 파미르의 만년설에 덮인 고봉들이 얼굴을 내민다. 아직까지도 시
야는 황사와 공사판의 먼지로 깨끗하지 못하다. 고도계는 대략 2,500미터를 가리
킨다.

약 3,000미터를 올라서니 신기하게도 파란 하늘이 나타난다. 3천 미터를 경계
로 인간의 속계와 신의 선계가 나누어지는가 보다. 파키스탄 번호판을 부착한 국
제 화물 트럭이 파미르를 넘어 중국으로 들어온다. 현대판 실크로드 상인이다.

페르시아어로 '태양신의 땅(Pa-imihr)'이라는 파미르는 중국령인 동부 파미르,

허덕이며 올라보니 태양신의 세계가
보인다. 북쪽으로 톈산산맥과 연결된다.

파미르 고원은 광활한 고원평지다.
지각변동이 심한 청년기이다.

구름이 카라쿨 호수와 고봉 위를 거닌다. high clouds, Karakul lake and Pamir

고원 분지인 중부 파미르, 타지키스탄, 키르기스스탄, 아프가니스탄, 파키스탄과 접하는 서부 파미르로 나뉘어 기후도 다르다.

동부는 춥고 건조한 산악지대이며, 중부 파미르는 고원 분지로 춥지만 눈과 강우로 여름에는 고원 농업이 가능하다. 서부는 1,000밀리미터 이상의 강우로 빙하와 삼림이 우거져 유네스코 지정 자연유산이기도 하다.

동부 파미르의 고산 설봉이 3천5백여 미터에서 나타난다. 파미르 고원 분지에 거의 다 오른 것 같다. 이곳부터는 카라코룸 하이웨이의 도로 상태가 양호하여 시속 60킬로미터 이상의 속력도 가능하다. 고생 고생해서 올라오니 파라다이스가 전개되는 듯하다.

고산지대에서 만난 카라쿨(Karakul) 호수는 평온하며 신비스럽다. 이곳을 배경으로 수많은 예술사진이 창조된다고 한다. 멀리 보이는 설봉들은 최소 6~7천 미터 높이의 히말라야급 고봉들이다. 이곳에서 서남쪽으로 힌두쿠시산맥과 히말라야가 이어진다. 파미르는 세계의 고봉을 만들어 내는 중심 산맥이다.

이 산상 호수 카라쿨은 중국정부가 수리 조절을 위해 산상 댐을 만든 후 더욱 확장되고 깊어졌다. 고원 고산도 태양빛을 계속 받으면 눈이 적당히 녹아 대지가 드러나며, 반백의 중후한 신사 같은 산이 된다.

인간은 태양신의 땅에서도 악착같다. 여행자를 상대로 파미르의 기암괴석과

언덕 뒤로 파미르의 능선이 뻗어 있다. 치열한 삶과 빼어난 자연이 공존한다.

토산품을 파는 중국의 소수민족인 타지키스탄 상인들이다. 얼굴이 까만데다 검은 옷과 모자를 착용하고 있어 험악스럽게 보인다. 실제로 한번 잡은 손님은 놓아주지 않는다.

하지만 이들의 장사 터 앞이 사진 촬영과 휴식의 포인트다. 전쟁터에서 물건을 파는 전시 상인도 국제 관습법상 보호된다는데 이 정도 가지고 비판하기에는 그들의 삶이 너무 절박하고 궁핍해 보인다.

우리가 가는 도로(카라코름 하이웨이, 일명 중국 파키스탄 우정의 도로) 옆 산 쪽으로 고대로부터 사용되던 소로가 계속 이어진다. 카라반과 낙타, 서역정벌을 가는 군인과 말, 불교 성지로 구도의 길을 떠나는 승려의 모습이 아른거린다.

하늘로 가는 길이다. 구름이 고봉을 덮고 고원 대지는 눈이 덮어 하늘로 가는 길만 열려 있다. 구도 승과 탐험가와 카라반은 파미르를 통과하며 신과 자연을 가

파미르와 카라쿨호 환상이 유혹한다.
첫사랑 첫 입술 같은 설렘이다.

파미르 고원에도 토착민이 살고 있다.
삶이 고달파도 파미르는 놓아주지 않는다.

슴에 담았다. 반드시 살아 돌아가 이 감격을 모든 이와 나누기 위해.

파미르고원은 거대한 고원 분지였다. 80킬로미터의 속도로 30분 정도 달려도 그대로 고원 속이다. 저 고봉만 넘어서면 파미르 태양신의 영역이다. 자동차는 달릴 수 있지만 낙타는 또 하루를 걸어야 했을 것이다.

고속도로 연변에서나 볼 수 있는 커다란 표지판이다. 거센 바람과 폭설을 대비한 것인지, 미적 환경적 감각은 제로다. 여기서부터 카스쿠얼칸 자치현이다. 이곳이 카라코롬 하이웨이 공사 중 가장 난 코스였고 '스바쉬따판'이라 부르는 정자를 만들었음을 말하고 있다.

파미르 여행 안내판에는 중국어, 영어, 러시아어 그리고 한국어로 해설이 되어 있다. 파미르에서는 한국이 미국, 중국, 러시아와 더불어 4강 대열에 진입한다. 여행객과 순례자가 많아서일까.

거대한 고봉 곁으로 길을 열었다.
난 구간에서 피와 땀의 냄새를 맡는다.

실크로드의 주요 통과지이며 이곳에서
파미르의 고원 고봉 평원 호수가 조망된다.

위대함 Great achievement

파미르 고원에 도착했다. 강풍을 피해 차량을 안전한 곳에 주차시켰다.

4,200미터 고지는 쉽게 문을 열어주지 않는다. 바람과 눈, 그리고 강렬한 태양이 눈을 뜨기 힘들게 한다. 파미르의 봄은 이방인에게 사나웠다. 기온은 영하 일이 도인데, 강풍이 몰아쳐 체감온도는 훨씬 춥다.

남쪽을 향해 본다. 구름과 고봉의 밀어가 남았는지 고봉을 구름이 안고 있다. 쉽게 비켜나지 않는 구름이다. 앵글을 돌려봐도 크게 다르지 않아, 따뜻한 톤으로 다시 촬영해본다. 현재 고도는 해발 4,200미터로 노약자는 약간 어지러워지기 시작한다.

줌으로 끌어당겨도 구름 뒤의 산봉우리는 들어오지 않는다. 오늘은 여기까지 보여 주려나 보다. 어림잡아 7천 미터는 넘는 것 같다. 정상은 올라보면 실망하는

기대 Expectation

공존 Coexist

축제 Festival

귀로 Coming back

경우가 많다. 기대가 부풀어 올라 있어 웬만한 건 눈에 안 들어오기 때문이다.

이리저리 분주하게 앵글을 잡아본다. 잠시 후 "머리가 아프고 가슴이 답답하다"는 말이 들려온다. 고산병의 징후다. 아쉽지만 즉시 철수하기로 했다.

긴장한 탓에 식사도 못하고 정오를 훨씬 넘겨 차 속에서 비스킷과 물로 대체했다. 고산지대에서는 머무를 수 있는 시간이나 공간이 매우 짧다.

다시 카라쿨호를 지나 파헤쳐진 카라코룸 하이웨이를 덜덜거리며 카슈카르로 돌아내려 올 수밖에 없다. 산악 길 500여 킬로미터는 하루 일정으로 무리다. 긴장과 피로로 눈이 감긴다. 저녁 7시에야 숙소에 도착했다.

04

파미르 넘어,
중앙아시아

전 경찰청장 이태순의 실크로드 도전기

부활하는 실크로드, 키르기스스탄 길

    신장 위구르지구 카슈카르(카스)를 출발해 파미르 고원 서북쪽 이르케스탐(중국어로 이얼커스탄) 패스를 지나 중앙아시아의 내륙국 키르기스스탄 국경도시 오시로 이동하는 날이다.

    이 루트는 파키스탄으로 통하는 카라코룸 하이웨이와 더불어 톈산남로의 메인 도로로 중앙아시아로 가는 지름길이다. 카슈카르에서 키르기스스탄으로 통과하는 루트는 북쪽의 투르갓(투얼카터)과 남쪽의 이르케스탐(이얼 커스탄)두 곳이다.

톈산 남쪽과 파미르고원 사이 길이다. 중앙아시아로 향한 중국의 야망이다.

카스-이르케스탐 고속도로가 건설되
었다. 실크로드는 부활되고 있었다.

신설 고속도로 옆으로 옛 길이 있다.
유목민의 길과 새 길이 서로 의존한다.

　　이르케스탐은 파미르고원과 톈산산맥의 중간 지점으로 소수의 유목민이 살던 실크로드의 오지였다. 그러나 2013년 카슈카르에서 200킬로미터의 고속도로가 개통된다. 그 도로의 끝에 위치한 이르케스탐 국경세관은 중앙아시아와의 중요한 무역로로 재탄생한다.

　　실크로드의 옛 명성을 되찾은 것이다. 하루에 화물트럭 100대 이상과 100여명 이상의 여행객이 통과하게 된 것이다.

　　중국은 인접 14개국과 국경을 맞대고 있다. 여기에 홍콩 마카오까지 합하면 16개국인 셈이다. 아프가니스탄과 부탄은 국경이 있지만 국경통과는 허락되지 않는다. 중국의 국경 출입국 사무소(국경 세관)는 모든 외국인의 통과가 허용되는 1급 사무소와, 상대방 국민과 화물차량만 허용되는 보통 사무소가 있다. 이르케스탐은 1급 국경 사무소다.

　　특히 신장 위구르나 시장(티베트) 지역은 외국인의 출입국이 엄격히 통제되어 있다. 외국인이 개인 차량을 가지고 타국으로의 국경 통과는 매우 어렵다. 아마도 한국인이 자동차를 직접 한국에서 가지고 와서 이 코스를 통과하는 것은 최초가 될 거라는 설명도 있었다.

　　그러나 중앙아시아의 치안불안, 허약한 교통 인프라에 대한 선입관과 국경통과에 대한 부담감으로 설레임과 불안감이 교차한다.

　　오전 10시 30분에 시작한 국경에서의 차량통관 출국심사와 세관검사는 어느

천안문을 본떠 위용을 과시한다.
이르케스탐은 중국의 자존심이었다.

양들이 도로에 배를 깔고 누웠다.
이곳은 유목민의 길이었다.

것 하나 간단치가 않다. 오는 중간에도 2차례나 정밀공안검사를 마치고 왔는 데도 소용이 없다.

세관검색이 특히 심하다. 차량에 신고 온 식량 텐트까지 전부 펼쳐놓고 전수심사를 한다. 테러나 범죄혐의도 없는 통과 관광객을 이렇게 취급하는지 이해가 안 간다. 그들은 마약밀수와 총기밀반출을 통제하기 위한 것이라 말한다.

특이하게도 실제 국경은 1시간 정도 더 떨어진 곳에 있다. 중간에 국경부락과 양을 방목해 키우는 목동이 목격 된다. 국경에서 교역과 교류가 이루어지는데, 주변이 고원 극한지라 국경사무소를 100여 킬로미터 내륙으로 이동해 놓은 것이다.

허겁지겁 출국심사를 마치고 30킬로미터 정도 가는데 차량을 현지에 정지한 채로 대기하라는 세관 연락이 왔다. 정오 이전에 중국 국경을 통과하려고 세운 일정이 모두 수포로 돌아갔다. 돈을 요구하는 것일까, 우리가 지금까지 경험한 중국은 매우 까다롭고 서툴지만 부패하지는 않았는데. 30분 정도 지나 참다못해 우리가 먼저 연락하니 그냥 가도 좋다는 답을 해준다. 국경에서 관리들은 법보다 더 무섭다.

마지막 관문으로 가서 주변 식당에서 식사를 마친 후 14시 이후 국경이 열리기를 기다렸다.

무장경찰이 다시 한 번 차량과 패스포트검사로 시간을 끈다. 끝나고 나가니 마

급할수록 돌아가라는 말이 있다.
여행자에게 금과옥조다.

국경마을과 국경식당 간판.
통과를 기다리는 마지막 관문이다.

지막 게이트에서 또 한 번 무장군인의 공안검사(검문)가 있다. 그 다음에야 천천히 키르기스스탄 국경으로 향했다. 휴 하는 한숨소리가 절로 나온다. 이제야 죽의 장막(냉전시대에 중국을 지칭하던 말)을 넘어선 것이다.

세계 공항 평가를 해서 매년 우수공항을 국제기구에서 발표한다고 한다. 아시아의 국경통과에도 이런 평가를 해서 순위를 매겨 신속 공정하게 하는 제도의 도입은 무망할까.

키르기스스탄 국경사무소에서 시작된 입국심사와 세관검사는 중국보다 까다롭지는 않았다. 심사를 기다리며 중앙아시아 각국의 상인들과 서로의 호기심과 관심사를 교환한다. 국제교류란 것이 이런 형태로 벌어진다.

시간은 이미 오후 4시반을 지나고 있다. 이제 약 500킬로미터 떨어진 키르기스스탄의 제2의 도시 오시를 찾아가야 한다. 찾지 못하면 중간에 텐트를 치고 야

국경 통과를 기다리는 화물 트럭들.
유럽의 국경통과는 천국이다.

타지키스탄 청년 상인의 사교적인 모습.
중국의류를 사서 국내에서 판매한다.

레닌봉이 아쉬워 뒤돌아본다. 거봉은 통과 여행자에게 관심이 없다.

영해야 하는 실정이다. 지도도 내비게이션도 정확치 않다. 국경에서 만난 운전자들도 200~500킬로미터까지 말하니 누구 말을 믿어야 할지, 여행자는 불안 속에서 행복을 찾아야 한다.

　바로 평원으로 가는가 싶더니 도로는 다시 고지를 오르기 시작한다. 석양빛에 파미르의 대 설봉이 저녁 안개 속에 다시 나타난다. 온천지가 눈 속에 덮여 있다. 해발 4천 미터를 넘고 있었다. 저 속 깊은 곳에 소련연방의 최고봉 레닌봉이 우뚝 솟아 있을 터인데 정상의 모습을 보여주지 않는다.

　대 고원과 석양이 만나 일찍이 보지 못한 자연의 극치를 보여준다. 마치 남극 대륙에 와 있는 착각이 든다. 꿈속에 보이는 아련한 아내의 얼굴처럼 태양이 간간이 구름 속에 얼굴을 내민다. 미지의 목적지를 찾아가는 걱정과 여행의 피로를 잠

파미르를 경계로 동아시아와 중앙아시아
가 갈라진다.
자연은 인간과 문화도 동시에 가른다.

텐산을 뒤로한 농촌이 평화롭다.
농촌주택에는 현재와 과거가 보인다.

시나마 잊어본다.

고원을 급하게 벗어나니 키르기스스탄 마을이 간간히 나타난다. 중국에서 보던 것과 형태와 색이 완연히 다르다. 깨끗하고 세련된 것이 러시아의 영향을 받은 듯 하다. 공기도 신선하고 파란 하늘이 눈에 띄게 들어온다. 약간 서늘한 지중해식 기후라 한다. 자연이 아름다워 아시아의 스위스라 부르기도 한다.

텐산산맥, 파미르고원, 이식쿨호수, 탈라스강이 이 나라의 대표적 자연유산이다.

인구 600만 명의 키르기스스탄도 중앙아의 약소국으로 주변 강대국의 침략과 약탈에 항상 시달렸다. 고대에는 흉노와 돌궐, 7세기에는 대당제국, 13세기에는 몽골제국, 19세기에는 러시아의 점령을 받아왔다.

1991년에야 소련연방의 붕괴로 독립한 나라다. 길에는 말을 타고 다니는 사람도 눈에 많이 띤다. 근대적인 것과 현대적인 것이 병존하는 온건 이슬람 국가다.

파릇파릇 봄철이 마을에 와 있다. 외모와 옷 입은 모습이 다른 서역 여인이 저녁을 짓기 위해 물을 담고 있다. 파미르의 동쪽과 서쪽은 완전히 별개인 문화와 전통 속에 살고 있었다.

이 나라에서 도로의 주인은 자동차가 아니다. 소와 양, 염소가 다니면 절대 서행해야 한다. 동물이 사람보다 더 대접을 받는다. 그러나 도로표지도 없고 도로

말을 타고 가는 모습이 의젓하다.
유목민족의 핏줄이 보인다.

모자를 쓴 키르기스 여인이다.
여인의 모습은 이국적이었다.

상태가 급격히 나빠진다. 내비게이션도 작동이 안 된다. 노련한 여행자를 제외하고는 야간 이동은 금물이다.

　나중에 확인한 것이지만 아프가니스탄의 탈레반이 여름에는 가끔 차량을 탈취하러 나타났다고 한다.

　톈산과 파미르는 어디에서나 목격된다. 대 산맥과 고봉을 보고 자란 사람들은

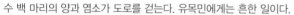

수 백 마리의 양과 염소가 도로를 걷는다. 유목민에게는 흔한 일이다.

텐산의 만년설이 그림처럼 펼쳐진다. 텐산산맥은 유목민의 수호신이다.

영혼이 맑고 가슴이 넓으며 심장은 끓어오른다. 스위스인이 그렇다.

　3천 미터급 산악을 몇 개 넘었다. 어둠이 깔린 빗속을 헤치며 밤 9시경에야 '오시'의 호텔에 도착하니 심신이 다 피곤해진다. 오늘은 약 800킬로미터를 달린 것 같다. 건강한 여행자만이 목적지에 도착할 수 있다.

키르기스스탄 실크로드, 전통의 오시 국제 바자

　중국 대륙을 건너 파미르 고원을 넘어오면 제일 먼저 달라지는 것이 파란 하늘과 푸른 숲이 보인다는 것이다. 맑은 공기를 마시고 푸른 숲을 볼 수 있는 있다는 것은 삶의 기본 조건인데 이러한 환경권이 보장된 나라가 세계에서 많지 않다.

　여기에 더해서 전쟁의 공포 없이 빵과 자유가 있다면 그것은 세계 몇 국가만 누리는 커다란 혜택이다. 세계를 보면 미국, 캐나다, 서부 유럽, 북유럽 일부, 일본, 호주, 뉴질랜드, 한국, 대만, 싱가포르 정도가 아닐까?

오시 시내에 소재한 솔로몬산의 파란 하늘.
지혜와 용맹의 상징으로 각국의 명사들이 큰 꿈을 꾸며 방문한다.

레닌 동상이 우뚝 서 있는 오시 시가지. 레닌이 아직 살아 움직이는 듯하다.

그러나 여기에도 한계가 있다. 한국은 북한의 위협에 항상 직면해 있고, 서부 유럽은 테러의 공포가 휩쓸고 다닌다. 세계 최강대국 미국도 흑백 갈등과 총기 살인이 전쟁만큼 불안하다. 일본과 대만은 지진, 해일, 화산 폭발 등 자연재해로 몸살을 앓는다.

1991년 소련으로부터 독립한 중앙아시아 실크로드 국가는 어떤 수준의 삶을 살고 있을까. 모든 국가가 깨끗한 하늘과 맑은 공기를 가지고 독립의 꿈은 이뤘지만, 아직도 민주주의의 정착과 경제적 빈곤이 해결되지 못하고 있다.

그나마 자원대국 카자흐스탄은 경제 발전의 전망이 보이나 우즈베키스탄, 타지키스탄, 투르크메니스탄은 민주주의도 경제문제도 해결되지 못하고 있다. 거기에 투루크인의 모국이라 할 수 있는 터키는 테러와 쿠데타, 정치적 불안이 소용돌이 치고 있다.

우리가 방문한 키르기스스탄은 비록 한 달 봉급이 20만 원에 불과하지만, 자유의 신장을 바탕으로 경제 활력이 급격히 상승하고 있었다. 과거 실크로드 교역 기

빗속에서도 성업 중인 국제 바자.
실크로드 시장의 명성은 쉽게 서지도 무너지지도 않는다.

오시 외곽의 실크로드 국제 바자 시장은
역사의 산증인이다.

지의 명성을 되찾고 있는 키르기스스탄 제2의 도시 오시도 많은 물자가 주변국과 교류되며 국제도시의 활력이 넘치고 있다.

이제 사회주의로부터 독립한지 25년, 시행착오를 거치며 정상적 국가의 길을 가고 있다. 수많은 상품과 차량 인파가 모여 시장을 이루고, 사람들은 소박한 꿈과 자유를 만끽하며 풍요를 이루려 한다.

시장에는 젊은 청춘들이 호기심과 모험심으로 군데군데 모여 있다. 마치 우리 동대문 패션 플라자에 와 있는 느낌이다. 화려한 무늬의 옷과 스카프 모자를 사고

중앙아 최대 최고의 야외 시장.
주변국 사람과 관광객이 넘친다.

히잡을 두른 소녀들이 시장을 찾는다.
히잡 속에서 세상은 더욱 호기심이 간다.

쇼핑을 즐기며 이슬람 청춘들의 꿈도 익어간다.

이슬람 소녀도 친구의 손을 잡고 시장의 자유를 만끽한다. 우리 일행과 사진을 찍고 안내를 해주겠다고 제안한다. 유목민의 후예들은 조상이 그랬던 것처럼 이방인에게 친절하며 호의를 베푼다.

텐산산맥 기슭의 평화로운 농가.
농촌주택을 보면 그 나라 경제가 보인다.

어제 오후에 중국 국경을 넘어오면서 본 키르기스스탄의 깨끗한 농촌마을이 상기된다. 농촌과 도시의 격차가 없고 물가가 싸서 서민생활은 상당히 안정되어 있었다.

시장에는 각종 농산물이 넘쳐난다. 농산물 특히 채소와 과일 가격이 매우 싸다. 체리 한 봉지가 우리 돈 1,000원이다. 이 시장 가운데에 억척스럽게 한국인(카레이츠, 고려인) 여주인이 자리를 잡고 과일상을 하고 있다.

소비에트 연방 시절 연해주에서 강제로 이주한 고려인의 후예다. 특이한 악센트의 한국말을 하는 것 자체가 경이롭다. 민족은 전쟁에 의해, 자유와 식량을 찾아 이동한다. 한국인은 이제야 국제인이 되고 실크로드의 사람으로 적응하고 있었다.

야외용 모자도 가격이 2천 원 정도 한다. 전통 문양에 물세탁을 해도 변함이 없다. 우리가 말하는 국민소득이 무슨 의미가 있을까? 천 원짜리 물건을 만 원에 팔고 소득이 10배 늘어난 들 소비수준은 같은 것이 아닌가? 잠시 혼란에 빠진다. 과연 우리가 이들보다 잘 산다고 말할 수 있겠는가.

중국에서 보지 못한 구걸하는 거지도 눈에 띈다. 구걸하는 자유가 있으며 빈부격차이기도 하다. 자유로운 시장경제로 발전의 가능성이 매우 높은 실크로드 국가이다.

나를 혼란에 빠트린 2천~3천 원 상당의 전통 모자.
질과 디자인이 전혀 문제없다.

키르기스 모자를 쓰고 체스에 몰두하고
있는 상인들, 시장의 번잡함은 잠시 잊자.

　　시장은 분주한 듯 하지만 항상 여유와 너그러움이 있다. 분주함 속에서 망중한
을 즐기는 상인의 모습에서 시장의 향기를 맡을 수가 있다.

　　오랜만에 현지 한국인의 안내로 고급 식당에서 키르기스 스타일 서양요리를
먹게 되었다. 정갈한 샐러드와 구수한 전통 빵이 버터와 같이 나온다. 풍성한 야

오시 시내 이즘 레스토랑, 실내장식과
직원의 매너, 청결상태, 음식의 질까지 최고 수준인데
가격도 저렴하다.

유목민의 주식인 전통 식빵.
이 식빵은 정착민과 유목민을 구별하는
기준이다.

오시 시 정부 5층 청사에 대형 국기가 펄럭인다. 검소한 청사에 넘치는 활력을 느낀다.

채 요리, 양 갈비 스테이크 그리고 커피까지 나온다.

중국에서는 특급호텔에서도 서양식 식당을 찾기 어려운 곳이 많다. 이에 비해 이곳은 시내 곳곳에 이런 종류의 레스토랑이 시민이 걸어서 접근하기 쉬운 장소에 있다. 실크로드의 역사가 살아 있는 도시답다.

키르기스스탄은 비록 산악 국가이고 인구 700만 명의 축산농업과 상업국가이다. 아직도 공산당의 시조인 레닌 동상이 시내 중심가에 자리 잡고 있을 정도로 과거를 부정하지 않는다.

그러나 그들의 핏속에는 실크로드 상인의 후예로서 부지런함과 사교성이 항상 충만하다. 청정 환경과 자유와 빵을 동시에 해결하고 중국 러시아의 틈바구니에서 독립을 유지하는 슬기로운 민족이 되기를 바라는 마음으로 우리는 우즈베키스탄으로 떠났다.

알라의 뜻대로! 타슈켄트-사마르칸트

키르기스스탄 국경을 넘어 우즈베키스탄의 타슈켄트를 찾아간다. 페르시아어로 '타시'는 돌, '칸트, 켄트'는 도시라는 뜻이다. 돌의 도시 타슈켄트가 된다. 고대 중국에서는 타슈켄트를 석국(石國)이라 불렀는데 그 의미가 이제 이해된다.

타슈켄트는 우즈베키스탄의 수도로 인구 220만 명의 대 도시이다. 우즈베크(Uzbek)인들은 투르크어의 한 계통인 우즈베크어를 사용하는 투르크족의 한 부류이다. 전 인구는 2,900여만 명으로 80%가 이슬람교를 신봉하나, 1865년 러시아의 점령 이후 러시아정교도 15% 정도의 국민에게 전파되어 있다.

만년설 톈산산맥. 오시-타슈켄트 가는 경로에 있다.

중앙아시아의 중심부이며, 지정학적 위치상 동서양의 온갖 인종과 문화가 뒤섞여 있다. 인종의 종류만 100여 민족이 공존해 살고 있다. 심지어 우리 민족 고려인(카레이츠)도 20여만 명이 거주하고 있다. 극동지역에 살던 고려인들은 1937년

국경 마을 '부즈'에서 만난 우즈베크인. 온 마을 사람이 모여 환영해 준다.

소련 공산당이 일본의 간첩행위를 막는다는 안보상의 이유로 야간열차에 태워 강제 이주시킨 것이다. 약소국 민족이 겪는 아픔이다.

덥고 건조한 사막과 초원 지역이 대부분인 우즈베키스탄에서 타슈켄트는 비교적 기후조건이 온화한 편이다. 주변에 강이 있어 수리시설과 관개농업이 번창한다.

중앙아시아 최대의 공업지역으로 소련에서 1991년 독립한 후 중도 민주공화국의 길을 걷고 있다. 우즈베크인은 기본적으로 유목민의 혈통과 문화를 지니고 있다. 외부인에게 매우 친절하고 상냥한 그들의 도움을 우리는 여러 곳에서 받는다.

키르기스스탄 국경을 통과하여 우즈베크의 작은 마을에서 온 동네 사람이 다 모여 즉석 환영 잔치를 베풀어 줄 정도다. 우즈베키스탄에서 한국은 '코리안 드림'으로 통한다.

한국에서 외국인 노동자로 일한 청년들이 귀국해 집을 사고 자동차를 산다. 그들은 한국 경험을 바탕으로 회사를 경영하며, 사회의 중산층이 될 수 있는 길이 열려 있다. 한국에서 1년 노동의 급여는 그들에게 7~8년의 봉급이다. 3년간 체류하여 20년의 봉급을 받을 수 있다. 한국어를 배우고 한국 사람과 만나고 싶어 하고 한국차를 소유하는 것을 큰 자랑으로 삼고 있다. 시내에 돌아다니는 차의 70%는 한국의 대우 자동차다. 외국인 노동자에게 한국 역사와 문화를 가리켜야 더 큰 효과가 있다.

수도 타슈켄트 광장의 티무르 동상.
오스만제국과 중국대륙까지 침공준비를 한다.

타슈켄트 역사박물관.
아쉽게도 휴일이라 잠겨 있었다.

그들은 술탄 '티무르'를 우즈베키스탄 최고의 영웅으로 우상화한다. 시내 곳곳이 티무르의 동상이다. 티무르는 역사상 가장 용맹한 장군이다. 평생을 말을 타고 전쟁을 생활로 여기는 정복광이다.

주말에 도착하여 고려인 부부의 안내로 시내 전통시장과 시가지를 답사했다. 실크로드의 중요 거점답게 상인들은 활달하고 시민들이 시장을 즐기고 있다. 화분에 심은 꽃과 이슬람 문양의 실크가 싼 값에 거래된다.

현지 화폐가치가 낮아 미화 백 불이면 현지 고액권으로 몇 다발이다. 만성 인플레와 외화 부족으로 경제는 침체 상태다. 밀가루를 반죽해서 숙성시킨 후 전통 화덕에 구워내는 빵집이 동네마다 마을마다 몇 개소씩 있다. 빵을 보면 위구르인이나 터키인이나 중앙아시아인이라면 똑같은 방식으로 굽는다. 그들은 모두 한 핏줄의 투르크 유목민족의 후예이기도 하다.

타슈켄트에서 사마르칸트로 가는 길은 쉽지 않았다. 출발부터 디젤유 주유소를 찾는데 시간을 낭비했다. 우즈베키스탄은 산유국이나 석유 정제기술이 낮아 디젤유를 잘못 주유하면 엔진이 고장 난다. 이것이 우즈베키스탄에서 최대의 애로였다. 터키나 카자흐스탄에서 밀수된 기름을 사서 차위에 매달고 사막 길을 달려야 했다.

결국 마음씨 넓은 택시 운전기사의 도움으로 간신히 주유하고, 시 외곽까지 안내를 받아야 했다. 운전기사는 택시요금 조의 돈을 한사코 거절한다. "나그네를

작지만 깨끗한 전통시장.
물가가 저렴해 쇼핑의 천국이다.

주식인 빵을 전통 화덕에서 굽고 있다.
유목민의 전통 음식이다.

돕는 것은 우즈베크인의 전통이고, 그것은 알라신의 뜻"이라고 말한다.

우즈베키스탄 수도 타슈켄트에서 발견한 이정표이다. 사마르칸트 288킬로미터, 부하라 557킬로미터, 카불 1,071킬로미터, 테헤란 1,859킬로미터, 악타우 2,179킬로미터, 바쿠 2,279킬로미터이다. 모두가 영웅 티무르가 정복했던 국가와 지역들이다. 그들은 과거의 영광을 재현하고 싶은 모양이다.

실제로 악타우에서 바쿠는 육로로는 1,000킬로미터 이상이고, 해상으로도 500킬로미터 이상이니 이 이정표의 정확도는 떨어진다.

사마르칸트로 가는 길도 인심 후한 친한파 우즈베크인들의 도움으로 어렵게 어렵게 방향을 잡아갔다.

사마르칸트 초입에서 한국에서 노동자로 일한 경험이 있는 유능한 우즈베크인 솔젠을 만난 것은 행운이었다. 그는 한국어에 능통하고 한국에 대한 좋은 기억을 가진 청년이었다. 비교적 순조롭게 숙소를 정하고, 그의 차로 정확한 안내에 의해 답사가 이루어졌다.

외국을 다닐 때 현지 말도 안 되고 길도 모르고 가이드도 없다면 어찌 될까?

성(城)의 도시 사마르칸트는 우즈베크 수도 타슈켄트에서 서북쪽으로 300킬로미터 떨어져 있다. 동방의 로마라고 불리는 고대도시로 실크로드의 주요 교역지이며, 동서 교류를 통해 번창한 도시이다.

그 역사는 참으로 오래되었다. 이미 BC 5C 경부터 아프라시아로 불리며 소그디니아 왕국의 수도였다. BC 329년 알렉산더대왕의 동방 정벌 때 마케도니아의 식민지가 되었다. 이때부터 그리스와 로마의 문화적 영향을 받았으며, 한나라 무제의 사절 장건이 대월지국을 찾아 통과했다는 기록도 있다.

그후 이란과 아프간에 위치한 박트리아 왕국이 한동안 지배하다가, 기원후 700년에는 페르시아 왕조의 식민지가 된다. 1220년에는 몽골제국의 칭기즈칸에게 정복되어 완전히 폐허가 된 도시다.

이런 도시가 14C 후반부터 전설적 제왕인 술탄 티무르에 의해 제국의 수도로 기적적으로 되살아난다. 사마르칸트에는 다시 학자와 상인이 모여들며 실크로드의 경제 문화를 꽃피우게 된다.

칭기즈칸의 후계자를 자처한 '티무르'는 투르크의 후손이나, 재위 30년간 유라시아 대륙에 전쟁의 광풍을 몰고 다닌 정복자였다. 반면에 높은 교양과 학문 예술을 존중하는 복잡한 성격의 소유자였다.

이라크의 바그다드, 시리아, 이란 아스파한, 인도의 델리, 모스크바, 심지어 떠오르는 강국 오스만 터키까지 침공한 약소민족 중앙아시아의 비범한 영웅으로 실크로드의 발전은 물론 중세사에 엄청난 영향을 미친다.

우즈베크인들은 이 세상에서

평생 한 번도 패한 적이 없는 정복광 티무르.
현대 우즈베키스탄의 우상이다.

가장 친절하고 순박한 사람들이다. 그들에게는 유목민의 특성과 전통이 살아있다.

내가 도와주지 않으면 나그네는 필시 사막을 헤매다가 죽을 수도 있다. 배려와 자비심이 충만하다. 한두 번 겪은 게 아니다. 그들은 그것도 '알라의 뜻'이라 말한다. 참으로 겸손하고 도덕심이 충만한 민족이다.

티무르는 칭기즈칸의 후예를 자처하며 이슬람을 믿는 투르크 족이다.

이정표도 한번 지나치면 목적지에 도착할 때쯤 한번 보일까 거의 없다. 소위 도로 인프라 투자가 매우 빈약하여 변변한 고속도로도 보이지 않고 포장상태도 많이 떨어진다. 파미르 고원을 넘어 키르기스스탄부터는 통행료는 없지만 동시에 도로 서비스도 없다(no tax no service). 최근까지 사회주의 러시아의 통치를 받은 것도 원인일 것이다.

사마르칸트는 여행객의 눈을 깜짝 놀라게 할 만큼, 매력적인 중세의 모습을 갖춘 국제도시였다. 거지도 소매치기도 거의 볼 수 없는 그러나 경찰은 치안을 위해 모습이 많이 보이는 곳이다.

구시가지 전체가 살아있는 유적으로 2001년에 유네스코 문화유적으로 지정될 만큼 역사가 깊은 실크로드의 도시다. 작은 로마에 와 있는 착각이 들 정도이다. 파란 하늘이 유난히 돋보인다.

대형 호텔을 찾아보았지만 이미 만원이고 현지인 솔젠의 소개로 2층 호텔을 찾아갔다. 중세풍의 건물에 내부만 리모델링한 아담하며 분위기 있는 쾌적한 호텔이었다.

중국에서 특유의 냄새에 지친 나에게는 이곳은 최상의 선택이었다. 다음날 아침식사는 기대에 못 미쳤지만 전체적으로는 서유럽 어느 곳 못지않다는 느낌이다.

중세의 성이 그림처럼 보전되고 있다.
중앙아시아의 로마. 매력의 고대도시였다.

우리가 묵은 호텔의 외양. 내부도 중세의
모습 그대로 보전되어 있다.

　장대하고 화려한 건축물들이 성곽 내 구시가지에 위엄 있게 서 있다. 이슬람 관련 유적들이다. 이 모두 티무르 제국 때 건설되어 보전되어 온 것이 대부분이다.

　타무르 왕비를 위한 모스크 건축물도 웅장하고 거대하다. 거대한 제국 술탄의 권위가 묻어 나온다. 제왕의 야망과 권력, 예술가와 건축가, 전쟁 포로와 백성의 피와 땀이 합쳐져 역사는 이루어진다.

　학문에 대한 티무르의 애착으로 수많은 학자와 예술인들이 모여 도시를 번창시킨다. 전쟁광이 학문에도 깊은 애착이 있다니 티무르는 정녕 문무를 겸비한 영웅인가 보다.

　레기스탄 광장에 'ㄷ'자 모양의 웅장한 건물이 있다. 이슬람 신학과 천문학을 가르치기 위해 1420년에 설립한 마드라사 학교 건물이다. 웅장한 건축물이 석양빛에 더욱 커 보인다.

청명한 하늘과 맑은 공기 그리고 도시는
중세의 모습 그대로였다.

구르 아미르의 화려한 내부 문양과 장식.
우즈베크의 역사는 고귀했다.

비비카놈 모스크.
티무르 왕비를 위해 건축했다.

면사포를 쓴 예비신부.
명소에서의 결혼사진 촬영은 동서양이 유사하다.

　　이곳에서 결혼을 앞둔 신부들의 촬영이 이루어지며 청년들이 자유를 만끽하고 있다. 젊은이들이 사회주의 국가의 잔재를 깨끗이 씻어버린다.

　　사막이나 초원지대에선 물의 확보가 도시발전과 민생안정에 가장 중요한 요소다. 위정자는 물을 확보하기 위해 많은 투자와 인력을 투입한다. 기독교 성소인 다니엘 묘소 근처에 있는 대형 우물과 수로관이 보인다.

　　타종교에 대한 포용력도 매우 커서 구약성서의 성인 다니엘의 묘소에 수많은 기독교인들이 참배하도록 하고 보전이 잘 되어있다. 우즈베키스탄은 수니파 온건 이슬람이며 유목민족으로서 다종교 문화에 익숙해져 있다.

　　실크로드의 최고 교역지 답게 도시 구석구석 카라반과 낙타의 모습을 조각해 놓고 기념물을 조성해 놓아 사마르칸트의 역사를 조명해준다. 실크로드의 역사를 재현하고 부흥시키겠다는 국가의 의지가 충만하다.

초원지대에 푸른 물이 시내를 관통하는　　물을 확보하기 위한 고대의 수로와 우물.
건 풍요의 상징이다.　　이곳은 오아시스 도시였다.

낙타를 몰고 가는 카라반.
실크로드의 주요한 상징이다.

늦은 시간에도 성업하는 시장.
사마르칸트는 실크로드 도시였다.

　　국제도시의 살아있는 모습을 보기 위해 재래식 시장에 갔다. 시장이 끝나는 시간
이었지만 상인들은 분주하게 움직이고 있었다. 실크로드의 후예답게 시간에 구애받
지 않고 흥정을 한다. 시장은 이념도 종교도 민족도 넘어서는 자유의 무한공간이다.

다니엘 묘소 입구에 있는 이슬람의 기념물. 기독교와 이슬람이 공존한다.

생동하는 중세도시, 부하라

우리가 세상을 많이 아는 것 같아도 막상 뚜껑을 열어보면, 정말 모르는 게 많다고 실감할 때가 많다. 타슈켄트 사마르칸트로 끝날 실크로드 우즈베크 여정이 부하라와 히바라는 도시까지 이어지면서 그랬다. 나의 역사인식이 서유럽 문명의 우월성에만 경도되어 있었음을 인정하지 않을 수 없다.

사마르칸트에서 일기 시작한 감동이 부하라에 오면서 급상승하기 시작했다.

부하라의 중세 건물, 대상들의 숙소로 라비하우스로 불린다.
이런 건물들이 현재에도 상점과 작은 호텔로 살아있다.

부하라의 대표적 고성(古城) 아르크성은 낙타의 젖과 흙을 섞어 상상을 초월하는 규모로 지어져 보전되어 있다.

이런 역사를 모르고 어찌 중앙아시아를 말할 수 있을까. 지금 현재 살림이 궁색한 나라라고 과거 역사까지 모두 무시한다는 것은 짧은 생각이었다.

우즈베키스탄의 국민소득은 연 평균 3,500달러지만 역사나 전통 문화는 그 가치가 비교할 수 없을 정도로 높다.

인구 25만 명이 거주하는 우즈베크의 서부도시 부하라에 붙여진 이름은 모두 영광스럽다. '진정한 역사도시', '중앙아시아 최대의 이슬람 성지', '도시전체가 박

히잡을 쓴 여인이 조심스런 발걸음으로
중세와 오늘을 지나 변함없이 걷는다.

9~10세기 건축물로 보기 드문 정교함과 견고함을
자랑하는 이스마일 사모니 왕의 묘실

거대한 첨탑 칼란 미나레트는 칭기즈칸을 압도하여
파괴를 면하며 실크로드의 등대가 된다.

물관인 도시', '노천 박물관', '칭기즈칸이 고개를 숙인 유일한 도시' 등. 그 외에도 수 없이 많다.

이 도시의 역사를 살펴보면 이해가 되는 적당한 표현이다. 이 지역의 문명은 BC 2000년 쿠샨제국부터 시작된다. 4세기에는 오아시스 교역의 교차로로 중앙아시아에서 가장 번영하던 도시였다.

7세기 전반에 이곳을 방문한 당나라 현장법사는 '대당서역기'에서 포갈국(부하라의 음역)이라 하고 물자와 풍습이 삽말칸국(사마르칸트)과 같다고 기술한다. 대단한 스님이다.

중앙아시아의 약소국이 그렇듯 이 도시도 8세기에는 페르시아 왕국의 지배로 페르시아 이슬람 문명이 자연스럽게 발전한다. 10세기

17세기에 지어진 이슬람 최고 교육기관인 마드라사가
왼쪽에 자리 잡고 부하라의 역사를 말한다.

잠깐 기다리라 하더니 윗주머니에서
참전훈장을 꺼내 다는 모습이 진지하다.

에는 이슬람 건축의 걸작이라 말하는 이스마일 사마니 왕의 묘를 비롯한 수많은 중세건축물이 들어선다.

이후 11세기에 이르러 46m 높이의 거대한 첨탑 칼란 미나레트(Kalan Minaret)와 칼란 모스크(Kalan Mosque)가 지어진다. 그 섬세함이나 높이, 규모로 볼 때 11세기에 부하라의 건축술은 세계제국 로마에 뒤떨어지지 않음을 알 수 있다.

13세기에 칭기즈칸의 침략으로 '칼란 미나레트와 모스크'를 제외하고는 철저히 파괴된다. 그러나 14세기 들어 티무르제국에 편입되면서 부흥되기 시작하여 15세기말 유목민족 우즈베크족이 세운 '부하라칸국'은 중앙아시아 최고의 상업과 문화중심지로 다시 서게 된다.

이때 '세이 바니칸' 왕조에 의해 체계적인 도시계획과 건축물이 들어선 이후 중앙아시아 최고의 도시가 된다. 이 고대도시는 1993년 도시 전체가 유네스코 세계문화유산으로 지정된다.

칼란 미나레트 입구에서 기념품상을 하는 노인이 빛바랜 러시아 훈장을 가슴에 단채 엄숙한 표정을 짓고 있는 모습이 오늘의 부하라를 보는 것 같다.

역사지구의 심장부에는 몽골의 파괴 후 15세기에 다시 지어진 '아르크 고성'이 눈부시게 자리 잡고 있어 입이 다물어지지 않을 정도다. 부하라 칸국의 궁전과 관청으로 사용된 것으로 지금은 박물관으로 활용된다.

고성 내부에는 왕실, 회의실, 외교사절 접견실로부터 무기와 철기를 만드는 대

고색창연한 아르크 고성의 위용   아르크 고성의 출입구는 박물관 매표소로 변했다.

장간, 방어에 쓰던 대포와 군병영, 무기고, 심지어 감옥까지 남아 있다. 특이한 것은 지금도 구석구석에 기념품숍, 찻집, 레스토랑이 운영되고 있다는 것이다. 보전에 조금만 관심을 쓰면 먼지 쌓인 중세건물은 살아 움직이는 현재가 된다.

실크로드의 중요 교차점답게 역사지구(유네스코 세계문화유산 지정지구)에는 '타키'라 불리는 옛 시장이 살아있다. 지붕이 큰 돔형 건물은 낙타도 통과할 수 있는 높이로 대상들의 주요한 교역 장소였다. 이런 점에서 부하라를 '노천 박물관'이라 했을 것이다.

부하라의 밤 풍경은 더욱 정겹다. 때마침 부하라축제가 광장에서 열려 오아시스 도시의 열광과 환호를 보게 된다. 여인과 함께 어우러지는 노래와 춤이 있는 이슬람의 밤을 분명히 목격한 건 큰 수확이다.

분명히 이 도시에도 가난과 범죄, 폭력과 갈등, 어두움이 있을 것이다. 그러나

대상의 교역 장소인 '타키'가 현대에도   '타키'의 내부는 천정이 매우 높아 시원하고
살아 움직인다.   견고했다.

타키에서 팔고 있는 특이한 문양의
전통 모자와 의상.

전통악기의 취주로 축제의 시작을 알린다.

오늘은 생동하는 중세도시만 보기로 했다. 부
하라여 어서 부활하라.

　이 모든 것을 하루 만에 빠지지 않고 볼 수
있게 된 것도 친한파 우즈베크인 '솔젠'의 유능
한 친구를 부하라에서 만나게 된 덕분이다.

　'이런 젊은이들이 우즈베키스탄의 지도자
가 된다면', 이런 꿈을 가져본다.

석양이 밀려오는 중세도시의 정경.

우리가 머문 숙소도 역사지구 내에 위치한
중세 건물이었다.

실크로드의 또 다른 주인 낙타도 오늘은
축제를 즐기며 휴식한다.

사막의 빛, 히바(Khiva)

히바라는 도시는 우리의 일정표나 지도 어디에도 없었다. 당초 우리의 목표는
부하라에서 우르겐치란 곳으로 예정되어 었었다. 그러나 고난 속에 행운이 있
었다. 길이 멀고 험해 잠깐 들르기로 한 곳이지만 지쳐서 하루를 머문 것이다.

부하라에서 470킬로미터 떨어진 서북쪽으로 호라즘 왕국의 고대도시 히바가
위치한다. 부하라에서 연결도로가 있지만 포장길과 비 포장길이 번갈아 나타
난다. 포장도로라 말은 하지만 공산당 통치 시절 이후 한 번도 손을 안본 듯 도로

아르코 성은 유려하고 담대한 모습으로 우리를 기다리고 있었다.

사막의 도로 건설은 힘들게 진행되고 있었다.
낙타의 길을 자동차 길로 바꾸는 작업은 처절한
전투와도 같다.

폭염으로부터 표면 보호를 위해 천으로
덮어둔다. 그 길의 의미를 현대인들은 알
수 있을까.

상황이 최악이다. 먼지와 진동으로 숨이 막힌다. 차량에 펑크가 나지 않을까 잠깐
쉴 때마다 타이어 상태를 매번 체크해야 할 정도다. 그러나 이 열악한 환경에도
도로변의 순박한 우즈베크인들은 묵묵히 생을 이어가며 이 땅을 지키고 있다.

　사막과 스텝 지역에 도로를 만든다는 것은 무척 어렵다. 설령 국가가 도로 건
설에 돈을 들인다 해도 워낙 먼 거리여서 노동 인력의 공급이 쉽지 않다. 토목 장
비와 자재 운반도 어렵고, 공업용수와 식수 공급 등 매사가 어렵다. 요행이도 도
로 건설현장에 잠시 머물렀다.

찌들지 않은 옛 모습의 고성이다.
그것은 꿈이고 그림이었다.

　도로 상황이 열악하니 물류
나 관광객이 접근하는 게 어려
워 환경이 개선되지 않는 것
이다. 털덜거리는 길을 거의 하
루 종일 달려서 히바에 도착
했다. 차고 있던 만보기를 살펴
보니 1만5천 보를 가리킨다.
걷지도 않고 차 속에서 흔들리
며 채웠다고 동료가 너털웃음
을 짓는다.

석양의 백양목이 성벽과 동반한다.
실크로드는 그것들과 공생한다.

그러나 히바는 우즈베크에서도 최초로 1990년에 이미 유네스코 문화유산으로 지정된 곳이다. 미인은 누더기를 걸쳐도 알아볼 수 있다고 했던가!

히바는 카라반(대상)들이 사막을 건너 페르시아로 가기 전에 마지막으로 휴식을 취하던 곳이다. 외성이 있는 곳을 '디찬 칼라(Dichan Kala)', 내성이 있는 곳을 '이찬 칼라(Itchan kala)'라 부르며, 이중 내성이 있는 곳이 유네스코 세계문화유산으로 지정되었다.

이곳도 4C경 이란이 세운 '호라즘 왕국'의 중심지였다. 몽골제국이 13세기에 파괴한 것을 16세기에 우즈베크 족의 칸이 재건하고 호라즘 왕국으로 다시 선다.

19세기 초에는 러시아에 의해 점령당한다. 파란 많은 약소국의 역사이지만 숨통은 끊어지지 않고 여기까지 왔다.

내성 지역을 둘러싼 성벽의 모습이 중세도시의 양상이며 보존 상태가 양호하다.

사막에 자라는 백양목은 건조기후에 잘 견디는 동물 낙타에 비교된다. 수십만 년 사막을 지켜온 낙타와 유목민의 동반자이다. 중국 타클라마칸 사막에서부터 이곳 사막까지 오아시스에는 항상 모습을 보인다.

궁전과 마스지드(사원), 마드라사(이슬람 신학교) 등의 건축

잘 단장된 마드라사가 현대에도 역할을 한다.
역사나 전통은 이런 곳에서 존재한다.

고성에 태양의 그림자가 들어온다. 성안 어린아이의 모습이 적막하다.

물이 중세도시의 고즈넉한 풍경을 만든다. 한낮의 빛은 숨 쉴 틈을 주지 않아 카메라도 어쩔 줄을 모른다. 그러나 석양빛은 그림자를 주며 나그네에게 휴식처와 여유를 준다.

도대체 이 척박한 땅에 누가 이런 문화를 꽃피우고 수려한 흔적을 남기고 사라졌을까?

그 주인공은 사라진 왕국 '호라즘'의 전통 기술인과 아랍 이슬람식 건축술의 예술적 결합이라고 말한다. 볼거리가 한둘이 아니다. 이런 곳에서 사진이나 몇 컷 찍고 훌쩍 떠난다면

척박한 기후 속에서 만들어낸 성이 대견하다.
큰 야생 나무처럼 우람하다.

첨탑의 크기나 규모가 대단하다.
이것을 만든 사람의 생각은 더 위대하다.

수채화 같은 구도를 잡는데 성공했다.
여행은 힘들지만 가끔 이런 행운을 준다.

무례도 그런 무례가 어디 있을까. 석양의 성벽과 여명의 오아시스 도시를 볼 수 있는 건 큰 행운이었다.

어마어마한 크기의 웅대한 첨탑이 나그네를 반기는 건 실크로드 사막의 전형적 모습이다. 페르시아 상인과 아라비아 대상들은 이곳에서 금의환향과 가족을 그리며 기도했다.

실크 카펫, 장신구, 모자 등 실크로드의 단골 상품이 펼쳐진 작은 점포들이 너무나 상업적인 유명 관광지와 달리 정겹기만 하다. 히바의 내성에서 과거의 모습 그대로 장사하며 아이를 키우는 오아시스의 삶이 있었다. 이발소며 미장원, 작은 가게들이 관광객과 원주민을 기다리며 영업 중이다.

성안을 텅 비워 놓고 관광객만을 보고 미래로 가느냐, 원래 모습대로 사람이 생활하며 보존해 가느냐, 그것은 관광지마다 다르다. 도시는 인간의 냄새가 없어지면 박물관으로 바뀐다. 난 그래서 사람이 사는 이 도시가 좋다.

각종 상품이 중국제가 아닌 특산품이었다.
도시는 자기 이름으로 생존해야 한다.

유네스코 세계문화재는 외형의 변형을 금지한다.
그래서 역사의 모습이 유지된다.

단아한 모습의 주부들이 뜨개질을 한다.
일상의 행복이 그녀들 곁에 있다.

작은 호텔 게스트하우스가 뒷골목에 깨끗이 단장하고 손님을 기다리고 있다. 그러나 지금은 시즌이 아니라 전반적으로 관광객이 줄었단다. 그들은 걱정보다는 기다림으로 스스로를 달래고 있었다.

고성 한구석에서는 아름다운 여인들이 뜨개질을 하며 도란도란 대화를 나눈다. 낙타를 몰고 돌아올 남편을 기다리는 것일까? 수백 년이 지나도 달라진 건 긴 치마가 현대적 원피스로 바뀐 것뿐이다.

때마침 이 유려한 고성을 홍보하는 TV방송국의 멋진 여성 앵커가 카메라 앞에

고성을 비추는 여명의 빛은 상서롭다.
그래서 우리는 더 겸손해야 한다

피곤한 자 무심한 자는 휴식을 한다.
목마른 자는 물을 찾아 새벽을 더듬는다.

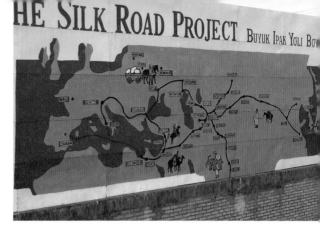

히바의 내성이 여명의 빛을 받아, 웅장한
과거의 영화를 보여준다.

히바성에서 발견한 실크로드 프로젝트 지도.
중앙아시아에서 실크로드가 살아 움직이고 있다.

서 방송 중이다.

나는 새벽의 도시를 좋아한다. 새벽에는 어둠 속에 숨어있던 빛이 인간의 손을
이끈다. 모두가 하루를 설계하고 발걸음을 재촉하는 분주함이 있어 힘이 넘친다.
더구나 나그네에게 이국의 아침은 설렘이다.

여명의 히바도 어둠을 벗어버리고 꿈틀대기 시작했다. 손님을 찾는 택시기사
와 먼지를 털어내는 청소부, 빵 굽는 아낙들로 고성의 아침은 시작되었다.

시동을 걸고 러시아워를 준비하는 전기버스가 성 외곽에 서있다. 큰 충격이다.
이 가난하고 외진 곳에서도 깨끗한 공기를 보전하기 위해 노력하고 있는데, 한국
에서는 여전히 미세먼지에 대한 이렇다 할 대책이 없으니 한마디로 부끄럽다.

오늘도 새벽의 칼라는 석양의 색깔과 완연히 다르다. 고성의 아침은 이런 색으
로 단장을 하고 하루를 시작한다.

히바에서도 웅대한 실크로드를 재건하려는 움직임이 보인다. 성의 외곽에 나
가니 이러한 안내판이 보인다. 다행히도 한반도 앞까지 실크로드의 흔적을 그려
놓았다.

사마르칸트 부하라 히바로 가는 길은 멀고 험한 실크로드다. 하나 험한 만큼
충분한 대가를 받을 수 있다. 나그네들이여, 부디 이 길을 놓치지 마시길.

국경 없는 아시아의 꿈,
우즈베크-카자흐 국경 통과기

    우리가 일상적으로 하는 여행은, 비행기를 타고 번듯한 도시의 공항으로 입국하여, 관광버스로 가이드의 안내에 따라 숙소나 국경 통과 걱정 없이 편안히 다니는 것이다.

    유럽에서는 여권만 있으면 아무런 제약 없이 원하는 곳을 자기의 자동차로 다닐 수 있다. 1995년 발효된 셴겐 협정의 결과다. 유럽 국가간 자유로운 이동과 국경 통행 협정이다. 자기 자동차를 타고 국경을 통과하며 해외여행을 한다는 것은

여행의 자유와 안전을 밝히던 모스크 첨탑. 실크로드 자유통행의 상징이다.

실크로드의 주요 수송수단이었던 사막의 낙타. 차라리 저 낙타의 시절이 더 자유로웠다.

엄청난 자유와 권리라고 생각해 왔다.

이번 여행에서 그것이 얼마나 힘들고 어려운 것인지 실감하게 되었다. 특히, 아시아 각국을 자기 자동차로 직접 운전해 여행하는 것은 당분간 불가능할 것 같다. 편안한 여행도 국경 근처에만 오면 걱정과 우려 일색이다. 또 무엇을 가지고 시비를 걸고 시간을 지체시킬까, 어떤 곤욕을 당할 것인가.

아시아 국가들은 여행객이 자기 자동차로 이동하는 것에 대해 일단 부정적이다. 실크로드의 자유로운 통행과 자유는 실종되고 통제에만 급급하다. 특히 중국의 신장 위구르와 우즈베키스탄, 카자흐스탄 등이 매우 폐쇄적이다.

유럽 공동체처럼 문화나 언어, 화폐의 통일성이 없고, 아시아라는 공통인식은 찾아볼 수도 없다. 이념도 자본주의, 사회주의, 종교도 각각 달라 서로에게 우호적이지 않다.

국가 간에 경제적으로 격차가 많아 자유통행은 생각할 수 없다. 국가 간 민족분쟁, 영토분쟁이 잦아 국경은 폐쇄가 원칙이고, 개방은 엄격하게 제한된다.

우즈베키스탄 키질쿰 사막의 스텝 지대.
이런 길을 초원의 길이라 부른다.

권위주의 정부와 사회주의적 폐쇄성, 감시체제, 국경 기관(항만, 공항)의 비효율성이 철옹성처럼 버티고 있다. 게다가 IS 테러와 마약 밀수를 막는다는 명분하에 심한 통제가 가중되고 있는 실정이다.

언론이나 시민사회가 성숙되지 않아 정부의 눈치만 보고 있다. 사회주의 절대 체제에서 익숙해진 국민들은 보복이나 제제가 두려워 일체의 비판을 못하고 있다.

일부 국경의 경우 72시간이나 대기시키는 경우도 목격했다. 노골적으로 금전을 요구하며 자국민을 깔본다. CIS(소련에서 독립한 16개국) 국가 간에는 비자 면제 협정에도 불구하고 더욱 까다로워 인권유린에 가깝다.

출입국 심사와 세관 검사를 통과해도 자동차 통관이 문제다. 각국마다 자동차 통관 및 등록 절차가 복잡하다. 자동차 보험에도 별도로 가입해야 한다.

특히 중국의 경우는 국제 운전면허증 인정이 안된다. 자국 면허증 취득과 자동차 가액의 절반에 해당하는 예치금(deposit)을 요구하니 더욱 어렵다.

도로의 상태도 비포장 자갈길에서 하이웨이에 이르기까지 천차만별이다. 도로 안내나 지도가 낙후되어 믿기 어렵다. 스마트폰 불통지역이 많아 도로

척박한 사막에 뿌리내린 야생화와 식물들.
여기를 스텝 지역이라고 말한다.

스텝 지역에도 야생화가 핀다.　　　　색색의 야생화가 사막에서 피어난다.
자유는 희망 속에서 피어난다.　　　　끈질긴 생명에서 다시 도전할 용기를 찾는다.

안내 웹도 작동이 안 되는 실정이다. 구글 맵은 더욱 작동이 안 된다. 가솔린 차량은 문제가 없으나, 우즈베키스탄 디젤유는 질이 나빠 엔진이 고장 난다. 암시장을 찾아가 밀수된 경유를 주유해야 한다.

　당분간은 한국과 일본, 대만을 제외하고는 아시아 지역에서 자동차를 직접 타고 여행하는 것은 쉽지 않을 것이다.

　우즈베키스탄의 고대도시 히바에서 오전 9시에 출발했다. 키질쿰 사막 400킬로미터를 횡단해 나갔다. 이 나라의 실정을 말해주듯 깨어진 도로, 황무지 길, 포장된 도로가 번갈아 나타난다. 이 길을 낙타로 횡단한 선각자와 카라반을 생각하며 이를 악물고 달려갔다.

　예비 기름통을 차위에 싣고 오는 것은 매우 현명한 판단이었다. 명색이 국제 도로라는 곳에 주유소라고는 찾아볼 수가 없다. 사막 중간에서 기름통을 꺼내 재래식 호수로 연료 주입을 했다. 약 650킬로미터를 달려 우즈베키스탄과 카자흐스탄 국경에 저녁 무렵에 도착했다.

　그곳은 그야말로 난민촌과 유사하다. 국경 통과를 기다리는 대형 화물차 백여 대가 밀려 있고, 그 옆에는 여행객들이 끝없이 줄을 서 있었다. 그 북새통 사이에서 외화 장사를 하는 사람, 빵과 과일을 파는 장사꾼들이 이리저리 뛰어다니고 있다. 물론 국경 통과를 빠르게 해 준다는 브로커도 빠지지 않는다.

　우리는 몇 번의 국경 통과로 알게 된 경험으로 국경 경비 책임자를 만나 우리

국경 마을의 시장은 언제나 활기에 넘친다.
그러나 국경 출입국은 항상 삭막하다.

의 입장을 설명했다. 대한민국의 위상이 조금 올라가 있어 가능한 것이다. 착한 사람들의 양보와 특별 예우로 5시간 만에 통과했다. 깜깜한 밤 열시가 넘어서였다. 새벽부터 통과를 기다린 허름한 옷차림의 젊은 이들, 시름에 찬 힘없는 눈초리가 몹시 마음에 걸린다.

그들 모두 패스포트를 소지하고 비자를 받은 적법한 여행자이다. 취업을 하거나 장사를 하러 가려는 꿈을 가진 사람들인데 왜 난민과 같은 그런 취급과 대우를 하는지 이해가 안 간다.

국경의 작은 식당에서 밤 11시에 허기진 배를 채우고, 카자흐스탄 입국의 기쁨을 자축했다. 다시 숙소를 찾아 밤의 사막을 이리저리 헤맨다. '바이네우'라는 작은 국경도시에 밤 2시에 도착했다.

한국도 해외여행 자유화가 시작된 지 이제 30년도 지나지 않았다. 빠른 시일 내에 저들에게도 여행의 자유와 기본적 인권이 보장되는 시기가 도래하기를 빌 뿐이다. 국경 없는 아시아는 정작 언제나 가능할까.

국경도시 바이네우에서 청춘을 만난다.
몽고족과의 혼혈이 오랜 기간 이루어졌다.

05

카스피해,
흑해 바닷길

전 경찰청장 이태순의 실크로드 도전기

우크라이나　카자흐스탄

그루지야　　바이두투
　　트빌리시
이스탄불　바투미　약타우
앙카라　트라브존　아르메니아
시바스　아제르바이잔
키라즈카라이　바쿠
터키
　　　시리아
　　이란
　이라크　　　아프가니스탄
　　쿠웨이트　파키스탄
　이집트
사우디아라비아
오만
수단　에리트레아　예멘
　　지부티
남수단　에티오피아
소말리아
우간다　케냐
탄자니아

우즈베키스탄　키르기스스탄
타쉬켄트
히바　부하라
투르크메니스탄　사마르칸트　오시
　키르기스스탄　카스
올랏지　　투르판
쿠얄리
우루무치

몽골

중국

인도

미얀마　라오스
타이　베트남
　캄보디아
필리핀
소리랑카
몰디브
말레이시아　브루나이
　　싱가포르
인도네시아

둔황　자위관
안커우　시안　정저우　쉬저우
　바오지
우웨이

대한민국
　평타이카이　인천

두 얼굴의 카스피 해, 로망과 좌절

이제 실크로드 여정의 종반기로 들어선 것 같다.

머리카락이 훌쩍 자라 귀를 덮는다. 카자흐스탄의 변방 작은 도시 바이네우에서 짬을 내 이발관을 찾았다. 여행 중 이발 안하는 사람이 많지만, 난 반대로 기회가 되면 머리를 깎는다. 이방인의 출현에 모두 놀란다. 짧은 러시아어로 양해를 구하고 새치기로 이발을 했다.

카자흐스탄 스타일 커트로 짧지만 시원하게 깎았다. 머리를 깎을 때 짧은 현지어는 금물이다. 여권사진을 보여주고 이런 스타일로 "어 리틀, 소프트(a little, soft)" 하면 대강 알아 듣는다.

카자흐 악타우항에서 바라본 카스피 해. 카스피는 이방인의 로망이었다.

눈 앞에 아름다운 카스피 해
가 펼쳐진다.

카스피 해를 건너 아제르바
이잔, 조지아, 터키로 가는 길
이 우리를 기다린다. 원래 이
루트는 실크로드에서 상인들이
많이 이용했던 길은 아니다.

우즈베크의 사마르칸트에서

카스피 해의 석양은 지중해의 석양처럼 아름답다.
미지의 바다 카스피 해는 이방인을 기다린다.

투르크메니스탄이나 아프가니스탄을 경유해 이란, 이라크, 시리아로 가는 길이
정 코스이다. 그러나 이 코스는 전쟁과 테러로 인해 위험이 너무 많이 도사리고
있다.

그렇지 않으면 카스피해 북쪽의 러시아로 돌아 카프카스 산맥 북쪽에서 조지
아로 내려와야 한다. 이 코스는 안전하기는 하나 거리가 너무 멀고 지루하며 답사
대상이 부족하다. 궁여지책으로 안전과 거리를 고려하고, 호기심으로 택한 것이
카스피해 횡단 루트였다. 그러나 새로운 길에는 희망만큼 난관이 항상 도사리고
있다.

카스피 해는 러시아, 카자흐스탄, 투르크메니스탄, 이란, 아제르바이잔 5개국
으로 둘러싸여 깊이가 1,000미터에 이르고, 크기가 한반도의 거의 3배 이상 되는
거대한 내륙 바다이다.

캐비아(철갑상어 알)로 유명한 이 바다는 여느 바다와 똑같이 각종 어류가 살고
있다. 연안 각국이 해양 오염을 위한 협력과, 말라버린 아랄 해와 같은 사태를 방
지하기 위해 연안의 강물을 고르게 유입시키는 대책을 시행 중에 있다.

세계 제3위로 추정되는 석유와 천연가스가 매장되어 있기 때문에, 각국 간의 이
해관계가 첨예하게 대립하고, 심지어 러시아와 이란에서는 호수라고 주장하기도
한다. 그래야 자국의 이익이 더 확보되기 때문이다. 내륙국 카자흐스탄도 이곳에
해군을 창설하여, 한국 해군이 쓰던 소형 순찰함을 도입하여 활용한다니 흥미로운

밤 항구 불빛은 항상 로맨틱하다.
저 불빛 아래 꿈과 도전이 솟아오른다.

이슬람 사원이 도시 곳곳에 산재한다.
카자흐스탄도 온건 이슬람 국가다.

일이다. 그러나 바다는 치열한 내셔널리즘 앞에 무심한 듯 거친 파도만 일고 있다.

이제 우리는 황해 바다보다 더 큰 이 바다를 건너기 위해 카자흐의 신흥 항구 도시 악타우(Aktau) 항구에서 우리를 싣고 갈 배를 기다린다.

이 도시도 최근까지 작은 포구에 불과했으나 근처에서 석유가 발견되면서 석유화학 공장이 들어서고 현대 도시로 급격히 발전하게 된다. 중세에도 바이네우에서 사막을 건너온 대상들과 상품들이 이 포구 도시에서 카스피 해를 건너 아제르바이잔 바쿠 항으로 건너가는 루트였다. 또 하나의 실크로드가 해상으로 연결된 것이다.

예나 지금이나 교역 기지를 선택하는 안목은 유사하다. 내해(內海)라고 해도 파도나 바람은 여느 바다와 다를 바 없다. 신축 호텔이 날아갈 듯 거센 바람과 풍랑이 몰아쳐 출항이 올 스톱이다. 우리도 이틀간의 여정을 미루고 날이 맑아지기만 기다리고 있다.

카자흐인은 우리가 접한 중앙아시아인 위구르, 키르기스, 우즈베크 인과 외모와 성격이 좀 다르다. 추위에 적응되어서인지 검은 머리에 눈이 날카롭고, 얼굴과 체격이 크며, 러시아인, 몽골인과 투르크인의 혼혈이 눈에 띄게 많다. 성격도 조용하며 항상 입을 꼭 다물고 무표정이다. 러시아 공산당 통치의 잔재가 많이 남아서인지 외국인을 경계하는 듯 하다.

지리적으로 중앙아시아 북쪽에 위치하여 투르크 민족의 본류에 속한다고 학계에서는 주장한다. 그러나 중국, 몽골, 러시아와 국경을 직접 접하고 있고 기후가 춥다.

또한 페르시아나 투르크, 로마, 인도의 문화와 접목될 기회가 상대적으로 적었다는 것도 민족성의 확립에 영향을 미친 것이다. 러시아인과 비슷하다.

이 곳에도 2차 대전 중에 소련 연해주에 거주하던 한국인 (고려인) 10만여 명이 스탈린 정권 당시 강제 이주당해 살고

수줍어 얼굴을 돌리고 못본 척 하는 카자흐 여인들. 유목민의 성격도 지역마다 상이하다.

있다. 약소국 한 민족의 한 많은 과거가 그대로 살아있다.

강제이주는 항상 전쟁과 함께 발생한다. 볼가 강 유역에 살던 게르만계 200여만 명, 유태인 50여만 명도 독일의 간첩으로 이용될 소지가 있다고 2차 대전 중 중앙아시아로 강제 이주당한 아픔이 있다.

악타우에서 바쿠까지의 거리는 카스피 해에서 바다로 약 400킬로미터, 10노트의 배로 약 24시간 소요되는 거리이다. 화물과 차량을 실어 나르는 화물선이기 때문에 일주일에 한번 비정기 운항을 하고, 기상 사정에 따라 일정이 바뀌며 무조건 항구에 와서 대기했다가 타야 한다.

까다로운 카자흐 세관과 출국 수속을 요령껏 마치고 화물선에 밤 12시에 올라탔다 24시간을 꼬박 가야 바쿠에 도착한다는 동승자들의 말에 설마 그렇게 멀까, 반신반의했지만 사실이었다.

터키인이 전부인 화물 운전기사들과 선실에서 함께 자야 했지만, 우리는 특별히 부탁해서 추가요금을 내고 선원들이 이용하는 방 몇 개를 빌렸다.

낡고 좁은 침대에 난방이 안돼서 겨울 내의를 껴입고 덜덜 떨며 간신히 잠을

바쿠 항을 향해 밤 12시경 출발 후, 맞이한 화물선의 아침.
아침 바다는 불안한 여행자에게 안도감을 준다.

청했다. 카스피 해는 냉정했다. 파미르에서도 겪어보지 못한 추위였다. 일생을 이런 자리에서 보내는 선원들을 생각하면, 우리는 한편 행복한 게 아니냐는 자위감으로 참으며 온갖 옷을 다 껴입고 뜬눈으로 지샜다.

남자 선원보다 더 거친 여성 선원의 감시 눈초리가 두렵게 느껴지는 밤을 보내고, 아침에 여행자 식당에 들어섰다. 단출하게 준비된 흘렙(빵)과 수프로 아침 식사를 하며 기대 속에서 터키인들과 이런저런 정보를 교환하며 도착만을 기다렸다.

일행들은 내색은 않았지만 긴 기다림과 지루한 항해로 모두 지쳐있었고, 강단을 자부하던 나도 밤새 추위에 감기가 들어 콜록콜록 기침이 시작된다.

쾌적한 여행에 익숙한 사람에게는 불안하고 불편할 수도 있으나, 가 보지 않은 길을 가겠다고 출발한 우리는 즐겁게 감수할 수밖에 없는 예고된 고난의 길이었다.

다시 보기 어려운 카스피 해, 태양 속에서 12시간을 더 항해했으나 바쿠 항은 보이지 않는다. 배가 느린 것인지, 우리의 생각이 짧은 것인지, 카스피 해가 큰 바다인지….

늦어도 저녁때는 도착할 수 있겠다는 기대가 없어지며, 모두 조바심으로 갑판에 나와 육지의 그림자만 기다린다. 이제 석양도 사라지고 밤이 다시 찾아왔다. 페르시아 상인들이 타클라마칸 사막에서 겪은 기대와 고통은 죽음의 고통인데, 왜 이리 조바심을 하는지, 여행자의 초심은 어디로 갔을까.

거친 파도를 이겨낸 배만 항구에 들어갈 수 있다. 우리는 24시간의 긴 항해 끝에 바쿠에서 80여 킬로미터 떨어진 외항에 들어섰다. 빨리 입국해서 편안한 호텔에서 잠을 자겠다는 부푼 희망 속에 숨겨진 고난의 씨앗이 있을 줄 꿈에나 알았을까.

바쿠 외항에서 억류되다

　　해외여행자에게 가장 필수적인 물건이라면, 패스포트, 비행기 티켓, 달라, 신용카드, 휴대폰, 카메라 등일 것이다. 이것들을 중요한 순위로 본다면 패스포트, 지갑(달라), 비행기 표, 휴대폰 순이 아닐까. 그리고 패스포트에서 필수적인 것은 상대방 나라에 들어갈 수 있는 허가, 즉 비자가 제일 중요한 것이라는 걸 모르는 사람은 없다.

　　그 비자를 받기 위해 서울에서도 2008년까지는 광화문 미국 대사관 앞에 새벽

카스피 해의 석양은 로맨틱 했으나 새벽에는 절망적으로 바뀐다.

입국하려던 바쿠 외항, 알야트.
화물 전용 항구로 페리가 운항되지 않는다.

부터 줄을 서야 했다. 미국 영사로부터 모욕적인 인터뷰 심사를 치르고, 신원보증인을 내세워야 두세 번 만에 발급받는 게 미국 입국 비자였다.

아제르바이잔도 2016년 2월 1일부터 한국과의 비자 간소화 협정이 발효되었다. 우리는 사전 비자 없이 입국시 도착비자를 받는 것으로 변경된 것으로 알고 있었다.

그러나 24시간의 기진맥진한 카스피 해 항해 끝에 새벽 1시경 도착하니 상황은 전혀 달랐다. 우리는 항구의 입국 수속 과정에서 무비자 입국으로 분류된다. 일행 모두가 입국 보류가 되고, 다음 배편으로 출국하라는 처분이 내려졌다. 이른바 '불법 입국자'로 분류된 것이다. 한국에서 출발시 입수한 비자 협정 내용을 들고 항의해도 전혀 통하지 않는다.

"그것은 공항으로 입국하는 항공기 여행자에 한해 적용되는 것이며, 항구에서는 적용되지 않는다"고 단호히 말한다. 우리는 낙담하며 분노했다. 하급 관리가 협정 내용을 모르고 하는 고집 정도로 간주했다. 날이 밝으면 해결되겠지 라며 "차 속에서 한 발자국도 벗어나지 말라"는 경고도 흘려들었다.

항구는 어둡고 차가운 카스피 해 바람이 몰아치고 있었다. 새벽 두시부터 한국의 외무부 영사 콜, 현지 대사관 비상연락을 통해 긴급히 연락을 시도

칠흑의 카스피 바다, 큰 암초를 만나다.
한줄기 희망을 찾아 분주히 움직인다.

했다. 두 곳 모두 "비자 발급은 국가의 고유 권한이며, 협정문의 취지도 아제르바이잔의 해석이 맞는다"라며 우리의 실수라고 한다. 가이드의 실수에 대한 분노와 실망감에 전신이 떨린다.

카스피 해의 태양은 다시 서쪽으로 지고 있다. 우리의 희망도 서서히 사라지고 있었다.

오, 마이 가드! 여기서 실크로드 탐사는 끝이 나야 하는가. 방법을 찾자. 다시 돌아갈 수는 없다.

중동지역 대사를 지낸 한국의 친구 C에게 우선 전화를 걸어 도움을 요청했다. 일단 현지 한국대사관과 접촉하는 것이 지름길이라 말한다.

이대로라면 추방인데…. 한국 대사관의 C영사가 현장에 왔으나 표정이 어둡다.

다시 궁리 끝에 서울 주재 아제르바이잔 대사관과 접촉을 시도했다. 궁즉통(窮卽通)이 될 수 있을까? 한국주재 아제르바이잔 대사관측에서는 규정이 급히 바뀐 사정을 감안하여 입국시키는게 좋다는 의견을 보내주었다.

행운의 조짐이 보인다. 그러나 현지에서는 아무런 답변도 없다. C영사도 "외무성은 OK인데, 국경수비대(출입국 관리기관)가 완강히 반대하여, 내일 다시 노력해 보겠다"는 외교적 답변만 되풀이한다.

내일 배가 출발하면 무조건 출발지로 추방인데 앞으로 나아갈 길이 전혀 보이지 않는다. 그렇다고 뒤로 가면 카스피 해를 다시 건너 어디로 가라는 것인가?

위기를 당하면 처음엔 모두들 강력히 저항하고 살길을 찾는다. 그러나 그것이 무모한 것임을 알면 절망감에 모두 침묵하고 만다.

말없이 밤이 다가온다. 출입국 관리들은 빨리 내일이라도 쫓아내야 편안히 지낼 수 있기 때문에 도주나 사고라도 날까봐 우리 차 앞에서 감시를 강화한다.

다시 그들과 대화를 시도했다. 진지한 나의 설득을 경청하는 듯하나 "본인은

카스피 해의 한 줄기 희망을 찾아.
거친 파도를 헤쳐 전진한다.

권한이 없으며 위로부터의 지시 없이는 내일 추방할 수밖에 없다"는 말을 되풀이 할 뿐이다. 그들은 조용히 경계를 풀고 사무실로 돌아가 우리 상황을 보고하는 듯했다. 억류된지 24시간이 다 되어 간다.

그런데 30분지나 밤 10시경 국경수비대 초소장이 급히 뛰어오더니 차 문을 두드린다. "러시아어 통역을 불러 달라"고 한다. 통역 P군이 뛰어오며 대화를 한다. 비자를 공항에서 발급하라고 지시가 왔다는 출입국관리의 말을 전한다.

이게 무슨 조화인가, 그 완강하던 국경수비대의 비자 발급 반대론이 철회되다니. 모두 만세를 외쳤다. 이제 살았나, 실감이 안 난다. 24사간의 구금 상태에서 이제 벗어난다.

여기서 포기할 수 없다는 우리의 의지와, 대한민국의 강해진 국력이 우리를 구해준 것이다. 실크로드 초행길에서 친견한 천재산 석굴의 인자한 부처님의 모습이 아련하다. 관세음보살!

방심은 금물, 비자는 여행의 출발이며 끝이다.

안갯속의 아제르바이잔, 바쿠!

우여곡절 끝에 입국한 아제르바이잔은 우리를 반기고 있었다. 폭풍과 비자문제로 일정의 차질이 와서 그대로 지나칠까 했으나 잠시라도 머문 것은 큰 행운이었다. 쾌적한 호텔에 새벽 3시에 도착하여 짐을 풀고 자리에 누우니 꿈만 같다. 호텔도 깨끗하며 최신식 시설이 갖추어져 있어 지옥에서 천당으로 온 느낌이다.

아제르바이잔공화국은 카스피 해 서부 연안에 위치한 인구 950여만 명의 작은 국가다. 남한 크기의 국토에 1991년 소비에트 연방의 해체와 함께 독립한다. 주변을 둘러싼 강대국 러시아, 터키, 페르시아(이란)의 식민지 지배 속에 가냘프게 민족의 명맥을 유지한 약소국가다.

한반도가 중국, 일본, 러시아에 쫓기듯 항상 강한 주변 국가들의 입김 속에 살아왔다. 민족적으로는 토착민과 투르크 족이 혼혈된 아제르바이잔인이다. 스스로는 투르크 민족으로 여기며 터키와는 언어도 80%가 같고, 서로 피가 섞인 형제 나라로 통한다.

이런 약소국이 19세기 중반 바쿠에서 세계적인 유전이 발견되면서 노벨 형제, 로스차일드 가문, 지멘스와 같은 세계 대자본들이 뛰어들어 한때 세계 최대의 산유국이 되기도 한다.

아침에 분주히 짐을 싸고 오찬을 위해 구시가지 레스토랑으로 향한다. 고생한 한국대사관 가족들과의 오찬이었다.

강대국에 둘러싸인 아제르바이잔.
고난을 딛고 이런 도시를 만들어 왔다.

중세 유럽풍의 건물이 곳곳에 남아있다. 러시아, 터키, 페르시아의 지배와 서유럽의 영향을 받았다.

　바쿠는 작은 로마라는 생각이 들 정도다. 구시가지에는 중세 건물들이 미로 속에 살아 있었다. 러시아의 지배를 받은 공산주의 국가 냄새가 거의 없다.

　우리가 투숙한 호텔 로비에 전시된 사진이 눈에 거슬린다. 현직 A. 알리예프 대통령인데 그 옆 사진은 전직 대통령인 그의 아버지 H. 알리예프의 사진인 것이다. 부자가 대통령직을 이어받은 것이다. 아버지가 30년, 아들이 10년째 대통령직을 이어오고 있다.

　경악스럽다. 부자세습이 버젓이 이루어지는 나라가 또 있다니. 그리고 보니 시가지 곳곳에 대통령 사진이 대형 광고판에 보

부자(父子) 대통령 사진이 걸린 호텔.
권력의 속성은 독점의 욕구다.

바쿠공원의 지하철 역사.
석조 건물로 하나의 예술품이었다.

석조 건물이 많아 고풍스러운 느낌이 더 하다.
바쿠는 이미 유럽으로 변하고 있었다.

이고, 경찰병력이 많이 배치되어 위력을 보이고 있다.

민주주의 절차를 따르긴 했지만 미국에서도 '부시' 가문의 부자(父子) 대통령, 클린턴 부부(夫婦) 대통령이 탄생하게 될 것 같다. 러시아의 푸틴도 권력을 잡은 지 15년이나 된다. 현대 민주주의에서도 권력은 너무 방대해서 서민 출신 대통령은 기대하기 난망이다.

바쿠는 '불과 바람의 도시'라 한다. 카스피 해에서 부는 바람과 천연가스 전에서 나오는 불구덩이로 인한 것이다. 세계에서 석유를 가장 오래, 가장 많이 캔 곳이 카스피 해 바쿠 유전이다. 제정 러시아가 1848년대부터 유전을 개발하여 유정이 깊어지고 생산비가 매우 높아 채산성은 많이 떨어져 가고 있다.

좁은 길과 조각돌로 포장된 뒷골목이 운치를 더 한다. 로마 시내의 한구석에 와 있는 것 같은 착각을 불러일으킬 정도다. 유럽풍의 건축물이 즐비하다. 이런 것 때문에 바쿠의 구시가지 투어를 권하는 것이구나, 이해가 갔다.

세련된 차림의 아가씨들이 즐겁게 촬영에 응해준다. 손을 흔드는 모습이 서유럽 젊은이들과 다를 바 없다. 아제르바이잔은 이슬람이 국민의 80%이지만, 개방과 포용력이 터키처럼 높아 자유를 구가하고 있다. 여성도 히잡을 벗고 남녀가 평등하다.

신시가지의 현대적 빌딩과 심벌 타워는 서울의 강남 무역센터빌딩을 상기시킬 정도로 발전되어 있다. 구시가지의 고성과 석조 건물들, 신시가지의 초대형 빌딩

젊은 여성들의 활달한 표정과 옷차림.
저들이 있는 한 아제르바이잔의 미래는 밝다.

이 대조를 이룬다. 산유국으로서 발전이 국가의 중흥을 가져왔다.

도심지 내에 항만시설이 있어 카스피 해와 접해있다. 주변 도시와 인접국으로 오가는 페리가 떠나는 곳이다. 이곳이 실크로드 상인들이 바다를 건너와 교역하던 장소다. 현재는 접안시설에 묻혀 보이지 않는다. 바쿠에서도 실크로드의 역사를 확인할 수 있었다는 게 큰 수확이었다.

나이가 많은 구세대는 러시아 연방에서 살았기 때문에 러시아어를 사용한다. 젊은이들은 아제르바이잔어와 영어를 사용한다. 민주주의 국가로 재출발했지만 평화적 정권교체 경험이 없다. 대통령직은 40년간 한 가문에서 독점하고 있다.

공업국으로 성장하고 싶지만 경제성장은 진척이 없고, 석유는 고갈되어 간다. 국민소득이 연 1만 달러에 불과하다. 청년들의 실제 월급은 50만 원 정도다. 젊은이들은 서유럽으로 가고 싶어 하고 집권자는 개방을 싫어한다. 인접국 아르메니아와 영토분쟁으로 전쟁의 분위기는 계속된다.

세계적인 석유 국가 아제르바이잔은 강대국의 틈바구니에서 이제 어디로 갈 것인가. 안개 속의 카스피 바다를 바라본다.

신시가지 빌딩, 구시가지의 석조 건물.
신구는 이렇게 조화한다.

바쿠의 시내 항만 접안시설, 과거 실크로드 상인들이 교역하던 장소이다

와인과 스탈린의 고향, 조지아

아제르바이잔 국경을 넘기 전에 겐자라는 도시에서 일박을 하게 된다. 아제르바이잔의 도로는 경찰이 곳곳에 배치되어 자동차를 심하게 감시하고 있다. 공권력의 과시와 현장 경찰의 부패가 연관이 있다. 공무원의 낮은 봉급은 결국 생활비 충당이라는 명분하에 서민으로부터 돈을 뜯을 수밖에 없다.

우리에게 문제 되는 것은 바쁜 일정 때문에 속도위반이 잦다는 것과 어두워 보이는 운전석 선팅이다. 겐지에 들어서서 경찰의 검문에 단속되었으나 통역 P군의 기지로 오히려 호텔까지 안내를 받는 일까지 있었다. 어설픈 현지어보다는 그들이 모르는 영어로 초보 여행자의 행동이 유리할 때가 많다.

다음 날 역시 국경 통과의 아침을 맞았다. 항상 긴장되고 불안하다. 사진 찍기

아제르바이잔–조지아 국경. 기대와 불안이 항상 교차한다.

독재국의 국경은 위엄을 강조한다.
자유국가는 안전과 서비스를 강조한다.

를 좋아하는 나도 국경에만 오면 셔터를 멈추게 된다. 국경 시설을 촬영하는 것은 엄격히 금지되어 있고 혹시 통과에 지장을 초래할지도 모를 염려 때문이다. 간첩죄를 적용해도 항의할 수 없는 곳이다.

다행히 출국하는 아제르바이잔이나 입국하는 조지아 두 나라 모두 일사천리로 진행되었다. 선진국과 후진국은 출입국 절차에서 확연히 차이가 난다. 두 나라 모두 전쟁과 내란을 겪고 있지만 국경 관리와 출입국 통관 절차는 모두 서유럽 수준이었다.

조지아로 들어서면 북쪽으로 카프카스 산맥의 긴 설산이 나타난다. 마치 중국의 하서회랑 치렌산맥의 설산처럼 여행 내내 북쪽으로 따라다닌다. 중국은 메마른 땅이지만 이곳은 초록의 물결이 평화로워 보이는 게 다르다.

조지아(구루지아)는 어떤 나라일까. 국가 명칭에서 벌써 혼동이 일어난다. 영어 명칭 '조지아'와 러시아어 '그루지아'가 번갈아 쓰이다가, 현재는 조지아로 통용된다.

국기에는 십자가가 5개나 들어 있다. 인구는 500여만 명인데 이슬람교는 10%에 불과하며, 기독교 계통의 동방정교가 85%이다.

흑해의 남동쪽 카프카스 산맥 남쪽에 위치한 포도와 목축의 나라다. 페르시아, 터키와

북쪽의 장벽 카프카스 산맥.
아제르바이잔 아르메니아, 조지아,
카프카스 삼국이라 한다.

초원이 넓어 양의 방목이 성행한다.
아열대부터 초원까지 다양한 기후다.

푸른 하늘이 탐나는 조지아 동부의
시골 마을 정교회.

몽골 그리고 러시아에게 정복당한 역사가 있으며 소련으로부터 1991년에 독립했다.

조지아인은 외견상 터키인과 유럽인종의 혼혈이며 유럽 백인과 흡사하다. 그러나 영토 북쪽의 남오세티야 지역에서는 러시아인 자치 정부를 구성하고 러시아로 편입을 주장한다. 전쟁이 발생하고 전개되는 상황이 인접국 우크라이나 상황과 똑같다. 러시아와 터키, 유럽 사이에 끼인 약소국의 전형적인 운명이다.

수도 트빌리시로 가는 중간에 카프카스 산맥이 보이는 언덕 아래 아늑한 부락이 보인다. 이곳이 세기의 독재자, 소련의 영웅 스탈린의 고향이다.

스탈린을 보면 몇 가지 측면에서 매우 놀랍다. 우선 러시아인이 아닌 조지아인이 어떻게 소련 공산당의 최고 통치자가 될 수 있었을까. 둘째로 자기 고향의 민족주의자들이 조지아 독립투쟁을 할 때 소련 편에서 동족 수십만 명을 죽이거나 강제 이송시켜 버린 것이다. 셋째로 아직도 조지아에는 미남인

스탈린 조각과 사진이 곳곳에서 판매된다.
사람은 가도 자취는 남아있다.

서구적인 신시가, 낙후된 구시가.
신구는 대립하며 다시 모일 뿐이다.

트빌리시 풍물시장의 옛 그림.
카라반의 이동이 로맨틱하다.

스탈린을 좋아하는 사람이 많아 스탈린 조각상과 배지, 훈장이 거리 곳곳에 많다는 것이다. 그리고 우리는 스탈린을 너무 모른다는 것이다

수도 트빌리시는 매우 분주한 대도시다. 우선 자동차의 속도가 빠르며 양보란 게 없고 왼쪽 오른쪽 운전대가 다 통용된다. 낡은 차에서 운전자는 모두 담배를 물고 있다. 심지어 택시 운전사도 운행 중에 담배를 피워 물고 연기를 뒷좌석 손님에게 태연하게 날려 보낸다. "stop smoking"이라 했더니 한국인을 만나 기분 좋아 핀다고 넉살을 떤다.

사회주의 국가 잔재가 도시 곳곳에 남아 있어 낡고 투박하다. 서구식 고층 빌딩이 신축되고 맥도날드에 젊은이들이 줄 서있는 모습 또한 급변하는 조지아의 현실이다.

바쿠를 떠난 실크로드 상인들이 이스탄불, 로마, 모스크바로 상품을 보내려면 이곳 트빌리시를 거쳐 흑해의 바투미 항으로 운송한다. 여기서 터키의 트라브존 그리고 이스탄불까지 흑해의 해상 실크로드를 타게 된다. 모스크바나 북쪽으로 가는 상품은 볼가 강을 타고 움직이게 된다. 이러한 흔적이 거리의 화가들 그림에서 나타난다.

우리가 와인이라면 프랑스, 이태리, 스페인과 미국, 호주, 칠레 정도를 알고 있는데 사실은 와인의 고향은 소아시아 지방 이곳 조지아다.

조지아에는 기원전 8,000년부터 포도나무를 키우고 와인을 생산했다는 기록이 있다. 유네스코의 세계문화유산으로 등록되었으니 인정할 만하다. 포도를 재

허름한 농가에서 와인을 권한다.
와인은 물처럼 손님에게 대접한다.

점토로 만든 소형 쿠베브리.
대형은 안에 포도를 담아 숙성시키는 항아리다.

배하고 달걀모양의 와인 항아리 쿠베브리를 만들어 숙성시키는 과정 전체가 전통과 민족적 특성을 유지시킨 것이다.

　포도나무는 생명의 나무로 대접받고, 쿠베브리를 만드는 사람은 최고의 장인이다. "주는 포도나무이시다"는 성경 구절이 있다. 와인은 가장들이 직접 만드는 중요한 집안 일이며 가장 신성한 곳에 보관된다. 훌륭한 와인을 만든 가정은 사회에서 존경을 받는다. 마치 우리나라의 김치문화와 유사함을 느낀다. 우리에게 와인을 시음하도록 권한 작은 동네는, 예정 없이 찾은 수도원과 작은 성이 있는 시골 마을이었다.

　내일은 수도 트빌리시에서 차로 네 시간 정도 떨어진 흑해의 휴양지 항구도시 바투미로 갈 것이다. 애증의 여행도 이틀 뒤면 터키의 아나톨리아 고원으로 향한다. 산천은 그대로인데 사람만 울고 웃는다.

조지아, 트빌리시에서 바투미로 이동중 방문한 시골의 고성과 안내판.
원산지 포도나무와 와인이 집집마다 풍족하였다.

흑해의 진주, 조지아 바투미

코카서스 산맥을 지나 어느덧 흑해 바다(Black sea)가 보이는 평원으로 내려왔다. 흑해는 우리가 듣는 것처럼 검은 바다는 아니었다. 평범한 푸른 바다, 흑해를 왜 검은 바다라고 부를까.

기원전 최초로 이곳에 온 그리스인이 원주민에 의해 피살되자, 그리스인들은 이곳을 이방인에게 험악한 바다라고 한 것이다. 이곳에는 특수한 플랑크톤이 생성돼 바다 빛깔이 검게 변하는 현상이 자주 출현하는 데서 유래한 것이 맞을 것이다.

아직도 코카서스 산맥은 여행자를 북쪽에서 응시하며 장도를 걱정하고 있

흑해 연안의 소년들이 바다낚시를 한다. 바다는 소년들의 꿈이며 배움터였다.

코카서스 산맥과 흑해의 만남. 영원토록 만났건만, 아쉬워 또 만난다.

었다. 이방인은 코카서스의 설봉이 흑해의 연안 속으로 깊이 들어와, 아쉬운 겨울을 배웅하는 모습을 눈이 아리도록 지켜본다.

남쪽으로 조지아 아자리아의 최대 휴양도시 바투미가 웅장한 모습으로 실크로드 탐사대를 마중한다. 흑해 북쪽엔 설산, 남쪽에는 야자수가 자란다. 흑해 바다는 연안에 아열대 열기를 내뿜는다. 남쪽 연안은 황량한 내륙과 전혀 다른 아열대 식생이 발달하고 있다.

러시아도 이런 점을 노려 흑해 연안으로 계속 남진한다. 우크라이나의 크림반도를 장악하여 부동항을 만드는데 성공한다. 지금도 러시아는 흑해의 크림반도 세바스토폴 항에 흑해 함대사령부를 운용하며 유럽 남부와 중동지역의 전략거점으로 활용한다.

얄타회담으로 유명한 얄타, 소치올림픽의 소치, 아름다운 항구 오데사, 터키의

바투미는 그리스어로 깊은 항구라는 뜻이다.
흑해는 깊이가 2천 미터의 깊은 바다.

아제리 지방정부청사에 아제리기가 휘날린다.
외교 국방을 제외한 광범위한 자치권이다.

흑해 항구 삼순, 트라브존 그리고 이곳 바투미가 흑해를 빛나게 만드는 도시와 항구들이다.

어느 국가든 영토가 작아도 항상 내정 문제가 도사리고 있는 게 역사 정치적 현실이다. 남한 크기의 조지아에도 2개의 자치 정부, 한 곳의 자치지역이 있다. 인종적으로 별개인 민족과, 종교적 신념이 다르고 여기에 외세가 개입한다. 바투미는 아자리아 자치주의 수도이다. 기독교도인 조지아 족과는 다른 아제리 족은 이슬람교를 신봉한다. 인구는 40만 명에 불과하나 자치권을 주지 않을 수 없다.

또 다른 연방은 러시아인이 대부분인 남 오세티아 지역으로 러시아의 개입으로 전쟁까지 발생했다. 결국 서유럽과 미국의 중재로 전쟁은 끝났다. 우크라이나의 동부지역 전쟁의 복사판이다. 작은 민족주의가 유럽 곳곳에 숨어 있다. 소련의 체첸, 영국의 스코틀랜드, 스페인의 바스크, 카탈루냐, 터키의 쿠르드족, 셀 수 없이 많다. 평화는 멀고 폭력은 가까이 있다.

자치 정부는 독자적인 권한으로 경제 사회 문화에 아제리 민족 특색을 가미한다. 시가지의 건축물, 도로의 구조 색상까지 독자적이다. 자치의 장점이 많으나 연방정부와 충돌 없이 가고 있는지 궁금하다.

위험한 도로에 폭발물을 싣고 가는 자동차처럼 항상 갈등이 혼재한다. 그러나 자치권이 없다면 극단적 테러나 전쟁에 의존하게 된다. 결국 공존의 바탕위에 협상하는 기술이다.

이슬람과 기독교가 병존해야 한다.　　전통과 변화의 건축구조다.
우리에게도 다문화의 파고가 넘나든다.　　전통 위에 변화를 심는다.

　　고대 실크로드 도시로서 교역과 문호개방이 살 길이라는 것을 바투미는 알고 있다. 해외 자본을 유치하는데 성공한 것이다. 카지노와 호텔, 항만 등이 유럽의 모습으로 변하고 있었다. 흑해 최고의 휴양지 항만도시로 발돋움하고 있다. 조지아 연방에서 최고의 국민소득으로 경제적으로 윤택하다.

　　은퇴한 노인들이 쉬는 모습은 실크로드 어디서나 비슷하다. 남자들은 거리나 공원으로 나와 체스에 몰두하거나 내기를 건 트럼프에 열중한다, 가정은 여성의 쉼터, 남자는 밖으로 나와야 한다.

　　흑해는 공해나 공기 오염이 없어 석양이 정말 아름답다. 석양의 빛이 축포를 쏘듯 구름 사이로 날아오른다. 산책 나온 아이들과 아버지, 연인들의 가슴에도 석양은 날아오른다. 치안도 안정되고 물가도 저렴하다. 숙박시설과 놀거리 볼거리도 많이 갖추었다. 흑해의 최고 휴양지로서 손색이 없다.

　　실크로드를 찾은 이방인의 가슴도 고향으로 향한다.

전쟁과 고난의 세대이다.
정상적인 국가라면 그들에게 보상을 해야 한다.

흑해의 저녁노을이 사랑을 부른다. 바다의 석양은 누구에게나 평온을 준다.

사랑의 밀어와 달콤한 휴식이 싹트는 곳, 흑해의 도시 바투미의 하루는 또 이렇게 마감을 하고 내일을 기약한다. 실크로드는 결국 가족과 사랑을 찾아 다시 돌아가는 길이다.

다음 날 새벽에도 흑해는 여명을 만들었다.
그리고 사람들에게 새 희망을 주었다.

휴양지의 밤은 황홀한 네온사인으로 달아올랐다. 매력의 도시는 밤의 옷으로 갈아입고 여행자의 마음을 설레게 한다. 사막과 모래 바람에 그동안 지쳤는가 보다. 흑해 연안에 이렇게 밤이 아름다운 도시가 있으리라고는 상상도 하지 못했다. 내일은 터키 국경을 넘어 또 다른 실크로드 길 트라브존으로 가야 한다.

06
터키
아나톨리아 고원

전 경찰청장 이택순의 실크로드 도전기

흑해의 연안 도시, 터키 트라브존

　조지아의 휴양지 바투미에서 1시간이면 국경을 넘어선다. 조지아—터키 국경 통과는 어렵지 않았다. 국경을 통과할 때마다 느끼는 것이지만, 부자 나라로 가는 문은 항상 복잡하고, 못 사는 나라로 가는 문은 한산하다.

　터키로 입국하려는 사람은 줄을 서있고, 조지아로 입국하려는 사람은 그다지 눈에 띄지 않는다. 이것이 문명교류의 원칙이다. 미국과 서유럽은 입국하려는 난민으로 몸살을 앓는다.

　터키는 인구 8천여만 명, 영토가 한반도 전체의 4배 크기가 되는 중동의 대국

흑해는 내륙 해로 폭풍이 사나운 바다다. 그러나 우리에겐 평온한 바다였다.

해안가 언덕 비탈 위의 주거지. 해안의 집들은 좁은 공간으로 고층화되었다.

이다. 유럽과 아시아의 중간에 위치해 동서양 문화를 연결하는 교차로의 역할을
해왔다.

터키인들은 8세기경부터, 몽골고원 중앙아시아로부터 서진하여 아나톨리아
고원의 주인이 되었다. 이들은 셀주크 터키를 세워 투르크인의 국가를 건설한다.
이어 오스만 터키는 13세기부터 20세기 초까지 지중해 연안과 이집트 동유럽 중
앙아시아까지 석권한 역사를 가진 이슬람 나라이다.

지중해 연안은 몇 번 다녀 봤지만. 흑해 쪽으로의 여행은 처음이어서 궁금증이
더 하다. 실크로드는 이곳 터키 국경에서 해안선을 따라 움직이다가, 흑해의 물류
기지 트라브존에서 해상과 육상으로 갈라진다. 로마나 지중해로 가는 길은 이스
탄불까지 해로나 내륙 육로로 움직인다. 동유럽이나 러시아 모스크바를 향해 흑
해와 볼가 강으로 움직인다. 마르코 폴로도 이 도시를 방문했다고 하니 분명 실크
로드의 전통적 길이요, 무역로의 요충인 도시이다. 이스탄불에서 버스로 16시간

고대 도시 계획의 기본은 궁성 주택과 시장의 분리이다. 궁성 주택은 성문 고지대, 시장은 저지대에 위치한다.

이나 걸리는 터키 동부의 중심도시이다.

트라브존은 부산과 지형이 유사하다. 산비탈에 구릉이 도시 전체를 차지해, 집들이 다닥다닥 산을 따라 붙어 있다. 주택이나 건물은 비교적 깨끗하고 중후해 보인다. 시가지는 저지대 해안가에, 주택이나 성곽은 고지대에 위치한다.

현재에도 공항과 항만, 철도, 육로의 교통요지이며, 산과 계곡을 따라 옛 성곽이 살아있었다. 지역 사람들은 예부터 터키 동부의 중심도시로서 자부심을 가지고 사교적이며 외국인에게 매우 우호적이다.

오스만 제국의 '슐레이만' 술탄의 동상과, 터키 건국영웅 '케말 파샤' 대통령의 동상이 곳곳에 서있고 그가 사용했던 별장이 남아있다.

케말 파샤 초대 터키 대통령은 '아타 투르크(터키의 국부)'라 불리며 터키는 그를 말하지 않고는 논할 수 없다. 케말 파샤는 청년 장교 출신으로 진보 개혁적인 인물이었다. 부패하고 무능한 오스만 제국을 국민혁명으로 무너뜨리고 외세의 침략으로부터 공화국 터키를 일으켜 세운 독립영웅이다. 그는 이슬람 종교가 정치에 개입하는 행위를 막아내고 정교분리 원칙으로 터키를 근대화 시킨다.

마침 우리가 도착한 날이 이 지역 프로 축구팀 '트라브존 스포르'의 시합이 있는 날이었다. 도심은 극성팬으로 몹시 시끄러웠다. 때마침 팬 한 사람이 한국 출신의 이을용 선수가 이 팀에서 활약하고 있다며 '코레'하며 엄지손가락을 추켜올린다.

도심 고지대에 있는 옛 성곽. 기원전 7세기부터 그리스의 도시였다.

정부간 외교는 일반 시민이 그 효과를 실감하지 못한다. 그러나 스포츠와 예술 문화의 민간외교는 실시간 현장에서 반영된다. 생각보다 대단하다. 국가 외교역량은 양자가 서로 발전해야 한다.

터키인들은 키가 크고 털이 많다. 코도 크고 피부도 흰 편이라 유럽 사람과 쉽게 구분이 안 된다. 머리카락이 검은 사람이 많다는 것이 다른 점이다. 백인에 가까운 혼혈이다.

도심에서 만난 몇 사람이 "자기 할아버지가 터키 군인으로 한국에서 근무했다"며 정답게 이야기를 걸어온다. 터키군은 한국전쟁에 미국, 영국 다음으로 많은 군대를 파견했고, 전사자도 천 명에 이른다. 고마운 일이며 잊지 말아야 할 일이다. 멀리 한반도 이국에서 죽어간 터키 군인을 생각하면 코끝이 시리다. 터키 역사에도 한국전쟁은 터키의 위대한 전쟁으로 기술한다.

케말 파샤의 흉상.
트라브존은 국 민혁명의 혁명군 사령부였다.

케말 파샤 대통령의 별장과 집무실.
검소하고 서민적인 혁명 군인이었다.

이곳에서도 통역을 맡은 Y군의 동료 학생 아버지의 초청으로 전통음식점에서 터키인의 후한 인심을 맛보게 된다. 엔지니어인 그는 불편한 다리를 이끌고 온갖 성의를 다하였다. 안내를 하느라 이슬람의 기도 시간을 놓친 그는 식사 전에 손과 발을 씻고, 식당 기도실에 가서 기도를 한 후 식사를 한다. 이슬람의 율법이 생활화 되어 있음에 다시금 놀라게 된다.

'인 샬라(알라의 뜻으로)!' 우리가 할 수 있는 가장 큰 인사였다.

트라브존 도심을 벗어나 시바스란 도시로 이동한다. 길도 쾌적하고 국경 통과의 불안도 없다. 이제부터는 실크로드 답사여행이라기보다는 관광에 가깝다는 느낌이 온다. 중간에 오찬을 위해 길가의 음식점에 들렀다. 큰 볼거리가 벌어지고 있었다. 이슬람의 결혼식이었다.

면사포를 쓴 신부와 정장을 한 신랑이, 가족 친지 친구의 축하를 받고 성스러운 식을 올린다. 차린 음식을 나누어 먹으며 담소하는 것도 우리와 동일하다. 식후 웨딩촬영에서 동방

터키 프로 축구의 흥행력은 대단했다.
2002년 월드컵 3위의 축구 대국이다.

식사 중에 보게 된 결혼식.
신랑 신부와 차량이 우리처럼
치장되어 있다

신부 친구들이 적극적으로 포즈를 취해준다.
터키는 개방적인 온건한 이슬람 국가다.

에서 온 진객을 보고 같이 사진 촬영을 하는 순간 신부가 부끄러움에 머리를 돌린다. 신부의 귀여운 친구들이 대신 웃어준다.

터키의 이슬람은 온건하며 개방적인 수니파 이슬람이다. 여성들도 참정권이 있고 남녀는 평등하다. 히잡을 쓰거나 벗거나 하는 것은 개인의 자유다. 동서양의 교차로에 위치한 때문에 경직된 이슬람 율법을 시대에 맞게 운용하는 것이다.

이에 대한 반동의 움직임이 현직 대통령 '에르도안' 일파로 이슬람 원리주의로 회귀하려는 것이다. 군부는 이에 맞서 정교분리의 원칙을 고수하라며 군사행동으로 항상 맞선다. 이들 뒤에는 중동의 이슬람 세력과 미국, 서방 각국 그리고 러시아의 보이지 않는 각축이 있다.

터키 답사여행 후 터키에서 군부 쿠데타가 발생했다는 뉴스를 접했다. 2차 대전 이후 5번째 쿠데타는 처음으로 실패하고 현직 대통령이 반대파에 대한 대대적 검거와 숙청을 진행하고 있다. 그러나 현 정부가 자유와 평등, 개혁, 정교분리원칙을 확대하지 못하면 결국 명분 있는 군부 쿠데타의 악순환을 벗어나지 못할 것이다.

소아시아의 패권자, 시바스-카이세리 고도

터키는 이슬람국가지만 기독교 문화 유적이 유난히 많고 다양하다.

원래 터키 아나톨리아 고원은 고대 히타이트왕국이 BC 2000년경부터 지배해
오다가 그 후 페르시아 세력이 한때 패권을 차지한다. BC 3세기경부터 알렉산더
대왕의 그리스 세력, BC 2세기경에는 로마제국에 편입되었다.

현재의 터키, 그리스, 이라크, 이스라엘, 레바논, 시리아, 요르단, 이집트 모두

아나톨리아는 고도였다. 힘이 충돌하고 패권이 바뀐다.

1,628미터 절벽의 쉬멜라 수도원. 신앙은 고난의 극복과정이다. 주변은 삼천 미터급 고봉. 포교는 도시, 수행은 고산에서.

로마제국의 통치하에 있었다. 팔레스타인에서 탄압받는 기독교도들이 피난처로 소아시아(아나톨리아)고원과 사막으로 신앙의 자유를 찾아 이동했다.

8~9세기경부터는 중앙아시아 몽골고원에서부터 이슬람화 된 투르크족이 대거 민족이동을 한다. 세력 균형은 깨지고 셀주크, 오스만제국을 걸쳐 투르크족은 소아시아의 최종 패권자가 되면서 이슬람 지역이 된다.

다양한 세력의 교체와 패권, 민족 생존과 동서 문화의 교차점이라는 지리적 특성이 가미되어 다양성을 매개로 한 독특한 문화 종교가 발아된다.

투르크족은 아시아로부터 이동해 와 다종교와 다문화를 경험하여 배타성이 적고 포용성이 큰 민족이다. 이것이 기독교 유적에 대한 훼손을 적게 하고 보전한 것의 배경이기도 하다.

눈이 녹아 폭포를 이룬다.
수도원은 3천 미터 산정에 자리 잡고 있다.

현재 강경 이슬람세력인 아프가니스탄 탈레반이나 IS의 문화유적 무차별 파괴행위로 볼때 천만다행이다.

트라브존에서 2시간 정도 지방도로를 따라 산길을 올라가면 1,500여 미터 절벽에 그림같이 붙어 있는 건물이 보인다. 이곳이 쉬멜라 수도원(Sumela Monastery)이다. 5세기경 기독교 수도원으로 지어진 건물로 건물 내부에는 그리스도의 삶이 벽화로 그려져 있다.

그러나 우리가 방문했을 때에는 수도원 입구가 자물쇠로 잠겨져 있어 들어가지 못했다. 다행히 맞은 편 계곡에서 사진촬영이 가능해 외부 모습만 담을 수밖에 없었다.

전성기 때는 이곳에 수백 명의 수도사가 거주했다 한다. 식량과 물, 생필품들을 어떤 식으로 공급하고 특히 배설물과 쓰레기는 어떻게 처리했는지 궁금하다. 절벽 밑을 살펴봐도 오염된 흔적은 없어 다행이었다. 인력에 의해 산 아래로 가지고 내려가지 않았을까 짐작할 뿐이다. 산 아래 마을이 관광지 겸 수도원의 지원기지이고 현재도 활용되고 있었다.

신앙은 항상 위대함을 잉태한다. 그것은 역사에서 증명되며 이곳에서 재현되고 있다. 이슬람국가에서 그리스도교 수도원이 어떻게 1,500년 이상 존재할 수 있었는지, 관리 운용비용과 수도사들은 누가 감당하고 충원했을지 궁금증은 더해간다.

20세기 들어 수도사들을 그리스로 보내고 빈 건물로 관리하다가 최근 3~5명의 그리스도교 수도사가 다시 왔다는 설명이 있었다. 빈집은 사람이 사는 집보다 쉽게 무너지고 붕괴된다는 평범한 사실을 이제야 깨달은 모양이다.

고색창연한 시바스시.
로마와 투르크 양식이 공존한다.

모스크가 위치한 중심 광장
아나톨리아는 역사의 보고다.

이후 여정은 동부 내륙의 교통요지이며 옛 도시인 시바스(Sibas)로 연결된다. 처음에는 '시바스 리갈' 위스키와 무슨 관련이 있나 궁금했는데, 전혀 상관이 없다. 시바스(sibas)란 '장대한'이라는 뜻의 그리스어로 로마황제 아우구스투스의 별명이기도 하다.

1,300미터 고원지대의 고도는 도시 이름에 걸맞게 로마유적과 이슬람사원이 위용을 뽐내고 있다. 터키는 어느 곳을 가도 선사시대와 고대 중세가 공존하는 역사의 땅이다. 기원전 히타이트시대부터 요지였던 시바스는 이외에도 셀주크, 투르크의 유적과 터키 독립운동과 관련한 근대 건축물이 온전히 보존되어 있다.

고도는 젊은이들에게 매력이 있어야 한다. 시바스는 광장을 네온사인으로 장식하고 야경을 화려하게 만들었다. 그리고 관광과 여행, 고미술, 건축의 도시로 발전시켜 젊은이들에게 매력적인 일자리를 만든다.

광장에 서 있는 고성. 시장과
찻집으로 사용된다.

시바스시 시청사.
중세 로마식 건축물이다.

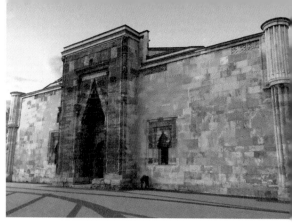

연인들의 광장.
석양의 밀어를 나누는 도시.

이슬람 학교와 강론장.
석조 건축물 보존 관리가 우수하다.

　다음날 우리는 터키 중부의 요충 교역 도시 카이세리로 출발했다. 로마시대 영웅 카이사르(시저)의 이름으로 도시 지명을 삼았다는 곳이다. 예정에 없던 도시이나 실크로드 교역의 중심도시였다. 현대와 고대가 조화된 도시라는 점에서 방문할 가치가 매우 높았다 옛 카파도키아 왕국의 수도로 역시 셀주크 시대의 유적이 많다.

　특히 '에르지 예스' 외국어 대학이 한국어과를 설치해 많은 학생들이 우리말을 배우고 있다. 우리의 통역 Y군도 교환학생으로 공부하고 있고 유능한 분들이 교수로 와 계신다. 각국 정상들이 의례적으로 방문하여 학생들과 대담하는 명문학교다.

　한국어과에 입학한 터키학생들이 때마침 한국의 날 행사를 맞아 한복으로 차려입고 환영해주어 고향에 온 것 같이 흐뭇했다.

　터키 대학에는 한국어과가 2곳에 설치되어 있다. 미래에 크게 자라 한국과 교역하는 이슬람 대상인으로 발전하는 모습

에르지 예스대학 정문. 미국, 헝가리 대통령이 방문했다.

돔형 사원과 미나렛. 사원의 크기가 도시의 위상이다.

을 그려본다.

터키고원에서 로마수도원과 로마 황제 아우구스투스의 도시 시바스, 시저의 도시 카이사르를 만난다. 터키 내륙에서 로마의 문화 유적을 접한 놀라움과 기쁨은, 실크로드의 역동성을 다시금 느끼게 한다.

터키 여학생들이 한복을 입고 환영한다.
돌궐족과 고려인의 만남이다

고도(古都), 카파도키아의 유혹 속으로

터키 실크로드의 중간 거점으로 동서 문화의 교류지인 카파도키아 (Cappadocia)는 아나톨리아 고원 중동부의 고대도시이다.

인간이 거주하기에 앞서 카파도키아(Cappadocia)에는 300만 년 전 화산 폭발로 생긴 용암과 화산재가 쌓인다. 이 잿빛 응회암이 오래 풍화와 빗물에 의한 침식으로 기암괴석을 이룬 곳이다.

신은 이곳에 기암괴석을 남긴다. 인간은 그 신을 숭배한다.

수천 개의 기암이 성을 만든다. 자연에서만 가능한 신의 작업이다.

이곳은 BC 1900년경부터 원주민 히타이트 족과 아시리아 상인이 거주한 역사 깊은 지역이었다. 이어서 주변 강국인 그리스, 페르시아 그리고 로마제국의 지배를 받는다.

초기 로마제국은 황제숭배를 거부하고 위험한 종교라는 이유로 기독교를 금지하고 심한 탄압을 한다. 3~4세기경부터 종교탄압을 피해 기독교인들은 이 지역으로 이주해 숨어산다. 그리고 수천 개의 기암에 굴을 뚫어 수도원과 성당을 만든다.

황량한 땅이기는 하지만 주변에는 농지와 포도밭, 그리고 수원지가 있었다. 7세기경부터 아나톨리아 고원에 이슬람 세력이 강화되자 다시 이곳으로 많은 기독교도가 피난하여 부흥을 맞게 된다. 인구 6만여 명에 성당 수도원만 260개소가 설치된다. 시련은 항상 새로운 도전을 만들어 내는 것이다.

괴르메 야외 박물관. 화산암에 동굴을 파고 주거지와 교회를 만들어 놓았다.

동굴 교회에는 정교한 색상으로 디자인된 벽화가
천오백 년을 버티고 있다.

이 고대도시는 인간과 자연의 합작품
이다.

　민족의 이동이 이루어지는 근본 원인은 식량과 기후 그리고 자유를 찾아 움직
이는 것이다. 특히 신앙의 자유를 찾아 움직이는 것을 여러 번에 걸쳐 확인할 수
있었다. 현대 국가는 이 영향을 받아 각국마다 헌법 조항에 신앙의 자유를 보호하
고 있다.

　기독교의 독실한 신앙은 동굴의 높이와 깊이에 비례하는 듯, 까마득히 높은 곳
에 굴을 깊게 파고 벽화를 그려놓는 신앙심에 놀라게 된다. 이런 장소를 찾아 신
앙과 문화를 꽃피운 인류의 집념이 있는 한 어떤 권력자도 믿음의 자유를 막지 못
할 것이다.

신앙의 자유를 찾아 인류가 이동한다.
기독교는 신흥종교로 초기에는 엄청난 탄압에 직면한다.

　우치사르(uchisar) 성은 카파
도키아의 가장 높은 곳에 위치
한 바위성이다. 신의 작품인 바
위산에 인간의 의지를 그린 곳
이다. 석양의 우치사르는 이방
인의 탄성을 경건함으로 인도
한다. 숨을 허덕대며 정상에 오
르면 전 시가지가 파노라마로
보이며, 자연과 의지의 인간을
다시금 찬양하게 만든다.

우치사르 바위 성곽. 인간의 처절한 도전이 바위에 묻어있다.

　카파도키아는 우리를 다시 한 번 겸손하게 만들었다. 신비스러운 자연 속에 인간의 경건한 신앙이 살아난 곳이다. 신비하지만 황량한 자연과 신앙의 자유를 찾아 극복하는 인간의 처절함이 만든 자연과 역사의 결합이다. 중국의 신비한 칠채산과 둔황 석굴을 동시에 보는 느낌이다.

　자연은 이곳에서 제멋대로 기교를 부리는데 인간의 상상을 초월한다. 어떤 예술이 자연을 앞설 수 있을까. 그래서 영화 '스타워즈'는 인간의 상상을 넘는 이곳에서 만들어진다.

　현명한 민족은 과거를 파괴하지 않고 과거에서 교훈을 얻는다. 셀주크 터키, 오스만 제국을 만든 투르크인들은 상생의 지혜를 얻는다. 콘스탄티노플을 점령한 1453년 메흐메드 2세 술탄은 "이 포도밭과 창고는 너희들 것이다"라고 선포하며, 온건하고 포용적인 통합의 종교정책을 쓴다. 이로부터 이슬람 국가인 터키에서

버섯 모양의 성곽 바위들.
억겁의 세월과 비, 그리고 바람의 작품이다.

유년기 협곡이 변화를 만든다.
자연의 변화는 영속적이다.

기독교 문화유산이 잘 보전되고 상속되는 지혜를 보인다.

현대에 들어서도 이 전통은 계속 이어진다. 터키는 정치와 종교를 분리하는 정교분리 '세속주의'를 헌법에 명시한다. 이슬람 종교가 세속의 법을 넘어설 수 없도록 하고 있다. 유연하고 융통성 있는 국가정책을 집행하고 있는 것이다. 교조적 원리주의에 입각한 타 중동 국가와 다르다.

사람이 거주하지 않는 전통 건물은 정부나 관리자가 유지비용을 감당하기 힘들다. 그러나 현대식 시설로 재탄생한 전통건물은 개인의 비용으로 보전되며 이용자의 부담으로 과거를 그대로 재현시킬 수 있다는 생생함과 실용성이 있다.

바위 동굴 속의 고대주택을 리모델링했다.
주택, 거주자, 지역이 살아난다.

파리와 로마, 서유럽의 중세 건축물이 살아서 움직이는 방식이다. 카파도키아에서도 옛 동굴과 건축물들을 외형과 기본 틀은 유지하되 상업적으로 이용하게 했다. 그래서 도시 전체가 유네스코 인류문화유산으로 지정되었다. 여행자가 당장

극한의 상황에서 나온 동굴 주택과 거주지이다. 자연과 역사, 관광 상품으로는 최고의 가치를 지닌다.

중국의 둔황석굴이나 미국의 그랜드캐니언을 가기 어렵다면 이곳 카파도키아가 최적의 대안일 수 있다.

우리가 머문 호텔도 옛 동굴에 현대식 시설을 보완했다. 호텔 이름부터 '아나톨리안 케이브'이다. 호텔 동굴에 스며있는 냄새나 습기, 공기 순환 등에서 문제를 발견할 수 없었다. 시설이 낙후된 지상의 후진국 호텔보다 훨씬 쾌적한 밤을 보낼 수 있었다.

지상으로 솟아오른 큰 바위는 모두 호텔과 펜션, 게스트 하우스로 활용된다.

세련된 감각의 현관문과 인테리어.
오랜 문화적 식견의 결과물이다.

우리가 투숙한 곳은 반지하 방이었다.
숙박한 동굴방 입구가 단아하고 쾌적하다.

아침 햇빛에 솟아 오른 열기구.
하늘을 그리는 인간의 꿈이다.

카파도키아는 청춘의 고대도시다.
카파도키아에서 사랑을.

카파도키아의 바위마다 소유권 등기를 하고 지상을 이용하는 권리도 복잡하게 규정하고 있을 것이다. 자연에 어떻게 대응하느냐에 따라 문명의 진보가 엇갈린다. 터키의 기독교인들은 자연에 굴복하지 않고 친구가 되었다.

　다음날 새벽 태양이 머리를 내밀 즈음 열기구로 이름난 언덕으로 올랐다. 이곳의 열기구 투어는 세계적인 코스이다. 형형색색의 열기구가 인형처럼 공중에 떠 있다. 이를 바라보는 청춘들은 사랑의 포옹으로 이에 답한다.

　이제 저들의 사랑도 하늘로 피어오르리.

　카파도키아는 사람을 머물게 하는 곳, 신비로운 자연이 만든 인간의 공간이다.

　그래서 여행자들은 물어 물어 이곳으로 모여드는 것이다.

전통의 골목길, 샤프란 블루

터키에는 유네스코 지정 인류 문화유산이 이곳을 포함해 13개소나 된다. 샤프
란 블루 마을도 1994년에 지정된 곳이다. 수도 앙카라에서 200여 킬로미터 떨어
진 카라뷔크주 서북쪽에 있는 이곳은, 마을 입구에 인류문화유산으로 지정된 사
실을 보기 좋게, 그러나 요란스럽지 않게 홍보하고 있다.

이 도시는 실크로드를 통한 동서무역의 요충지이며, 카라반이 머무는 교역도

1994 유네스코 세계문화유산 안내판. 검은 바탕 벽돌에 권위를 자랑한다.

벽은 흰색, 작은 창문은 진갈색.
교역의 도시답게 일층은 상점이다.

모자모양의 돔형 기와지붕이 특징이다.
파란 하늘과 주황색 칼라가 지중해를
연상시킨다.

시였다. 오스만 투르크 시대의 건축물 2천여 채와 거리 문화가 잘 보전되어 있는
곳이다.

터키의 전통주택은 외형상 단출하다. 2~3층 목조건축에 정원은 없이 일자로
올라갔다. 실상 우리가 살던 기와집 촌 정도인데 세계적으로 공감 받고 평가받
는다.

단단한 목재와 석회석을 섞은 흙벽돌집이라 수명이 오래간다. 현대식으로 리
모델링하여 쓸 수 있다는 것이 한국의 재래식 주택과 다르다. 칼라 감각과 디자인
이 국제 감각에 어울리게 뛰어나다. 오스만 투르크의 역사적 전통은 문화와 건축
속에 스며들어 있다. 지붕의 모양이 특이하게 원형이 많은데 칼라가 남유럽의 주
황색 톤으로 지중해 주택을 상기시킨다. 역사의 무게를 느끼게 하는 구조와 색깔
의 전통 문화이다.

돈을 쉽게 번 졸부는 큰 아파트와 비싼 차를 곧 장만할 수 있다. 그러나 입는
옷을 보면 바로 알 수 있다. 옷맵시나 멋은 하루아침에 되는 게 아니기 때문이다.
한국이 경제적으로 좀 나아졌다고 일류국가 행세를 할 수도 없고 받아들이지도
않는다. 세계에서 일본 정도의 국가 대접을 받으려면 시간이 많이 필요하다. 일본
의 근대화는 150년을 넘는 역사가 있다.

마을 한구석 공터에 앉아 있는 시골 노인의 옷차림과 행동에서 품위와 여유가

느껴진다.

역사 깊은 강국 터키에서 느끼는 소감이다. 일류국가는 도시와 지방의 차이가 별로 없다. 이민족에 대하여 배려가 크고 포용력이 있다. 실크로드 국가 중 가장 선진국이고 행정과 경제 사회 전반이 비교적 내실 있어 보인다.

노인과 비둘기가 벤치에 앉아 과거와 현재를 바라본다.

우리가 알고 있는 변형된 터키탕과는 달리 정통 터키탕 하마미(Hamami)가 14세기에 세워진 이래 7백 년 동안 전통을 이어오고 있다. 이 마을에만 5곳의 하마미가 있다. 터키인들은 하루에 6번 모스크에서 기도하기 전에 손발을 꼭 씻는다. 목욕도 자주하는 청결함이 배어 있다.

단아한 전통마을에도 테러의 여파로 관광객이 대폭 줄었단다. 이슬람 히잡을 한 여인이 자기 가게에서 만든 전통과자를 아침부터 들고 판촉활동을 하고 있다. 시식을 권하되 강매하지 않는 게 이 지역의 전통인가 보다. 얻어먹은 과자의 뒷맛이 너무 좋다. 돌아와서 꼭 사야지 하는 생각도 바쁜 일정으로 지키지 못했다.

골목길은 자갈과 벽돌, 조각돌로 포장되어 있고 깨끗이 정리되어 보행자에게 쾌적감을 준다. 일본 규슈의 유후인 마을을 연상시킬 정도로 깔끔하다. 모든 여행자는 물론 특히 여성 관광객에게 어필할 수 있는 곳이다.

하마미는 일반 여행객에게도 개방된다.
여유 있는 일정으로 체험을 권하고 싶다.

터키탕은 시골마을의 공공시설이다.
다수인에게 값싸게 공적으로 이용되고 있었다.

여기는 미세먼지나 황사 우려가 전혀 없다.
날마다 미세먼지로 고통 받는 한국이 안타깝다.

이 마을도 이슬람 모스크와 첨탑이 상징처럼 서있어 경건함과 도덕심을 보여준다. 새벽 4시 30분이면 새벽닭보다 더 큰 소리로 울려대는 코란 독송에 깜짝 놀라 잠을 깨곤 했다. 그러난 이젠 익숙해져 하루 6번 기도를 하는 그들이 존경스럽다. 이슬람은 금욕적이며 도덕심이 강한 신앙인임을 알게 된다.

세계에서 가장 비싼 향신료인 샤프란(Safran)이 이 마을의 토속 식품으로 마을 이름도 이에서 유래한다. 요즈음은 유사품도 많고 가격이 천차만별이라 조심해야

푸른 하늘에 미나랫트가 이슬람의 상징이다. 평화와 도덕, 자비의 기운이 세계에 퍼져야 한다.

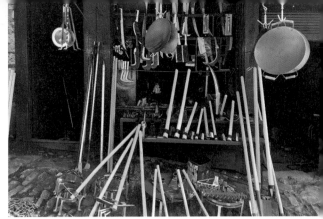

도시는 독특한 칼라가 있어야 산다.
이 도시는 골목길과 신선한 정갈함이다.

시골마을에 필수적인 대장간이다.
공방 형태로 운영되며 각종 철기를 공급한다.

한다는 충고가 있다.

　도시나 마을이 자급자족하려면 여러 가지 필수시설이 있다. 물과 상하수도, 식량과 주택, 농민과 제조업자, 도로와 목욕탕 ,학교와 행정기관 그리고 시장과 상인이다.

　이 마을에도 칼과 망치, 농사용 공구를 만들어 파는 대장간이 성업하고 있다. 대량생산된 외국제품의 틈바구니에서 살아 움직이는 토종 대장간이 대견하기만 하다. 철기를 다루는 대장장이들은 무뚝뚝하게 자기 일에만 열중이다. 기술자의 정직함과 선량함이 배어있다.

　샤프란 블루는 터키의 과거와 현재가 생생히 살아있는 전통마을이다. 그리고 그들만의 방식으로 현대를 살아가고 있다.

　이제 우리의 실크로드도 서서히 막을 내리고 있다. 내일은 우리의 최종 목적지 이스탄불로 간다.

터키 중부 악사라이 지역의 중세 동굴교회와 주거지역.
인간의 삶의 의지와 믿음은 척박한 환경에서 빛을 발한다.

07

유라시아
이스탄불

전 경찰청장 이택순의 실크로드 도전기

이스탄불 앙카라 카파도키아 트라브존 바투미 트빌리시 긴자 박타우 바쿠 아르메니아 사바스 아제르바이잔 투르크메니스탄 히바 부하라 타슈켄트 사마르칸트 우즈베키스탄 오시 카스 쿠차 우루무치 하미 투르판 둔황 자위관 우웨이 란저우 시안 핑량 정저우 타이안 웨이하이 인천 대한민국 중국 몽골 카자흐스탄 그루지야 베이네우 키르기스스탄

이스탄불, 대륙과 바다를 품다!

  2016년 3월 14일부터 4월 28일까지 45일간 서울에서 이스탄불까지 약 16,000킬로미터를 두 대의 자동차에 몸을 싣고 달려왔다.

  지난 길이 아련하다. 늦겨울의 눈을 보며 서울을 출발한다. 서해바다의 차가운 바람을 맞으며 페리로 중국에 들어선다. 웨이하이(위해)에서 시안-란저우-둔황-우루무치-카슈카르의 실크로드 길로 황사 날리는 중국 대륙을 무모하게 횡단하였다.

우리의 여정을 차량에 랩핑했다. 서울에서 이스탄불까지.

유럽과 아시아, 아프리카가 모인다. 이스탄불의 광대함속으로!

　꿈에도 그리던 파미르고원을 넘어선다. 중앙아시아의 사막과 초원, 카스피해를 기대와 좌절속에 통과한다. 눈 덮인 카프카스산맥과 흑해를 끊임없이 달리고 달렸다. 터키 아나톨리아 고원대지를 섭렵하며 산천과 신앙의 모습에 놀란다. 드디어 우리는 건장한 모습으로 보스포러스 해협을 넘어 유럽대륙 이스탄불에 도착한다.

　파란 하늘에 날씨도 화창하고 기온도 섭씨 20도 정도로 쾌적해 모든 것이 상쾌하기만 하다. 실크로드의 대도시 이스탄불은 무모한 이방인들을 정녕 환영하는듯하다.

　유럽과 아시아 양 대륙에 걸쳐 있는 도시 이스탄불은 세계 제일의 거대 해양도시다. 1,400만 명의 상주인구에 1,000여만 명의 유동인구까지 합쳐 2,000만 명 이상이 집중되어 있다. 30대 이하의 청년 인구가 70% 이상 되는 미래의 도시였다.

맑은 날씨로 도착을 환영해준다. 번영하는 이스탄불 도심과 터키 여인의 정숙함이 돋보인다.

　시리아 난민도 50여만 명이 이슬람 사원과 보호시설에 머물고 있으니 중동의
안식처이며 피난처이다.
　기원전 8세기경부터 형성된 이 도시는 '비잔티움'이라 불리며 그리스 식민도
시로 출발한다. 로마제국의 식민지가 된 후 같은 식민지 팔레스타인지방 갈릴리
에서 예수가 탄생하고 기독교 문명의 발상지이며 요람이 된다.

흑해와 지중해를 연결하는 보스포루스 해협의 힘찬 파도

콘스탄티누스 대제가 AD 330년 통치하면서 이 도시를 다시 건설한다. 이때부터 콘스탄티누스의 도시 '콘스탄티노플'로 불리며 천년동안 동로마제국의 수도가 되었다.

동쪽 아나톨리아 고원에서 발흥한 오스만 투르크가 1453년 이 도시를 점령한 후 투르크 민족의 땅이 된다. 이들은 이곳을 이스탄불이라 부른다. 투르크인들의 종교인 이슬람교가 전파되고 500여 년 동안 오스만제국의 수도로 유라시아를 연결하는 세계 도시로 발전하게 된다.

따라서 이곳은 유럽과 아시아 동서 문명의 교차점, 기독교 문명과 이슬람 문명의 복합적 중심지가 되며, 중동과 아프리카 문명까지 그 유적이 뚜렷이 살아있다. 지리적으로도 로마와 중국을 잇는 실크로드의 중간 종착점으로 육상, 해상 실크로드의 가장 중요한 거점도시가 된다.

세계 1차 대전을 거치며 1923년 오스만제국은 해체되고, 민주 공화국 터키로 출발하며 수도는 이스탄불에서 앙카라로 옮기나 이스탄불은 근대화의 산실로 명실상부한 터키의 제일 도시로 발전한다.

이스탄불을 품은 나라 터키는 중동 이슬람 국가의 최강국이며 투르크 민족국가(터키, 투르크메니스탄, 아제르바이잔, 우즈베키스탄, 카자흐스탄, 키르기스스탄, 타지키스탄)의 주도국이다. 투르크 민족과 오스만 터키의 영광을 재현한다는 불같은 의지를 가진 인구 8천만의 대국이다.

귀국할 때까지 긴장을 유지하자는 다짐과 함께 한식집을 찾아 저녁식사를 했다. 뒷골목 건물의 작은 한식집에서 두 달 만에 처음으로 삼겹살과 김치찌개를 맛본다. 피어오르는 찌개의 김 사이로 고향의 맛을 음미하니 서울 집이 아른아른하다.

종업원이 순수하고 착해 보여 우즈베크인가 물으니 쿠르드인이란다. 3천만을 넘는 민족이 독립에 목이 말라 결국 테러로 존재감을 보일 수밖에 없는 참으로 딱한 사람들이다.

터키와 이라크, 시리아 등의 산악에 흩어져 살며 독자적 언어와 문화, 인종을

궁전 경계병과 여성 관광객
테러방지와 관광 양립을 위해 몸부림친다.

바다위의 궁전, 돌마바흐체 입구
조각과 탑이 바로크 양식을 담고 있다.

유지하면서 독립을 위해 끈질기게 싸우고 있다. 다민족 국가 터키의 뇌관이 될 수
밖에 없다. 지난 3월 수도 앙카라의 테러도 이들이 독립을 요구하며 벌인 극단적
저항이다.

IS에 의한 이스탄불 테러까지 가세되어, 중동의 강대국 터키도 이제는 테러의

바다위의 궁전 돌마바흐체. 터키의 웅비를 꿈꾼다.

안전지대가 아니라는 심각한 문제에 직면하고 있다. 연이은 테러로 인해 관광객이 급감하여 유명 관광지와 바자르에는 손님이 줄어 한산하다. 그러나 터키 측의 대응도 의연한듯하다.

거리에는 일단 긴장감이 사라지고 활기를 되찾고 있다. 유명 관광지 시장과 백화점 호텔 입구에서 금속 탐지기 검사와 군인 경찰이 경계를 서고 있는 것 말고는 불편함이 전혀 없다. 외국 관광객에게는 더욱 친절하게 대해주니 그들의 여유가 돋보인다.

오스만 투르크의 마지막 번영과 영화가 깃든 돌마바흐체 궁전은 서울의 덕수궁 같은 곳이다. 불란서의 베르사이유궁전을 모델로 세운 곳이다. 퇴락하는 오스만 투르크 제국이 부활을 꿈꾸며 새로 건설한 신궁전이다.

바로크와 로코코 양식으로 보스포루스 해안가에 바다를 메워 건설한 '바닷가의 새 궁전'인데 화려함과 기품이 터키의 유적 중 으뜸이다. 초대 대통령 케말 파샤 아타 투르크의 집무실로도 사용되었으나 그의 사후 전 국민에게 개방된 곳이다. 궁전의 시계가 모두 9시 5분에 맞추어져 있다. 국부의 사망을 애도하여 그가 운명한 시간에 맞춘 것이라 하니 과연 영웅의 최후는 위대하기만 하다. 외부만 사진을 찍도록 허용하고 내부는 촬영이 금지되어 있었다.

이방인들이 이슬람을 이해할 수 있는 곳이 '술탄 메흐메드 모스크(블루 모스크)'다. 이스탄불 역사지구에 위치한 터키의 대표적인 이슬람 사원이다. 1616년 오스만 제국의 술탄 메흐메드 1세 때 건축된 오스만 제국의 전통적 건축물이다. 사원의 내부 장식이 푸른 타일로

베르사유 풍의 돌마바흐체 본전.
내부엔 빅토리아여왕의 선물인 샹들리에가 빛난다.

이스탄불 최고의 성지, 술탄 메흐메드 모스크
(블루 모스크)의 위용

덮여 있어 '블루 모스크'로 불리는데, 이곳의 미나렛(첨탑)이 6개나 올라가 있다. 미나렛은 이슬람성당의 고귀한 등급을 의미하는 것으로 성지 '메카'에만 7개의 미나렛이 있다.

술탄 메흐메드 모스크는 경건하면서도 개방적이다. 모든 관광객과 여성 관광객에게도 머리카락을 가리고 치마만 입으면 입장을 허용한다. 깨끗한 치마와 스카프가 입구에 준비되어 있어 누구나 입장에 지장이 없다.

남자들은 그 대신 손과 입, 발을 닦고 입장해야 한다. 참으로 훌륭한 절차이다. 경건한 장소에서 경건한 마음으로 신을 경배하라는 뜻인가 보다. 피곤한 발도 닦고 정신을 가다듬는 의미에서 상쾌함을 느꼈다.

모스크 내부의 분위기도 차분하면서 활력이 있다. 중앙 회당은 활발히 움직이는 무언극을 보는듯하다. 수많은 관광객의 호기심과 신앙심과 기도가 혼재하고

수준 높은 이슬람 종교체험이다.
이슬람의 개방성과 포용성을 보여준다.

남자들이 손. 발과 입을 씻는다.
그대의 죄를 사하노라.

경배하는 신자들의 기도.
남자는 앞 열. 여자는 별도의 공간이
있다.

보스포루스 해협의 발리크 레스토랑.
바다의 도시다운 착안이다.

있었다. 남녀를 분리하되 차별
하지 않는다. 터키 이슬람의 개
방성과 포용성이다.

보스포루스 해협의 해안가
대중식당은 발리크 에크멕(물고
기 빵)이 유명하다. 8리라(한화
3,200원)의 물고기 빵은 저녁식
사로 대용할 수 있고, 양도 적
당해 가볍고 유쾌하다.

관광지의 활력과 바닷가의

붐비는 발리크 레스토랑.
적절한 가격과 밤바다 정경이 일품이다.

상쾌함을 동시에 맛볼 수 있다.
다만 해만 떨어지면 바닷가 바람으로 기온이 10도 이하로 급강하하니 윈드 재킷
은 필수다. 전통의 도시 바닷가의 묘한 상술이다. 역시 터키인은 타고난 실크로드
상인이다.

여행은 정녕 인생의 시작이며 끝인가 보다. 끝없는 여정은 영원한 삶의 목적인
것 같기도 하고. 오랜 여정은 인간을 몽환으로 이끈다.

흉노족의 위대한 후예, 1453!

'1453년'은 터키 역사의 새 출발점이라 할 수 있다. 어디를 가나 '1453'이라는 숫자가 돋보인다. '이스탄불 전쟁 박물관'의 타이틀이 '1453'이다.

도대체 AD 1453년에 어떤 일이 벌어졌을까. 소아시아 아나톨리아 고원에서 13세기에 발흥한 오스만 투르크는 서진하여 보스포루스 해협까지 진출했다. 그러나 보스포루스 해협 바로 너머에는 천년왕국 누구도 넘볼 수 없는 '동로마제국'

보스포루스 해협에 펄럭이는 터키 국기. 국기에 대한 애착과 존경은 미국을 능가한다.

'파노라마 1453'
콘스탄티노플 성 함락 전투를 집중해
다룬 전쟁 박물관의 전경.

콘스탄티노플 성은 아직도 건재하다.
도시이름은 이스탄불로 바뀌었지만 역사는
그대로이다.

의 수도인 콘스탄티노플 성이 우뚝 솟은 산처럼 버티고 있었다.

콘스탄티노플 성 앞 바다로의 접근은 용맹한 그리스 연합해군과, 해협 입구 해
저에 설치한 쇠사슬에 의해 저지당한다. 육지는 3중의 벽돌로 두껍게 만든 높은
성이 버티고 있으니 난공불락이었다.

당시의 성을 공략하는 메흐메드 2세의 전투 장면이 입체적으로 표출된 파노라
마는 압권이다. 대포 소리가 '펑! 펑!' 나는 음향과 실제 무기들이 동원된다. 투르
크 용사들이 성에 진입하는 전투를 실감나게 담아 후세 터키인들에게 전하는 것
이다.

강력한 벽에 부딪친 오스만군은 기상천외하게 산에 길을 내고 군함을 산을 넘
어 이동해 해저 쇠사슬을 돌파한다. 이어서 보스포루스 해협을 기습해 해상을 장

콘스탄티노플 성과 오스만의 공격 모습

동 로마군의 포격에 흩어지는 오스만 투르크 군

전투를 지휘하는 술탄 메흐메드 2세

악한다. 10만 명의 육군으로 총공격에 나서니 동로마제국 1만 명의 병사로 방어하기에는 역부족으로 결국 함락되고 만다.

대전투에서 승리한 메흐메드 2세 술탄은 이후 칙서를 내린다. "너희들의 진정한 재산과 포도밭 창고는 모두 너희 것으로 둘 것이다. 오스만의 땅에서 상업과 통상은 일체의 간섭과 방해를 받지 않을 것이다." 그리고 콘스탄티노플을 파괴하지 않고 국제 상업도시로 더욱 발전시킨다.

다민족국가로서 승자의 아량을 넘어 오스만제국의 번영이 국제무역에 기인함을 염두에 둔 매우 영명한 조치였다. 이로써 동서교류는 확대되고 실크로드 무역은 번창하는 계기를 다시 맞는다.

유럽 대륙에 교두보를 마련한 오스만 터키는 이후 헝가리와 오스트리아 빈까지 진출한다. 술레이만 대제 때는 중동과 아프리카 북부, 페르시아, 중앙아시아를 석권하는 제국을 완성하게 된다.

그렇다면 원래 이 땅에는 누

공격을 당한 콘스탄티노플 성이 파괴된 채 6백여 년을 버티고 있다.

선사시대 박물관 입구의 철제 문양.
이 땅의 주인이 위엄 있게 새겨져 있다.

선사시대 유적은 무수히 많아 노천에까지
전시되고 있다.

가 살고 있었을까? '히타이트'로 불리는 민족 등 20여 민족이 BC 2000년 이전부터 살아왔다. 이곳 선사시대 박물관에는 메소포타미아, 바빌론, 히타이트 문명과 고대 그리스 로마 문명의 유적이 즐비하다.

이후 페르시아에 점령되기도 하지만, 로마의 지배를 받으며 결국 동로마제국으로 편입된다. 특히 기독교 유적이 많은 것은 로마제국의 탄압을 피해 기독교도들이 터키고원으로 숨어들어온 때문이다.

BC 2000년경부터 몽고 서부와 중앙아시아에 살던 유목민족인 흉노족의 일족인 투르크(돌궐) 족이 새로운 삶의 터전을 찾아 AD 9~10세기경부터 페르시아와 터키의 내륙 고원지대로 대규모 민족이동을 하게 된다. 원주민이었던 히타이트 족 등은 점차 사라지고 투르크 족이 이 땅의 주인이 된다. 이곳에서는 훈족(흉노족)과 투르크(돌궐)는 한 뿌리로 설명한다. 중국의 역사서에서도 돌궐은 흉노의 변종이라 언급

야외에 전시된 대리석으로 만든 장식품에 역사가 묻어난다.

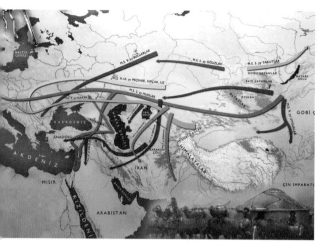

한다.

이들은 이 땅으로 오면서 이슬람교를 믿게 되며 아나톨리아 고원의 주인이 된다. 셀주크 투르크를 거쳐 오스만 투르크 제국을 건설하고 콘스탄티노플(이스탄불)에서 서방세력을 몰아내고 유럽까지 진출하게 된다. 이 자료에 의하면 훈족은 이미 3~4세기경에 유럽으로 진출하여 유러피안 훈이 되기

터키 군사 박물관 지도에 그려진 훈족(투르크) 족의 이동경로와 시기

도 한다. 투르크족들은 현대에 들어와 공화국을 세우고 국가 이름을 터키로 부르게 된다.

이들과 뿌리가 같은 중앙아시아의 투르크메니스탄, 카자흐스탄, 우즈베키스탄, 키르기스스탄, 타지키스탄과 카스피 해의 아제르바이잔, 지중해의 사이프러스 등 8개국이 투르크 민족국가회의를 구성하고 정기적으로 국가원수 모임을 개최한다.

전언에 의하면 아프가니스탄과 위구르 민족 대표도 뿌리를 찾아 옵서버로 참석한다고 한다. 이들 모두 실크로드의 주요 국가들이며 중계무역을 하던 실크로드의 상인들이다.

이것이야말로 터키는 몽골 서쪽의 흉노(훈) 족의 한 뿌리인 투르크(돌궐 : 한자 발음으로 투르크) 족이라는 결론을 내릴 수 있는 근거이다. 현대 터키의 교과서도 그런 방향으로 전개된다는 것이 현지인들의 설명이다.

항상 궁금했던 서역인은 누구인가? 터키는 어떤 민족에서 유래하는가? 현대에 와서 흉노족은 어디로 갔는가? 돌궐족은 과연 터키인인가? 더 나아가 중앙아시아 각국 및 위구르인은 어떤 민족인가? 라는 여러 물음에 답이 될 듯하다.

　그들은 중앙아시아에서 민족끼리 섞여 살며 이슬람화 되었지만 다민족 다문화를 수용하며 서방과 동방을 오가며 무역에 종사한다.

　유목민족의 후예로 전투에 능하며 말과 낙타를 능숙하게 다루고 양과 소를 방목하여 키운다. 체격은 크고 서양인의 눈과 코를 가지고 피부는 털이 많고 언어는 알타이어 계통의 투르크어에 아랍어가 혼용된다. 빵과 우유, 치즈를 주식으로 먹고 외국인에게 매우 친절하고 실크, 카펫, 가죽, 세라믹 도자기, 요리에 뛰어나며 현악기를 잘 다루고 노래를 좋아하며 칼라 감각이 뛰어나다.

　실크로드 역사에 서서히 눈을 뜨는 듯하다. 실크로드 답사의 작은 결론이다.

영원한 제국의 꿈, 성 소피아 성당

천년 제국 동로마의 황제들, 6백년 제국 오스만 투르크 의 술탄들은 이곳 보스포루스 해협의 도시에서 영원한 제국의 꿈을 설계한다. 동 로마 황제는 콘스탄티노플에 철옹성을 쌓는다. 성 소피아 성당을 건설하여 신의 지혜를 추구한다. 혜성과 같이 등장한 오스만 투르크 술탄은 천년 성 콘스탄티노플을 무너뜨리고 새 제국을 세운다. 그런 다음 성 소피아 성당을 회교사원으로 개축해 알라의 뜻임을 만방에 선포한다.

이스탄불은 고대 그리스 시대에는 '비잔티움'이라 불리던 도시였다. 로마제국의 땅이 되며 '콘스탄티노플'로 불리다가, 오스만제국의 지배를 받으며 '이스탄불'이 된다.

소피아(Sophia)는 신의 지혜를 뜻한다. 지혜의 성당으로 태어나 지혜롭게 역사를 살고 있었다.

성 소피아 성당(Hagia Sophia, 아야 소피아)도 비슷한 역사를 가진다. 원래는 4세기 동로마시대에 콘스탄티누스 대제가 명해 건축한 기독교 성당이었다. 이 건물은 화재로 소실된다. 그 후 532년에 유스티아누스 대제 때 전면 개축되었다. 이 아름답고 신성한 건축물의 운명도 아름다운 여인의 운명만큼이나 기구하며 화려하다.

오스만 제국에 점령된 1,453년 이후에도 파괴되지 않고 개축해 이슬람 사원으로 활용되었다. 현대에 와서는 박물관으로 쓰이며 세계인의 사랑을 받는다.

비잔틴 양식의 대표적 건물로, 벽돌과 대리석 석재가 사용되었다. 성당 내부에는 이슬람과 기독교 문화가 병존하며, 돔과 기둥, 유적과 벽화 등이 생동감 있게 전시되고 있다. 교회에서 모스크로, 다시 박물관으로 바뀐 건축물은 세계 역사상 없다. 지금도 기독교와 이슬람에서 동시에 성소로 받들고 있는 '지혜의 성전'이다.

1층 박물관 내부에는 성 소피아의 전경이 그려져 있는 대형 캔버스가 놓여있어 건물의 웅대한 전모를 보여 준다. 1층은 이슬람교의 전통적 양식과 유적이, 상층부에는 기독교의 양식과 유적이 살아있다.

상층부로 올라가면 기독교의 유적이 나타난다. 2층으로 오르는 동굴식 계단은 아시아에서 유럽으로 넘어가는 길이다. 문명은 한 층 차이로 서로 다른 모습으로 존재한다. 기독교와 이슬람이 공존하는 동서의 교두보가 이스탄불이다.

모자이크 유리, 창문의 문양들이 파리나 로마의 성당 건축물에서 많이 본 디자인이다. 이곳에는 동 로마제국 황제들이 성당에 참배하는 모습과, 성인의 모습이 모자이크 벽화로 남아있다.

이슬람의 술탄들도 이교도의 모습이 남아 후세에 영향을 미칠까 두려워 파괴의 유혹을 느

1층 회랑은 이슬람 문화로 채워진다.
숙연함과 경건함이 같이 한다.

코란과 이슬람 벽화.
모자이크 창, 돔 기둥이 조화를 이룬다.

코란 구절로 장식된 그림 칼라와 문양.
점과 선, 칼라와 구도가 이슬람적이다.

겠을 것이다. 그러나 일부만 시멘트로 덧칠하는 것으로 자제한다. 덧칠 밑의 원형이 현대에 와서 부활한다. 파괴와 복원이 역사처럼 반복된다.

오스만제국의 꿈이 어린 토프 카프 궁전(Topkapi Palace)이다.

보스포루스 해협이 내려다보이는 언덕에 있다. 예전에 큰 대포(토프)가 궁전 문(카프) 앞에 장치되어 있어 토프 카프라 불린다. 이 궁전은 오스만 제국이 콘스탄티노플을 점령한 후 영원한 제국의 번영을 위해 15세기에 건설한 공식 궁전이다.

토프 카프 궁전은 세 개의 문(Gate)과 4개의 정원이 있다. 이중 3번째 정원에 여성들만 거주하는 금단의 장소 '하렘'이 있어 남성은 출입 금지 구역이었다. 하렘과 히잡은 원래 아라비아의 풍습으로 이슬람교에서 더욱 엄격해진다. 남녀 간 풍기를 단속하는 관습으로 20세기에도 원리주의자들은 이를 고수한다.

토프 카프 궁성도 증개축을 반복하다가, 제국의 말기 1856년에 새 궁전 돌마

대륙을 넘나드는 계단이다.
황토색 벽돌과 조명이 경건하다.

모자이크로 채색된 2층 창문,
비잔틴문화의 건축양식이다.

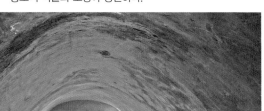

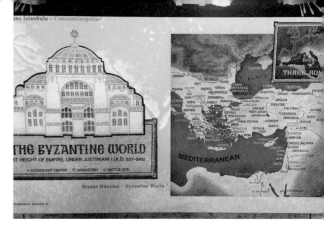

11세기 동로마 황제와 황후 모자이크,
기도하며 제국의 안녕을 기원한다.

동 로마제국의 영토는 오스만 터키의 영토가 된다.
중동문제의 핵인 팔레스타인과 이스라엘이 포함된다.

바흐체로 대체된다. 현재는 궁궐의 여러 방실이 모두 여러 개의 박물관으로 쓰이고 있는데, 미술품, 조각, 도자기, 칼과 총, 보석, 직물, 카펫 등 황실의 각종 희귀한 전용물들이 여러 가지 형태로 진열되어 있다. 세계에서 가장 큰 다이아몬드가 진열된 방에는 끝없는 행렬이 기다리고 있었다.

토프 카프 입구 '제국의 문 '이 시민에게 열린다. 왕궁을 건설한 백성의 피와 땀이 백성에게 돌아온다.

궁정 기마대가 터키행진곡 속에 순찰한다.
오스만제국이 유럽을 침공한 후 터키행진곡이 유럽에
유행한다.

특별히 관심을 끈 건 왕실 식당으로 쓰였던 '도자기 박물관'이었다. 오스만제국의 술탄과 왕족 고관들도 중국의 청자, 백자, 청화백자를 선호했는지, 많은 자기와 찻잔, 고급 그릇세트가 남아 있다. 귀한 중국의 자기들을 실크로드를 통해 이슬람 상인들이 공급한 것이다. 그러나 궁성 내부의 진열품은 모두 사진 촬영 금지로, 건물 외부만 촬영하려니 아쉽다.

제국은 허망하게 사라지고, 유적만 남아 그 자취를 말해줄 뿐이다.

성의 내부 모습은 촬영 금지이나 특별히 부탁하여 실크로드와 관련 있는 그림 몇 점을 촬영했다. 낙타를 타고 가는 카라반의 전형적인 이동 모습이다. 술탄의 궁성에 이런 그림이 남아 있다는 것은 당시에 동서 교역이 상당한 수준이었음을 보여주는 것이다.

천년 제국 동로마제국은 이집트와 중동, 터키, 그리스, 발칸반도에 이르는 대

열을 지어 이동하는 카라반과 낙타의 행렬이다.
카라반은 최소 40마리의 낙타로 구성된다.

영토를 오스만제국에 넘긴다. 오스만제국, 역시 6백 년 후에 케말 파샤의 터키 국민혁명에 의해 멸망한다.

오늘날 이 땅이 팔레스타인과 이스라엘, 시리아, 이라크로 분할되어 세계 1차 대전, 중동전쟁, 내란과 테러로 전 세계를 뒤흔들고 있다.

제국은 흥망성쇠를 반복하며 그 흔적을 역사에 남기고 사라진다. 영원한 제국은 꿈일 뿐이다.

피에르 로티 언덕, 비운의 사랑

이스탄불은 보스포루스 바닷가의 연안 도시, 항구도시로 해변에서 뜨거운 사랑을 나눌 수 있는 장소가 셀 수 없이 많다. 접근도로와 편의 시설이 쾌적하여 약간의 시간을 내면 가능한 곳들이다. 이스탄불의 청춘들은 그런 면에서 정말 행복하다.

유럽 쪽 이스탄불의 골든 혼 만 해변 언덕에 피에르 로티(Pierre Lotti Tesisi)라는 로맨틱한 언덕이 있다. 역사와 이슬람 유적 탐방에 싫증이 나면 이곳으로 가야한다.

피에르 로티 언덕에서 보는 골든 혼 만과 보스포루스 해협의 아련한 파도는 평화롭기만 하다. 그림처럼 색채가 아름다운 해안가 마을은 누구에게나 낭만을 불

피에르 로티 언덕에서 바라보는 보스포루스 해협. 안개로 흐렸지만 낭만과 역동은 여전하다.

19세기 중반 보스포루스에 전운이 감돈다.
강대국은 언제나 호시탐탐 먹이를 노린다.

러일으킨다. 지중해를 바라보는 이태리 바닷가 하얀 언덕과 흡사하나 이곳은 지중해 보다 더욱 역동적이다. 수많은 화물선과 여객선이 끊임없이 파도를 만들며, 유럽과 아시아를 넘나들고 흑해와 지중해를 오가기 때문이다.

오스만 투르크는 18세기 이후 국력이 계속 쇠퇴한다. 무능한 술탄들, 귀족의 사치와 부패로 낡은 체제를 넘어서지 못하고, 근대국가 발전에 등한한 결과다. 19세기 초부터 계속되는 러시아의 남하정책은 크림반도를 넘어 무너지는 오스만 투르크를 분할 점령해보려는 야욕을 가진다.

영국, 프랑스, 오스트리아도 투르크의 땅을 넘보지만, 러시아의 패권이 두려워 연합하여 러시아의 지중해 진출을 막아내려 한다. 이때 영국과 불란서가 함대를 이스탄불에 파견하여 러시아와 국제전쟁을 벌이는 것이 1853년의 크리미아전쟁이 된다.

전쟁은 참혹했다. 영국의 간호사 나이팅게일은 하얀 모자를 쓰고 피 흘리는 군인을 구했으며, 백작의 아들 톨스토이도 러시아의 군인으로 참여해 비참한 전쟁을 겪게 된다.

이때 불란서 군으로 참전한 장교 피에르 로티 대위는 이스탄불에 주둔하며 이슬람 여인과 사랑에 빠진다. 본국으로 귀국하며 사랑하는 여인과 이별해야 하였다. 그는 프랑스에 아내가 있는 유부남이었다.

이슬람 여인과의 사랑을 잊지 못한 피에르 로티 대위는 이스탄불로 되돌아와 여인을 백방으로 찾았다. 수소문 끝에 사랑하는 여인이 집안 식구들에게 이슬람식 명예살인을 당하였다는 소식을 듣게 된다.

피에르 로티는 프랑스로 돌아가지 않고, 이 언덕에 올라 보스포루스 해협을 바라보며 사랑했던 여인을 그리워하다 죽게 된다. 비운의 사랑으로 종말을 맞고, 그

피에르 로티 언덕의 이정표가 비운의
사랑을 말한다.
사랑은 가고 언덕 만 남았다.

바다와 언덕을 배경으로 피에르 로티의 사랑을
상품으로 판다.

리고 이 언덕은 '피에르 로티의 언덕'이 된다.

　피에르 로티가 못 이룬 사랑은 이슬람의 '명예살인'에 유래한다. 명예살인(名譽
殺人)이란 간통한 여인이나 혼외자를 낳은 여인을 가족이나 친지가 죽이고 국가
가 그 죄를 묻지 않는 것이다. 이런 관습은 종교나 국가를 막론하고 봉건사회의
유풍으로 전해 내려왔지만 현대에는 거의 폐지되었다. 다만 이슬람 국가 일부에
서는 아직도 행해지는 여성차별의 대표적 악습으로 유엔 인권위원회는 이의 폐지
를 강력히 주장하고 있다. 아직도 명예살인이라는 미명하에 천여 명의 여성이 매
년 희생되고 있다. 문제는 이 관
습을 악용하여 사적 보복이 합법
적으로 이루어진다는 것이다.

　풍광이 뛰어나고 뷰(View)가
특출한 이곳은 여행객들의 사랑
을 받고 많은 청춘과 연인들이 즐
겨 찾는 장소가 되었다. 사랑은
분위기에 약하다고 한다. 이곳에
서 석양에 차 한 잔 하며 사랑을
고백하면 못 이룰 사랑이 없을 것

청결한 거리. 합리적 가격, 양질의 상품, 대체로
이 기준에 부합하는 곳이다.

투르크인은 항상 푸근하다.
실크로드의 수준 높은 상술이다.

역사가 있는 장소는 스토리가 따른다.
불란서 장교와 이슬람 여인의 비운의
사랑이다.

같은 최고의 장소이다.

이슬람 문양의 접시와 공예품을 파는 기념품점, 레스토랑, 카페가 아담하게 모여 있다. 터키 여행의 장점은 물가가 저렴하다는 것이다. 음료수, 음식 가격, 기념품, 그림, 스카프, 모자, 토산품 모든 것이 적당한 가격이거나, 서울보다 질이 좋으며 저렴하다는 것이다.

노천카페에서 터키 커피나 와인을 느긋하게 마시며 이스탄불의 역사 여정을 되새겨 보는 것도 의미가 있다. 웅장한 보스포루스 해협의 파도는 바다 갈매기의 울음에 실려 이방인을 설레게 한다. 이런 설렘이 '피에르 로티'를 이스탄불에 사랑으로 묶어둔 것일까? 이슬람 여인을 사랑하는 것은 큰 모험이었다.

피에르 로티의 못다 한 사랑의 추억은 여행자 누구도 쉽게 이곳을 떠나지 못하게 한다. 연인들의 언덕에 사랑이 피어오른다.

크림 전쟁은 세 명의 아름다운 사랑을 세상에 남기고 끝이 난다. 그들은 백의의 천사 '플로렌스 나이팅게일'과 러시아의 문호 '레프 니콜라예비치 톨스토이', 애틋한 사랑의 연인 '피에르 로티'이다.

제국의 각축장, 실크로드를 마치며

실크로드란 용어가 많이 회자되고 있다. 세계지리, 역사, 군사, 여행 관광, 경제 등에서 자주 인용한다.

실크로드(silk road, seiden strassen, 丝绸之路)는 우리말로 '비단길'이라 하는데 이것이 잘못 해석되어 마치 비단처럼 부드러운 낭만의 여행길 정도로 오해하는 이가 있다면 설명을 바르게 할 필요가 있다.

실크로드란 용어는 중국인이나 동양인이 아닌 독일의 지리학자 리히트호펜(Richt Hoffen)이 19세기 말에 중국을 여행한 후 저술한 'China'라는 책에서 처음으로 사용하였다.

실크로드를 오가던 카라반과 낙타의 행렬

그는 고대 중국에서 중앙아시아와 서인도 지역으로 수출되는 주요 물품이 실크라는 사실을 알고, 이것이 수송되는 길을 실크로드라고 이름 짓는다.

그 후 연구결과 고대 중국과 중앙아시아, 페르시아, 아랍 국가 및 유럽 국가 간에는 여러 갈래의 길을 통해 민족이동과 동서 문명이 교류되었다. 이후에 이 길들을 총칭하여 '실크로드'라 부르게 된 것이다.

대체로 그 길은 지중해 동쪽 해안-콘스탄티노플-터키고원- 이란

중국 서안의 대안탑. 실크로드의 시작이며 종착지점

고원—중앙아시아 초원—파미르고원—타클라마칸 사막의 남북—하서회랑—장안에 이르는 길이었다.

확대해서 신라의 경주가 실크로드의 동쪽의 끝이라 주장하는 한국인도 있지만, 냉정히 보면 실크로드의 동쪽 출발점이자 종점은 중국 당나라의 시안(西安, 長安)으로 봐야 한다.

물론 서쪽에 관해서도 파리, 런던이라고 주장할 수 있지만, 동로마제국의 수도 이스탄불(콘스탄티노플)이 중간 종착점이고, 여기서 내륙 수송이나 해로 수송으로 유럽 각 지역으로 분산되는 것이다.

마르코 폴로 여행기의 영향으로 로마를 실크로드의 종착점으로 보는 게 다수의 견해이지만, 이 답사를 마치고 난 후의 객관적 평가로는 종착점을 터키의 이

이스탄불의 보스포러스 해협. 실크로드의 실질적 종착점

스탄불로 보아도 이상이 없다고 본다. 중앙아시아를 건너면 실크로드의 흔적은 거의 사라지고 역사책과 여행기에서만 보일 뿐이다.

실크로드는 세계제국들의 각축장이었다. 역사상 실크로드를 장악한 자는 강대국이 되고 번영하였다.

실크로드의 시간은 멈춘 듯하나, 역사의 수레바퀴는 이 지역에서 새로운 세기의 탄생을 잉태하며 묵묵히 돌고 있었다.

21세기를 맞아 실크로드의 나라들은 역사 속에 새롭게 태어나려고 몸부림을 치고 있다.

분단된 한반도의 현실이 실크로드를 가까이 하기에는 무거운 부담을 주지만, 아시아 대륙과 태평양의 가교에서 생존하고 있는 한국인들은 실크로드를 더 많이 알고 체험해야 한다.

한반도는 대륙문명과 해양문명의 양 날개로 날아야 한다.

우리 민족은 누구인가? 실크로드를 다녀보면 한민족의 정체성에 눈을 뜬다.

더 많은 한국 사람과 자동차가 아시아 대륙의 실크로드를 달리는 꿈을 꾸며 실크로드 53일의 여정을 마친다.

답사 후기

새로운 형태의 글쓰기 '네이버 블로그'를 활용했다. 첫째 딸이 가르쳐 준 것이다. 필명은 '이티엔(以天) 생각하는 갈대'다.

여행 시작부터 사진과 글을 가족과 지인들에게 블로그로 안부 겸 보냈다. 스마트폰과 카카오톡, 와이파이가 가장 큰 쓰기 도구였다. 역동적이며 가시적이다. 내가 접할 수 있는 최고의 문명이기들이다. 매일매일 독자들에게 평가받는다는 것은 흥미롭고도 힘든 일이다. 신문 연재 작가의 고통과 기쁨을 알 것 같다.

열독해 준 몇 사람의 평을 인용한다.

(주)파워 플랜 회장 변영학

"이천의 글 속으로 들어가면, 똑같은 시나리오인데 누가 연출을 맡았는가에 따라 작품의 질과 가치가 다를 수 있다는 생각이 듭니다. 실크로드의 반쯤은 내가 다녀왔군요."

전 제주도 정무 부지사 유덕상

"책을 펴내는 게 좋겠네요. 그냥 감춰두기에는 너무 큰 감동이라서 세상에 공개하세요."

전 정통부 국장 상지대 초빙교수 박승규

"글이 넘쳐나네요. 수려하고 정감 넘치는 정치, 지리, 경제, 사회 제반 이슈들이 역사 속에서 살아 꿈틀거립니다."

(주)서흥 사장 김성봉

"단순한 회상을 나열하는 글에서 벗어나, 사물과 사실의 본질을 찾으려는 글쓴이의 영혼이 기행문의 깊이를 더해 줍니다. 그동안의 삶에 대한 성찰의 무게가 더욱더 느껴지기도 합니다."

전 울산경찰청장 여행작가 조용연

"저 많은 눈은 어디서 왔을까, 하늘이 내리고 산이 지키는 윤회다"는 멋진 표현, 저는 솔직히 글보다도 사진 설명이 다음에 어떻게 이어질까 더 궁금합니다."

병원장 의학박사 김세일

"역사적 사실과 현장감 있는 사진, 함축성 있는 설명으로 실크로드 경험을 직접 가본듯하게 만드네요. 다음 글이 기대 됩니다."

(주)금룡 회장 사진작가 최병호

"이천의 사진은 오랜 시간의 연습 기간을 거쳐 탄생한 사진들이다. 여행 사진으로는 최고가 아닐까. 구도와 타이밍 등 전부 최고."

전 코오롱 아이넷 감사, 한문학자 이병욱

"이천의 여행기는 참으로 대단하다는 생각이 듭니다. 역사적 사실과 오늘날의 상황, 현실감 있는 사진, 잠시나마 만사를 잊게 합니다."

경남 경우회장 김기수

"중국 역사 지리 대백과 사전을 보는 것 같습니다. 짧은 여행길에 이렇게 많은 자료를 수집할 수 있었는지 감탄사가 절로 나옵니다."

사진은 닿기 어려운 곳까지 열심히 정성 들여 찍었다. 4천5백 미터의 천산산맥 3월 횡단은 무모한 시도였으나 최고의 설산 사진을 찍을 수 있었다. 타클라마칸 사막의 협곡 사진은 실종의 공포 속에서 찍었다. 카스피 해의 밤과 새벽 바다 사진은 추방의 고통 속에서 찍은 것이다. 작지만 나에겐 소중한 결실들이다.

조회 건수 만 명을 넘었다. 단순 여행기로서는 괜찮은 편이란다. 더 많은 사람이 실크로드의 나라들을 알고 문명과 민족에 대한 이해를 높였으면 좋겠다. 후학들을 위해 기록을 남겨두는 심정이다.

사진에 덧붙여진 글을 나는 좋아한다. 그것이 영상이라면 음악까지 덧붙이고 싶은 심정이다. 촬영한 동영상 100개가 넘는다. 다음 편으로 동영상을 편집해 영상으로 만들어 보고 싶다.

이 모두가 가족과 지인들의 성원과 격려 속에 이루어졌다. 아내의 잔소리가 가장 좋은 보약이 되었다. 스마트폰 작업에 눈이 시리다.

이제 가을 단풍 든 산으로 올라가 셔터나 마음 놓고 눌러야겠다.

2016년 9월 東漢齊에서 以天